俄罗斯问题研究
(2013)

Исследования по России

中央编译局俄罗斯研究中心

主　编／徐向梅
副主编／高晓惠

中央编译出版社
Central Compilation & Translation Press

《俄罗斯问题研究(2013)》

主　　编：徐向梅
副主编：高晓惠
顾　　问：李兴耕　郑异凡　杨金海
编委会成员：王秋文　朱晓中　高　歌
　　　　　　高晓惠　徐元宫　徐向梅

目 录

序言 / 李兴耕 / 001

回眸 2012 / 001

    2012 年普京的新政治举措 / 徐向梅 / 003

    2012 年俄罗斯经济形势分析 / 李建民 / 008

普京主义 / 015

    俄罗斯总统 2013 年度国情咨文简介 / 李 莉 / 017

    普京主义：探索俄罗斯重建苏联之路 / 里昂·阿伦 著 朱艳圣 译 / 024

    普京为什么青睐斯托雷平？ / 闻 一 / 029

    普京致信美国谈解决叙利亚危机 / 张文成 编译 / 034

政党·政治 / 039

    俄罗斯政党法律规制建设 / 徐向梅 / 041

    俄罗斯发展道路问题再思考 / 庞大鹏 / 046

    俄罗斯转型政治文化的基本态势与价值取向 / 王秋文 / 049

    霍多尔科夫斯基获释的漫漫长路 / 塔·斯坦诺娃娅 著 戬炳惠 编译 / 056

    俄联邦国家权力机关构成 / 徐向梅 译 / 061

    利加乔夫等人发表公开信批评久加诺夫 / 李兴耕 / 065

"十五大"前夕的俄共组织状况 / 李兴耕 / 069

俄共十五大简介 / 李亚洲 / 074

俄共十五大政治报告摘编 / 李宏梅　高晓惠　摘译 / 079

俄罗斯媒体评俄共建党二十年 / 李兴耕 / 100

俄罗斯《独立报》评选出年度五大事件 / 高晓惠　译 / 105

现代世界条件下的俄罗斯多样化
——2013年第十届"瓦尔代"论坛 / 王秋文 / 110

社会经济透视 / 117

俄罗斯经济发展的特点与前景 / 徐向梅 / 119

俄罗斯经济又陷困窘 / 冯玉军 / 125

俄罗斯私有化的新进展 / 郭晓琼 / 128

俄罗斯养老保障制度的改革与发展 / 童伟 / 133

俄罗斯国家发展的某些社会问题 / 瓦·德·维诺格拉多夫 著
　　　　　　　　　　　　　　　　　　　　李宏梅 译 / 138

俄罗斯国家环保政策及其实施 / В. Н. 莫夫昌 著　戚炳惠 译 / 142

俄罗斯生态补偿制度的问题与趋势 / Е. В. 瓦赫鲁舍娃 著
　　　　　　　　　　　　　　　　　　　　肖德强 译 / 145

中俄经贸关系发展的特点和影响因素 / 徐向梅 / 147

俄罗斯大型企业高管的巨额收入问题 / 孙凌齐 译 / 153

《俄罗斯报》评选俄罗斯经济年度五大事件 / 高晓惠 译 / 156

全球化背景下的中俄青年 / 王秋文 / 158

中东欧与中亚观察 / 163

新民粹主义：中东欧政治现象的解读 / 徐刚 / 165

捷克总统选举有望引发新气象 / 马细谱 / 170

对匈牙利第四次修宪的一点思考 / 贺婷 / 175

目录

从反对派到执政党
　　——青年民主主义者联盟—匈牙利公民联盟的发展 / 高　歌 / 179

20年后捷克与斯洛伐克各界对联邦解体的反思 / 姜　琍 / 184

独立20年来捷克与斯洛伐克社会发展的异同 / 姜　琍 / 189

波兰为何在欧债危机中表现优秀 / 马细谱 / 194

中东欧国家"欧洲化"道路的动力 / 高　歌 / 199

罗马尼亚反腐败现状 / 曲　岩 / 203

西巴尔干国家向欧盟标准趋同：问题和挑战 / 左　娅 / 208

V4国家经济的相似性与差异性 / 朱晓中 / 213

地方合作：中国—中东欧合作的一个突破口 / 徐　刚 / 217

从尼科利奇访华看中塞关系特点 / 左　娅 / 222

简论制约中亚民主转型进程的诸因素 / 杨　进 / 228

当前吉尔吉斯斯坦国内形势 / 赵会荣 / 234

中国与中亚关系的里程碑 / 张　宁 / 240

历史之窗 / 245

《苏联政治恐怖受难者》光盘介绍 / 郑异凡 / 247

列宁的赠言 / 郑异凡 / 251

木犁与原子武器，何人所言？ / 郑异凡 / 255

克格勃"预防警告"工作机制及其影响 / 苏史生 / 259

《苏联史》首批五卷新书发布会暨苏联历史重要问题
　　　　　　　　　研讨会综述 / 王秋文 / 264

民意调查：列宁和斯大林及其在历史上的地位 / 高晓惠 译 / 271

中央编译局俄罗斯研究中心简介 / 273

序 言

俄罗斯是世界上幅员最为辽阔的国家,也是我国最大的邻邦。两国之间已有400多年的交往,相互产生着巨大影响。我国学术界一贯重视对俄罗斯历史和现状的研究,尤其是对苏联在20世纪兴衰成败的过程展开全面深入的探讨,力图从中吸取有益的经验教训。目前中俄建立了"平等互信的全面战略协作伙伴关系",这是两国关系史上的最好水平。在这样的形势下,进一步加强对俄罗斯问题研究的深度和广度,不仅有助于中俄两国相互了解和相互借鉴,而且对建设中国特色社会主义伟大事业具有现实意义。

中央编译局俄罗斯研究中心成立于1999年11月,正值世纪之交俄罗斯政局出现重大变化之际。2000年3月普京当选总统,标志着俄罗斯从"叶利钦时代"进入"普京时代"。在这样的背景下,中央编译局俄罗斯研究中心于2000年4月创办了不定期内部刊物《俄罗斯研究信息》,介绍俄罗斯以及东欧、中亚地区后社会主义国家的政治、经济、外交、社会、文化等方面的最新发展动态,这些国家政治经济发展、体制改革、政党制度演变、社会思潮的新动向,国内外学者对俄罗斯历史和现状的重要研究成果,以及对苏联兴衰的经验教训的评述,译介新出台的重要政策法规、新解密的历史文献档案以及各种出版信息,供有关部门及研究人员参阅。为这个刊物撰稿和提供资料的除了我局的研究和翻译人员外,还有国内外学术研究机构及高校的专家学者和翻译工作者。本刊于2000年出版了5期,后因经费问题中断,2010年在中央编译局社科基金和东方历史学会(北京)

的资助下复刊，在 2010—2013 年间共出版 34 期。《信息》内容丰富、资料扎实、时效性和学术性强，受到了中央有关部门、学术机构、研究人员和读者的好评，许多文章被国内众多报刊引用或转载。为满足读者的需要，中央编译局俄罗斯研究中心决定把 2010—2013 年的《俄罗斯研究信息》所发表的文章和信息资料予以精选、结集，每年一本，共 4 本，由中央编译出版社正式出版。

4 本文集的内容涉及当代俄罗斯发展的两个重要阶段：一个阶段是 2010 年至 2011 年，它是发端于 2008 年的"梅普组合"的继续；另一个阶段是 2012 年至 2013 年，从"梅普组合"转到"梅普易位"，进入"新普京时代"。

普京在其执政 8 年（2000—2008 年）间，励精图治，扭转了叶利钦时代的混乱局面，促使俄罗斯逐步走上复兴之路，赢得了民众的赞扬。2008 年普京的两届总统任期结束后，全力支持梅德韦杰夫接任总统，自己任总理，形成了"梅普组合"的政治局面。2012 年普京第三次出任总统，掌握了实现其"给我 20 年，还你一个强大俄罗斯"诺言的有力杠杆。

在 2010—2013 年这 4 年间，俄罗斯经济经历了曲折的发展过程。从 2008 年下半年开始的国际金融危机使俄罗斯遭到重创，导致国民经济在 2009 年大幅下降。俄政府采取了一系列反危机措施，获得了一定成效，使俄经济在 2010—2011 年出现恢复性增长，增长率达到 4% 左右。但是，由于经济增长主要依靠石油天然气等能源出口，受多种外部因素的制约，基础比较脆弱。2012 年经济增长速度开始减弱，2013 年增速只有 1.3%。俄经济发展部在 2013 年 11 月份公布的俄罗斯 2013—2030 年经济社会发展预测，保守估计平均年增长率只有 2.5%。尽管这几年俄罗斯遇到不少困难，但总体上仍保持了稳定发展，各项建设取得了很大成就。俄官方统计，2012 年 GDP 总额按平均名义汇率突破 2 万亿美元，人均14000 美元，2013 年在此基础上略有增长。2012 年 8 月，经过长达 18 年的努力，俄罗斯在得到世界贸易组织第八届部长级会议批准并完成各项法律手续后终于正式成为世界贸易组织成员国。

梅德韦杰夫在其执政期间提出了国家"全面现代化战略",包括经济现代化和政治民主化。在经济现代化方面,强调发展"智慧型经济",建立以现代最新技术为基础的经济结构,实现科技创新。在政治民主化方面,强调国家的现代化必须在民主价值和机制的基础上进行,提出并实施了一系列有关反对腐败、精简机构、推进司法改革、改革政党体制和选举制度的建议和法律。

普京重返克宫以来,进一步展开了全面的综合性改革:在经济方面,调整经济结构,发展多元化经济,改变过分依赖能源出口的状况,大力发展新兴技术、新兴产业,发展创新经济,实施稳健的财政政策,改善社会保障体制,推行有限度的私有化政策;在政治方面,继续推进反腐败斗争,进一步实施政党制度和选举制度改革,修改关于集会、示威和抗议,关于互联网,关于非营利组织的法律,加强对公共政治空间的控制,维护社会稳定。俄国家杜马通过并经普京签署公布了禁止各级公务员、军人及其配偶在境外的外国银行拥有或开设账户、拥有或购买不动产、购买或持有外国公司有价证券的法案,以及关于俄政府官员及其家庭成员必须申报财产收入的法律修正案。普京在2012年12月发表的国情咨文中强调,"选择俄罗斯式的民主是俄罗斯人民的权力。"他指出,"执政党、政府、总统可以更换,但不应动摇国家和社会的基础,不能中断国家发展的连续性。"

在2010—2013年这4年间,俄罗斯政党格局发生了不少变化。俄司法部批准了一大批新政党的登记。到2013年年底,获准登记的政党达到75个。尽管获准登记的政党很多,但在国家杜马中仍然只有4个政党:统一俄罗斯党是实际的执政党,俄共、自由民主党、公正俄罗斯党则是议会反对党。它们具有不同的意识形态:统俄党主张"俄罗斯保守主义",俄共提出"21世纪社会主义",公正俄罗斯党倾向于社会民主主义,自由民主党则鼓吹民族主义、民粹主义和自由主义。从2011年12月国家杜马选举以来,反对派发动了一系列游行示威和抗议集会,抗议选举舞弊,反对普京和统一俄罗斯党。普京采取了软和硬两种手段应对这一局面,一方面降低政党登记门槛,批准大批新党注册,同意与反对派领导人举行对话,加强"全俄人民阵线"运动;另一方面对组织非法街头抗议活动的头面人物的违法行为提出诉讼并给予罚款或监禁处罚。在 2013 年 9 月举行的地方选举中出现了引人注目的事件。例如:在莫斯科市市长选举中,原普京总统办公厅主任、莫斯科市长索比亚宁以 51.37% 得票率当选,反对派领导人之一纳瓦利内作为俄人民自由党候选人获得 27.24% 选票,居第二位,俄共候选人梅利尼科夫获得 10.69% 选票,排名第三。在叶卡捷琳堡市长选举中,罗伊兹曼作为亿万富翁普罗霍罗夫建立的公民纲领党候选人当选市长,击败了统俄党候选人西林。今后也许会有更多反对党进入议会,但总体看来,俄罗斯仍将保持统俄党"一党独大、多党并存"的政党格局。

在外交政策方面,"梅普组合"和"梅普易位"两个阶段之间既有继承性,又有差异性。其总的目标是加强俄罗斯在世界上的大国地位,维护其政治、经济、军事、文化的安全和利益。二者都致力于实现"独联体"一体化,反对北约东扩,巩固和发展与中国、印度的关系,提高"上合组织"和"金砖国家"在国际事务中的作用。在"梅普组合"阶段,美国曾宣布"重启"俄美关系,两国关系略有好转。2010 年 4 月俄美签署了削减进攻性战略武器条约。2012 年"梅普易位"后,俄美关系逐渐恶化,争执不断,在中东、叙利亚等问题上处于对立状态。俄力图通过举办 2012 年符拉迪沃斯托克 APEC 峰会和 2013 年圣彼得堡 20 国集团峰会的机会显示自己的实力,扩大国际影响。俄罗斯外交部网站 2013 年 2 月 18 日公布了由总统普京批准的新的《俄罗斯联邦外交政策构想》,确定了俄罗斯外交的四大优先方向,其中把发展同中国和印度的友好关系视为俄罗斯外交政策的最重要方向之一,宣称要继续增进与中国"平等互信的全面战略协作伙伴关系",要求美国作出其反导系统不针对俄罗斯核威慑力量的法律保证,遵守包括不干涉他国内政原则在内的国际法准则。

在 2010—2013 年这 4 年间,中俄学者对苏联解体的原因教训、苏东剧变后东欧中亚各国的转型问题进行了深入研究和探讨,举办了一系列学术研讨会,撰

序　言

写并出版了许多论文和专著，提出了各种不同见解，对正确认识这些问题具有重要的借鉴意义。本刊对这些成果作了大量报道，可供读者参考研究。

我相信，4本《俄罗斯问题研究》文集的出版将为读者提供丰富的具有重要理论价值和现实意义的学术资料，有助于加深对俄罗斯、东欧和中亚问题的了解，为进一步推动我国在这一领域的研究作出贡献。

最后，我作为曾经参与本刊创办的一名老编辑，要借此机会对各位撰稿人以及编辑出版人员表示真诚的谢意！向所有给予我们支持和帮助的读者致以衷心感谢！

李兴耕

2013年岁末

回眸 2012

2012年普京的新政治举措

徐向梅

2011年底俄罗斯国家杜马选举所引爆的抗议风潮一直绵延到2012年春总统选举前后，俄执政当局采取了积极有效的应对策略，一方面以平静态度宽容"普通人表达自己的看法"（普京语），一方面迅速提出下一步政治体制改革建议。随着总统选举的尘埃落定，抗议风潮也趋于平静。普京就任总统以后，一方面兑现诺言，积极实行政改，一方面也加强了对俄公共政治空间的整控。

一、全面推行政治体制改革

一是修改政党法、简化政党注册手续。

梅德韦杰夫总统2012年4月4日签署新《政党法》。新法规定，组建政党必须的党员人数由4万名降到500名，仍规定政党必须在半数以上联邦主体建立地区分部，但取消了对地区分部最低人数的要求，改为由各党党章自主规定。还简化了政党提交党员人数信息以及财务报表的手续，从每年申报一次改为每三年申报一次。

新法生效激发了俄罗斯社会新的政治热情，短短几个月内数百个政党筹委会提出申请。截止到2012年12月底，包括新政党法出台前的7个合法政党——统一俄罗斯党、俄联邦共产党、公正俄罗斯党、自由民主党、俄罗斯爱国者党、"亚博卢"联合民主党、全俄正义事业党，在司法部合法登记的政党达51个。

二是建立地方行政长官直选制度。

2012年4月25日俄国家杜马通过了直选州长的法律。5月2日，梅德韦杰夫总统签署，6月1日生效。法律规定，俄联邦主体最高行政长官在俄罗斯公民普遍、平等、直接、不记名投票的基础上选举产生，任期5年，连任不得超过两届，凡年满30岁的俄罗斯公民有权竞选州长，候选人既可由党派提名，也可以独立候选人身份参选。独立候选人竞选州长需征集到该州总人口0.5%—2%的支持者签名，具体比例由各州自行决定。法律特别规定，总统有权与党派提名的候选人以及独立候选人进行磋商，地方上的候选人也需获得当地议会成员5%—10%的支持。地方行政长官任职后有腐败行为或陷入激烈利益冲突，或违反联邦或地区法律，总统有权将其免职。

2012年10月14日，阿穆尔、别尔哥罗德、梁赞、布良斯克和诺夫哥罗德5个州长任期届满的州举行州长直选，由于选举条件放宽，原有的7个政党加上新组建并获注册的19个政党参加了选举。选举结果，现任州长统一俄罗斯党候选人全部在第一轮选举中以超出6成的高票获胜。同一天举行的俄地方各级议会和行政机构领导人选举中，统俄党也以较明显的优势获胜，得票较上年末的国家杜马选举有较大提升，而议会其他政党则都出现选票下降的情况，新组建政党的表现更加暗淡无光。

三是放宽政党参加选举条件，降低总统候选人门槛。

2012年5月2日，梅德韦杰夫总统签署了有关取消政党征集签名和根本减少参加总统选举征集签名数量的法律。非议会政党推选总统候选人所要征集的支持者签名从200万减少到10万，但一个地区的选民签名不能超过2500个。无党派人士参加总统选举的支持者签名也从200万减少到30万，一个联邦主体的选民签名不能超过7500个。政党参加国家杜马、地方国家机关和地方自治机关选举不再需要征集签名。但社会组织及参加地方议会选举的竞选联盟参加地方选举时，仍需征集足够数量的支持者签名才有资格推荐候选人。

上述改革基本上是2011年底执政当局提出的全面政改倡议的延续，应该说基本的承诺都得到了落实。新的政治改革在形式上更加开放，政党注册程序的简化促使代表更多阶层和群体利益的政治组织现身国内政治舞台，地方长官的直选使地方居民历时8年后又重新参与到地方政治生活中来，各级选举条件的放宽，也为政治生活增加了选择。但是总体来说,这些改革在一定时期内对俄罗斯既有的政治格局不会产生实质性的影响。

《政党法》的修改使俄罗斯政坛上突然冒出了几十个新党,成立时间仓促,组织成分混杂,政治倾向或同或异,场面上热闹纷繁,不免让人想起纷纷扰扰的90年代初的乱象。不过今天俄罗斯的政治局势却并不是回到叶利钦时代混乱无序的状态。尽管有大量新党出现,但原议会内4个政党和议会外3个合法政党依然存在,总体上并没有改变统俄党一党独大的局面,统俄党党员仍占据着全国83个联邦主体绝大多数行政长官的位置。俄共等反对派政党尽管较以前活跃,但目前还无力挑战统俄党的地位。新成立的小党成长前景还很模糊,应该说基本上不可能形成影响俄罗斯政治格局的力量。当然,政党改革的新举措的长期效果还有待观察。

州长直选似乎增加了政权的不可控因素,但俄现有地方政权主要控制在统俄党手中,大规模的州长任期届满都是在2015年后,新法律为候选人遴选环节设置了总统和地方议会两层过滤程序,且总统有对地方行政长官任职之后渎职和违法行为的监督和罢免权,目前来看,地方居民的政治参与热情并不高,所有这些都使得直选地方官基本不会产生让当局担心的变数。

二、加紧整控俄罗斯公共政治空间

普京就任第三任总统后在积极履行承诺推进政治体制改革的同时,特别加大力度整控对政治形势和社会稳定有直接影响力的公共政治空间。

第一项措施是推出《关于聚会、集会、示威、游行和抗议法》(2004年出台)修正案。2012年4月6日,4名统俄党党员提出该法修正案草案,宣称是在考虑了2011年12月底抗议集会的特点和负面影响后,旨在调整和规范护法部门与反对势力的关系。该草案在5月6日俄罗斯反对派第一次"百万人集会"引发大规模骚乱冲突后加速推进;6月5日,国家杜马二读、三读通过;6日,联邦委员会批准;8日,普京总统签署,次日登报生效。该法案规范申请举办公共集会的程序规则,要求确定活动场所、线路、安全措施,并细化了违法行为及其罚则。对违反该法的自然人、集会负责人和法人分别处以最高30万、60万和100万卢布的罚金。一年内因举行大规模活动违反本法被追究两次及以上行政责任的公民不得再担任公开活动的组织者。

应该说该法案的及时出台成为当局维护社会安全与稳定和把控局势的一个安全气囊,直接的成果是其后6月12日反对派举行的第二次"百万人集会"实现了软着陆,以和平的方式静悄悄收场。

第二项措施是2012年7月11日国家杜马通过《互联网黑名单法》,该法案7月18日议会上院批准,11月生效。法律规定,传播对儿童有害内容的网站、网页的网址和域名将被列入黑名单,其他还包括鼓动战争或制造民族纠纷的内容。11月1日该法生效的第一天,俄罗斯联邦通讯、信息技术和传媒监督局就发布信息称,该局已将6个儿童色情网站列入黑名单。

第三项措施是修订《非营利组织法》。这项法律修正案是6月30日由6名统俄党议员提交,7月13日国家杜马三读通过,7月20日普京签署,11月中旬生效。法律规定,凡接受国外资金和财务资助并参与俄境内政治活动的非营利组织都将被定义为"外国代理人"身份;建立专门的"外国代理人"非营利组织名录,所有涉及组织必须主动列入;"外国代理人"非营利组织出版和发布任何信息、资料均需注明资料来源于"外国代理人";该类组织需要定期通报和公布其财务活动报告。法案也规定了违法的罚则,甚至刑事责任。10月1日,在俄罗斯存在20年之久的美国国际开发署驻俄机构由于"试图影响俄罗斯的政治进程"被关闭。10月26日,国家杜马专门通过了违反该法的罚金数额,也达到30万—50万卢布。

上述三项法律的出台都相当迅速,特别是《非营利组织法》几乎是获得了议会上下两院议员的一致认可。三项法案遭到俄国内维权组织和以美国为首的西方国家的抨击,但从百姓层面基本上都得到支持。全俄社会舆论研究中心针对《互联网黑名单法》进行的民调显示,73%的俄罗斯人表示支持。对《非营利组织法》修正案的调查也显示,67%的受访者认同该法案是防止外国干涉俄罗斯事务的必要工具,而不是政权借以打压反对派。

全面政改和加紧整控公共政治空间看似有些矛盾的地方，其实不然。全面政改是在 2011 年末到下一年初发生抗议风潮、统俄党和普京的支持率出现明显下滑的情况下，为缓和局势、争取民心并分解反对派所作出的妥协性承诺，也是普京因应执政 8＋4 年以来社会形势的变化而采取的应变性调整，从根本上说不是普京的追求。比如说政党制度改革，普京从世纪初执政伊始就祈望俄罗斯"两三个或四个政党"的多党制格局，2001 年出台《政党法》规定政党组建的门槛，并在后来执政期间不断提高，就是要整顿小党林立的局面。叶利钦时期俄罗斯一直实行地方行政长官直选制度，正是在 2004 年，普京为加强中央集权、构建垂直管理体系而将直选改为任命。在新法案中的保留性措施可以说是普京为其推行的政改设置的安全阀。而加紧整控公共政治空间则直指此前国家出现的动荡局势，意在排除外部力量的干涉，消弭国内反对派的影响力，维护社会的安全和稳定，加强当局的控制能力。

追溯普京的治国理念，他无疑是民主制度的崇奉者，但对法制、秩序和强大政权的追求也始终是其不变的目标。2012 年 12 月 12 日普京在新的国情咨文中讲到："对俄罗斯来说除了民主没有也不可能有其他的政治选择。在此我想说并强调：我们赞同的正是在全世界被接受的普世的民主原则。不过俄罗斯的民主，这恰恰是有其自身国民自治传统的俄罗斯人民的权利，而绝不是实施外部强加给我们的标准。民主包括遵守和尊重现行法律、原则和规范。执政党、政府、总统可以更替，但国家和社会的基础不应该被撼动，民族发展的连续性不能被打断，主权以及公民权利和自由的保障问题不能改变。"2012 年普京第三任总统首年对俄公共政治空间的整肃是其一贯的民主理念的延续，最直接的源头是一年来反对派的抗议活动，从更深刻长远的意义上讲，是普京维护俄罗斯国家安全和社会稳定的重要举措。

作者单位：中央编译局俄罗斯研究中心

2012年俄罗斯经济形势分析

李建民

2012年俄罗斯经济的关键任务是彻底克服经济下滑的影响，使GDP恢复到危机前水平，并为未来的稳定增长创造前提。总体看，在油价仍保持高位的情况下，年内俄经济保持了中速增长，宏观经济情况好于预期。但由于欧债危机反复、全球经济前景不明朗，俄经济面对诸多挑战，走势仍不稳定，未来仍将以低速增长为主。

一、金融和社会形势好于预期

2012年俄金融状况稳定是经济形势亮点。在油价高企（1—12月均价110.6美元/桶）的背景下，2012年俄国际储备增加，重上5000亿美元关口（截止到2012年12月1日为5282.36亿美元）。低水平的国家债务规模是俄与其他发达国家相比所具备的竞争优势，截止到11月1日，国家外债409.2亿美元，内债为45928万亿卢布，国家债务总规模为GDP的9.6%，负债率远远低于国际警戒线。2012年俄银行业从2008—2009年的严重衰退中继续复苏，问题资产规模从2009年经济衰退时的高峰有所下降，全年银行业总利润达到1万亿卢布的纪录水平，其利润率为发展中国家最高。年内俄基本实现降低通胀的目标，通胀率从原预期的7%降至6.5%。

从社会发展指标看，俄罗斯也取得了近年来的最好成绩：失业人口和贫困人口数量均降至11年以来最低，截止到10月底，俄失业人口为100万人，比2011年减少近15%。前三季度，居民收入低于最低生活线的贫困人口1720万，占总人口的 12.1%（2012 年同期俄贫困人口 2020 万，占比 14.3%），比 2012 年同期下降 2.2 个百分点。失业人口和贫困人口减少成为社会稳定的重要因素。

二、从"三驾马车"看 2012 年经济

总体看，2012 年俄经济增长表现出先高后低的明显特点。上半年尽管外部环境不佳，俄经济仍然保持较强增长：一季度 GDP 同比增长 4.9%，二季度降至 4.0%，上半年平均为 4.5%，虽略低于 2012 年同期的 4.8%，但经济总量已恢复到危机前水平。自二季度末起俄经济连续 6 个月减速，主要指标增幅均低于前两季度，三季度 GDP 同比增长 2.8%，与二季度环比下降 0.7%、工业生产下降 0.3%，11 月 GDP 和工业生产增幅均降至 1.9%（年化）。从静态考察，俄罗斯的经济指标好于欧洲、日本、美国等发达经济体，也好于金砖国家中的巴西和印度等新兴经济体。但对一国经济来说，更重要的是发展的方式、趋势和增长的质量。从出口、投资、消费三大拉动经济增长的要素即"三驾马车"的表现，可以更客观地评估俄罗斯的经济形势。

1. 出口疲软增幅骤减

出口一直是俄罗斯经济增长的发动机，2000—2011 的 11 年间，除 2001 和 2009 年外，其余年份俄贸易额均保持两位数增长，2004、2008、2011 年分别达到 34.8%、33.1%、30.2%。据俄海关统计，2012 年 1—10 月俄实现进出口额 6877 亿美元，同比增长 2.9%。其中出口 4320 亿美元，同比增长 3.1%，进口 2557 亿美元，同比增长 2.5%。与 2011 年相比，2012 年进出口增速却大幅下降。

2012 年俄外贸能够保持弱增长的主要原因是能源和大宗出口商品价格仍保持高位，出口表现为"价增量减"：能源类产品在俄出口构成中占比已上升到 73%，出口实物量指数同比下降 5%，价值量同比增长 3.6%。出口增幅急剧下降的原因在于俄主要贸易伙伴欧洲、中、印等发展中大国经济出现同步放缓。对欧洲出口占俄 GDP 的 27%，欧洲对俄主要出口产品能源和原材料需求减少使俄石油天然气出口连续下降，出口下降也直接影响了开采量。俄经济发展部提出最

新修订的经济发展预测,已将2012年天然气出口量从原1933亿立方米降至1802亿立方米,石油出口量从原2.411亿吨减少至2.396亿吨。除石油天然气外,俄其他主要出口产品化工、木材、金属、机器设备等增幅均全面下降。进口趋缓的主要原因一是后危机阶段消费繁荣效应的结束,进口增速将与内需水平趋于一致,二是下半年以来国内消费贷款停滞,居民在消费偏好方面开始转向国产商品。总体看,2012年出口作为经济增长发动机的作用和对经济增长的贡献率明显下降,二季度后甚至成为拖累工业生产乃至整体经济增长的因素。

2. 生产性投资不振

1—11月俄固定资本投资同比增长8.4%,投资增长状况好于预期。但从前三个季度同比看,亦表现为逐步走低的趋势。从投资流向看,投资主要进入成品油和焦炭生产、冶金业、金属采矿业、煤炭业等原材料行业。除了能源原材料行业外,主要是金融、商业和房地产。而后者并不属于生产性投资。从吸引外资看,2013年延续了2008年以来资本净流出趋势,预计年内资本外流将达到730亿—750亿美元。投资不振的主要原因一是央行坚持紧缩的货币政策,货币投放量减少。企业投资来源主要依靠自有资金。二是随着市场不确定性增加,大中型企业放慢或取消自己的投资计划,企业借贷热情回落。三是俄经商环境和投资环境仍然不佳,资本投机性加强。资本的大规模流出不仅使后危机阶段俄经济恢复的潜力损失,同时影响政府的形象。第四季度统计数据表明,投资出现小幅回升,但其对经济增长的影响仍不能估计过高。年内固定资本流向主要是建筑业,但建筑业工作量仅增长1.9%。在建筑业工作量保持不变的情况下,固定资本投资相对于GDP超前增长只能导致资本利用效率下降,长期看将对经济增长产生负面影响。

3. 居民收入和消费市场增速趋缓

居民消费增长是支持经济增长的重要因素。1—11月,职工名义工资、实际工资、实际可支配收入同比分别增长14.2%、8.8%和4.0%,前两项指标均高于GDP增速,与2011年居民收入仅增长0.4%反差明显。在居民收入稳定增长的基础上,社会消费品零售总额同比增长6.0%。消费贷款大幅增长(增幅达到40%)是支持消费增长的重要原因。值得关注的是,在俄失业率大幅下降的同时,劳动市场出现了求大于供的局面,空缺岗位数增加,提高工资成为吸引劳动力的重要条件。2012年俄社会指标改善与选举年加强社会政策直接相关,但俄财政收入并不能保证社会支出的连续大幅增长。第三季度开始,由于消费贷款增速下降,实际工资增速放缓,居民实际可支配收入增幅环比大幅下降。劳动市场潜在的问题是由于劳动力供应紧张导致工资比劳动生产率超前快速增长,工资增幅大大超过工业产值增长,二者差距远远超过危机前的年份,如果这一趋势延续将会削弱俄罗斯经济的竞争力。

4. 结论

(1) 俄罗斯整体经济并未根本好转,持续增长的条件仍然脆弱。从前述拉动经济增长的三大因素看,出口、投资均无突出表现,消费拉动虽表现较好,但也呈现逐步放缓,未形成明显的经济复苏动力,更无协调拉动经济的合力,俄罗斯经济形势远没总统普京认为的那么乐观。目前欧债危机尚未直接影响俄金融系统,俄政府能够通过不断增加基建项目、加大对国防工业投资,以及增强对社会性产业的国家采购来强化对国民经济的影响。与欧美和其他发展中市场相比,俄经济基本面表现尚可,但整体情况并未根本好转,持续增长的条件仍然脆弱。

(2) 可预见的未来仍将保持中低速增长。年内俄罗斯经济规模虽已恢复到2008年危机前水平,但各经济部门恢复并不平衡。制造业中劳动生产率形势有所改善,但金融和投资指标远未达到2008年的水平。能源和消费领域的指标恢复,但机器制造、冶金、化工业远未达到之前的水平。由于经济增长出现惯性回落,OECD、IMF、摩根斯坦利和俄罗斯经济发展部均已下调2012—2013年经济增长指标。俄经济发展部预计2012年GDP增长将从2011年的4.3%降至3.5%,2013年GDP增幅将从3.7%降至3.6%。如果经济持续维持目前的速度,2013年所有预测指标都将进一步恶化。不排除在世界经济发展不确定性加大,国际市场继续动荡与萎缩将成为中长期趋势的背景下,俄经济将可能出现尚未完全克服上一轮危机后果又重新进入低速增长的局面。在 2012 年最后一次内阁会上，梅德韦杰夫总理承认"俄罗斯经济前景明显恶化"，要求各部部长找到新的措施刺激经济增长。

三、面对的问题与挑战

俄罗斯经济增速放缓，既有短期市场波动的影响，更有增长方式的中长期因素作用。俄学者指出，未来俄经济的主要风险不在经济外部环境，而在内部——政府缺乏深思熟虑可操作的战略，无法有效应对世界经济中的挑战，解决积累的问题。

1. 短期内无法放弃现行的发展模式

普京新任期内，"能源国有化"仍是长期的战略。从大选后新批准的新一轮私有化政策取向看，俄经济增长模式短期内不大容易摆脱对能源的依赖，其政商关系的基本模式仍将是国家和官僚阶层对经济的深度介入，并伴随一定限度内对私有企业发展的鼓励与支持。未来若干年，石油市场垄断化趋势仍会加强。对能源的过度依赖是俄经济面对的最大风险和挑战。

2. 如何处理宏观紧缩与扩大投资的关系

金融危机后，俄罗斯经济发展的国内外环境已发生广泛深刻变化，经济面临诸多考验。普京的执政理念是，作为"社会国家"要优先保证民生，不惜代价保证政局和社会稳定，既要保持经济增长，同时保持预算平衡。未来如何同时实现两个相互排斥的发展目标是俄面对的难题，如何改善经商和投资环境，吸引外资，留住内资，在预算资源有限的条件下实现经济增长和现代化，从原先的需求型经济向供给型经济转型，走出一条新路仍有待观察。

3. 如何处理贸易保护与遵守 WTO 规则的关系

入世是把双刃剑，会给俄经济带来多重影响。长期看利大于弊，但短期内负面影响会更加明显。入世谈判结束后，俄各个部门几乎都成立了专家小组，紧锣密鼓地研究入世后相关问题及解决方案。俄在享受入世带来的各种利益的同时，必须遵守世贸的各项规则。针对俄罗斯的相关保护政策，欧盟已质疑

"俄罗斯是否能够完整履行世贸成员国义务的问题",这方面俄罗斯还面临诸多考验和挑战。

综上所述,俄未来发展机遇和挑战并存,也存在一定不确定因素,能否实现预期的政策目标还待观后效。

作者单位:中国社会科学院俄罗斯东欧中亚研究所

普京主义

俄罗斯总统 2013 年度国情咨文简介

李 莉

2013 年 12 月 12 日,俄罗斯总统普京在克里姆林宫向俄罗斯联邦议会两院发表年度国情咨文。咨文延续了普京一贯重视经济和民生的风格,内容十分丰富,涉及民生问题、政治民主制度改革、国家经济发展及创新、俄罗斯对外关系和国防安全等重要内容。

一、民生问题

与 2012 年总统国情咨文相比,普京 2013 年仍然对民生给予了极重要的关注,民生问题占据咨文大量篇幅,包括医疗卫生、住房、教育及人口等问题。

1. 医疗卫生

咨文认为俄罗斯在医疗卫生事业上取得了很大的进步,就业者工资水平和专业化程度得到了提高,该职业的吸引力和受尊重程度有所好转。近年来俄罗斯的人口寿命得到提高,人口自然上升率也是 1991 年以来最好的数据,几乎一半的联邦主体出生率高于死亡率。

普京强调,当前世界医学领域掀起了真正的医学科技革命,发达国家已进入建立在生物工程学、基因工程学、人类基因组解译基础上的推行医疗工艺学的大门口。俄罗斯不应该落后于世界趋势,医疗卫生部和科学院应该在医疗领域进行优先发展方向的基础理论和实践应用性的研究。未来 3 年创造条件,将现在的高科技手术数量提高 1.5 倍。

在医疗卫生领域,俄罗斯实施的是全民强制医疗保险。普京认为,"我们的任务是让'保险原则'运转,以便提高个人对自身健康的责任感,引入对健康生活方式的财政刺激,保险公司的关注点在于让医疗机构提供有质量的服务,根据服务对其工作进行相应的财政估值,让病人最终能够根据服务质量选择最好的医疗机构。"重要的是引入社会管理和监督机制,促使医疗保健系统管理职业化和专业化。

建立整体的联邦救治中心,支持联邦主体首府城市建立救治中心,既服务于本地居民,也要服务于外地居民。发展疾病防疫系统,从2015起所有儿童和青少年每年进行义务免费的疾病系统防治,成年人每3年一次。

2. 住房

咨文指出,俄罗斯联邦政府确立了《俄罗斯家庭住房》方案,计划采取一系列措施建设大众可享受的住房。到2017年计划补充建设不少于2500万平方米带有全套社会基础设施的住宅,以使中等收入家庭能够改善自己的住房条件。到2016年全国整体上需要建设超过7500万平方米的住宅,这将超过1987年7280万平方米的住宅记录。同时,普京还指出,"2012年1月之前排队的军队服役者到2013年底应该保障其长期住宅",陆军和海军的现役军人的长期住房问题在历史上也首次得到解决。

提高住房用地审批程序的透明性和效率。地方自治管理机构应该在透明和清晰的组织过程中,将所有的闲置地块拿出来用于招标。与此同时,必须提高建设单位的相应责任,中标后如果没有按时开工建设则应该退回土地。2014年3月底完成统一的、详细的建设许可文件清单,缩短必要审批流程的时间,提高工作效率。

3. 教育文化

教育领域重点是提高教育者工资,使其工作成为受人尊重的职业。创造条件提高从教者的职业化、专业化水平,制定教师不间断培养的综合计划。随着俄罗斯人口出生率的提高,学龄儿童将会有所上升,未来5—6年由于人口积极的动态变化,学生数量可能会增加100万人,要提前评估这一规模,在建设幼儿园和学校方面提前做好应对工作。俄罗斯还应借助喀山世界大学生夏季运动会和索契冬季奥运会的平台，继续发展儿童—青年体育运动的基础设施。

2014年是俄罗斯文化年，普京指出，"应该让这一年成为真正的启蒙运动年，应该关注我们的文化的根、关注爱国主义、道德和精神问题。"对于多民族国家来说，文化、历史、俄语等具有团结和凝聚的作用。应该出台国家政策，其中包括教育政策。俄罗斯学校应该培养认同民族国家的价值观、历史和传统的国家公民，培养具有宽广视野、掌握高水平国内文化的人，具有创造性和独立性思维的人。普京还提议，从下一学年开始，中学毕业生要撰写总结性论文，报考大学和其他教育机构时，总结性论文的成绩将与国家统考成绩一并考虑。

二、政治问题

俄罗斯不断上扬的公民意识以及政治体制自身存在的一些问题，促使国家必须对政治体制进行适切性调整。因此民主制度建设是普京2013年咨文的重要内容。继2012年混和制选举改革之后，2013年国情咨文中强调要建设地方自治政权，普京说，"应该构建地方政权，要知道这是与百姓生活最贴近的一个权力层级。"俄罗斯将于明年进一步明确地方自治机构的总体原则，发展强有力的、独立的、财政自主的地方政权。

俄罗斯政治改革将继续致力于发展政治竞争，完善政治体制，为政治体制的开放性和有效性创造条件。咨文认为，"应该支持公民、社会和职业组织机构的代表，以及政党、企业家阶层的不断上涨的参加国家生活的渴望"，"在地方、在自治市政府，我们应该支持公民的积极性，以使他们有实际的可能参与管理自己的乡村或城镇，解决与保证生活质量有关的日常问题"。社会的主动性已经成为国家政治的一部分，所有的法律方案、国家关键决策、战略计划的制定和实施应该通过公民、非营利组织和社会机构的参与。

三、经济问题

民生的问题与经济息息相关，普京也说到，对于解决社会发展任务的基本条件就是恢复经济稳定增长，他将经济问题称为所有工作的核心。

1. 提高劳动生产率和支持创新科技

按照购买力平价计算，俄罗斯经济总量已经进入世界排名前五位，但是劳动生产率还远落后于发达国家，必须尽快缩小这一差距。解决这一问题的关键因素是发展高质量的职业教育和灵活的劳动市场、良好的投资环境和现代的工艺技术。俄罗斯联邦政府和科学院应该调整科学和技术发展的优先方向，对基础研究领域及其成果转化进行支持。加大对科研成果、知识产权转换的增益值进行投资。支持创新经济的发展，淘汰那些老旧的、没有效率的、有害的工艺，最终建成现代的技术和生态调节系统。建立经济部门工艺状态水平的统计评价系统，以便形成对竞争能力的客观评估。

促进教育出口，普京认为，"增加高质量教育服务的出口，对于外国公民和我们的同胞创造条件在俄罗斯的大学获得教育，首先是独联体内部的。这也是非常重要的加强俄罗斯在世界上的文化、智力影响手段。"改善农业发展状况，政府投入资金，发展农业综合体方案，提高农村地区生活和工作的吸引力，还要在农村地区建立现代化的、舒适的基础设施。

支持非能源的出口，提高行政审批效率。普京提出，应该为致力于工业、社会和科学领域的新成立企业提供两年的免税期，按照"一个窗口"原则对小企业和个人企业家支付税费和保险费用提供便利条件。对于地方自行投资建设工业和技术园、商业—孵化器，国家给予企业返税的补偿优惠。

2. 移民劳动力问题

移民劳务市场是一个非常复杂的问题。咨文认为，"缺乏应有的秩序不仅使就业体制变形了，而且引起了社会领域的不平衡，激发了民族冲突，使犯罪状况更加尖锐了。"因此，需要调整没有签证的外国居民进入俄罗斯工作的秩序，强化雇主使用外国劳动力的相关责任。"一方面，我们不能够切断与前苏联加盟共和国之间特殊的联系，但同时我们也需要清理秩序。"普京在咨文中建议，改革现行的许可证体系，让法人和个体企业主都能在许可证的基础上雇佣外国劳动者，应该优先促使那些职业性的、受过教育的专业人才，懂俄语、与俄罗斯文化亲近的专家流入俄罗斯工作。普京还强调要加强对外国公民入境目的的监管。

3. 反对离岸经济

俄罗斯离岸经济问题十分严重。对于整治离岸经济，咨文指出，在离岸司法权登记的公司收入属于俄罗斯所有者，应该按照俄罗斯税收原则征税，税额应该缴纳到俄罗斯的预算当中。

在外国司法部门注册的公司，不应该利用国家的支持手段，包括贷款和国家担保，禁止这些公司执行国家合同和有国家参与的机构的合同。换句话说，在俄罗斯工作，想要利用优惠、国家支持和获得利润，就请在俄罗斯司法部门注册。普京还强调要提高经济的透明度和责任感，"银行、保险公司、退休基金及其他金融机构等对实际情况提供一些不可靠、不完整信息的将根据其管理职能承担刑事责任"。

4. 发展远东和西伯利亚经济

促进西伯利亚和远东地区的发展是俄罗斯21世纪国家优先发展方向。咨文提议在远东和西伯利亚建立超前发展地区，实施优惠的税率和其他优惠条件。对于以面向非能源产业出口为主的新建高新技术企业，提供5年的免税政策和优惠的保险费率等。创新条件引导企业与亚太地区商业中心进行竞争，包括允许生产、接通供电网、简化通关手续等，利用远东发展基金解决基础设施的问题。普京认为，"我们相信，俄罗斯转向太平洋，积极发展我们国家东部领土不仅仅在经济领域开辟了新的可能性，新的视野，同时也能够为实施积极对外政策提供补充的手段"。

四、民族关系

普京认为，民族关系问题是最需要公开讨论的问题。2013年也是民族矛盾甚至是民族冲突较为突出的一年。咨文指出，"民族问题这里聚焦了很多问题、很多社会—经济和领土发展的困难，还有腐败问题，有国家机构在工作中的毛病，当然还有在教育和文化政策中的失败，这些都可能会是导致族际矛盾的真正根源"。

咨文强调，是那些失去了文化的、失去了对传统的尊重的、对自己和他人缺乏尊重的人，经常会挑起民族矛盾。普京号召人民，"必须团结一致，积极应对这些挑战。必须维护民族间的和平。这意味着我们的社会是个整体，意味着俄罗斯国家的统一和完整"。

五、对外关系与国防安全

1. 尊重国家主权

咨文指出，世界发展变得愈发相互矛盾，具有跳跃性，在这种条件下俄罗斯的历史责任感增强了。俄罗斯不仅是全球和地区稳定的关键保障者，同时在国际关系中也一贯捍卫自己的价值立场。普京说，"我们总是为自己的国家感到自豪。但我们并不希冀追求什么超级大国的称号，并不想要谋求世界或地区的霸权，不想企图侵害某些国家的利益，不会把自己的庇护强加在某人身上，也不打算教任何人怎样生活。但是我们希望成为保卫世界权利的领导者，获得对国家主权、独立和人民独特性的尊重。"

普京认为，"任何国际问题能够、也应该主要利用政治资源来解决，不应该诉诸武力行为，武力行为没有前景，还会引起世界上大多数国家的分离"。他认为在叙利亚事件中俄罗斯作出了极其重要的贡献，国际社会最终在国际法基本原则及和平逻辑基础上作出了负责任的选择，成功地避免了外部武装干涉叙利亚事务，避免了矛盾浪潮扩散到地区以外。关于伊朗的核计划今后必须更有耐性地寻求更加广泛的解决方式，保障伊朗及其他国家（包括以色列）在和平发展核电和安全方面不可剥夺的权利。

2. 推进欧亚经济一体化进程

首先，欧亚经济联盟进入了准备合同条约的关键阶段。预计2014年5月1日前将完成合同文本的协商工作，并将提交俄罗斯、白俄罗斯、哈萨克斯坦三国的议会。目前正在起草吉尔吉斯斯坦和亚美尼亚加入关税同盟的路线图。

其次，通过关税同盟的实际成果提高伙伴国家的参与兴趣，其中包括乌克兰。普京称，2013年5月开始乌克兰以观察员国家的身份参加了俄白哈三国的所有会谈，不止一次地表达想要参加关税同盟个别协定书的愿望。但俄罗斯并不强迫任何国家加入关税同盟，如果其他国家自身有参加的意愿，将在专家层面继续推进这项工作。

第三，欧亚经济一体化方案是建立在平等权利和现实经济利益基础之上，与其他一体化方案并不冲突。普京指出，"我们将要持续不断地推进欧亚进程，并不反对其他一体化方案，其中意指的是，那些成熟的一体化方案，如欧盟的，将依据于我们的互补性，继续与我们的欧洲伙伴一起起草新的基础性协议。"

3. 推进国防军事武装力量

咨文认为，在发展高科技军事武装方面俄罗斯有很多工作需要做。在现代战略核威慑方面俄罗斯已经有一系列高质量参数，未来应该加强核能三位一体，研制新的对地、对海和对空定位导弹系统，建设原子能水下军队等，组织全球侦察系统，继续发展空军、海军和陆军等常规力量。

俄罗斯计划用于重新装备军队和舰队改造、用于国防工业现代化的拨款资金总计23万亿卢布。最近十年内军工企业的国家订单有充足的保障，能够更新生产基础和创造有质量的就业岗位。需要考虑的是在2020年企业完成国家订单后及时转向对内和对外市场的民用产品。

关于反导防御系统，普京认为，"防御系统按其名称仅仅是防卫性的，而实际上这是战略进攻潜力的极重要部分。"他还指出，国外一些国家加强战略性高科技非核武装系统的潜能，并且增强与反导防御系统潜力的相互配合，这可能会导致战略力量平衡的破坏。但普京也认为，"任何人都不要妄想可能会对俄罗斯达到军事优势，我们决不会允许的。"俄罗斯将回应这些挑战，政治上的、科技上的，而且俄罗斯有这样的能力保障俄罗斯的国家安全。

咨文选择在俄罗斯宪法通过20周年纪念日发布，表达对宪法的尊重。咨文指出，对于国家的责任感——这是俄罗斯宪法的主题、核心和枢纽，是对每一个人的要求。希望"责任感"的立场能够成为政府权力机构、社会和公民的座右铭。依靠人民优秀的传统，利用现代思想和有效率的发展方式，解决俄罗斯面临的任务，完成俄罗斯制定的一系列战略发展目标。

作者单位：中国社会科学院俄罗斯东欧中亚研究所

普京主义：探索俄罗斯重建苏联之路

里昂·阿伦 著 朱艳圣 译

《通往圣殿之路：制造俄罗斯革命中的真相、记忆、思想和理想，1987—1991》一书的作者里昂·阿伦，是美国企业研究所俄罗斯研究室主任。该文是他于2013年3月8日在《美国外交》杂志上发表的一篇文章。

俄罗斯目前的许多外交政策是基于20世纪90年代初形成的一个共识。这个共识产生于苏联崩溃的废墟之上，跨越了不同的政治立场——从亲西方的自由人士到左翼和民族主义者。它是建立在三个非常重要的地缘战略的基础之上：俄罗斯必须保持一个核超级大国的地位；在国际活动的所有方面是一个大国；地区霸权，即政治、军事和经济主导。这个共识确定了一条界线，这条线让俄罗斯无法后退，只要不越过这条线，俄罗斯就不失自豪感甚至是民族认同。它已被证明具有非常强的适应能力，经历了后革命的动荡和从叶利钦到普京的政治体制的转变。

2000年总统选举后，普京在其政治议程上增加了一个重要的目标：恢复苏联在1991年失去的经济、政治和地缘战略资产。虽然从来没有正式地进行过阐述，但普京坚决地、长期致力于追求这个被称为普京主义的目标。在国内，普京主义指导着政权控制经济的制高点（首当其冲的是石油和天然气），重申对国家政治、司法体系和国家电视网的控制。在外交和安全政策方面，普京主义重新诠释俄罗斯地缘战略的三个方面，比原先所预期的更加坚决地去执行和维护。虽然美国总统奥巴马后来暗示他将与俄罗斯一起去重振这些"资产"，但华盛顿最好的选择可能是战略上的停顿：将互动模式调至较小模式，这反映出两国在价值观和目标方面分歧不断加大，但是保持坦诚的对话并在少数可选择的领域合作。

实践中的普京主义

俄罗斯外交政策共识的第一个迫切任务是维持国家作为核超级大国的地位。与另一个核超级大国美国拥有同等的地位，说明了莫斯科渴望与华盛顿进行战略武器控制的谈判。与此同时，普京信誓旦旦地追求这一目标导致了莫斯科愤怒地反对可能削弱战略对等地位的任何事情，如北约在欧洲部署导弹防御系统。普京2012年6月在俄外交部演讲时指出，导弹防御"打破了战略平衡"，即削弱了俄罗斯作为一个核超级大国的地位。

俄罗斯作为核超级大国地位的第二个但也是象征性的重要支柱是其出口核技术。国家原子能公司一直忙于销售核技术，最近签署了协议将核反应堆出售给中国、土耳其、印度、白俄罗斯和孟加拉。伊朗是一个特别具有吸引力的客户，俄罗斯顶着美国的压力帮助其建造了价值10亿美元的布什尔核电厂。布什尔项目不仅强化了俄罗斯的核技术能力，而且强化了俄罗斯面对美国的压力坚持其政策的意愿。

不受美国期许的影响对于普京重新诠释俄罗斯外交政策共识的第二个目标非常重要——大体上维持俄罗斯作为一个大国的地位。正是在这一背景下，莫斯科积极地寻找前苏联在中东、拉美和亚洲的代理人。而且，俄罗斯利用联合国安理会的地位削弱或者阻止美国倡议的次数逐渐增多。在20世纪90年代，俄罗斯在安理会使用了两次否决权；在2000年至2012年之间使用了八次。

追求外交政策共识的第三个组成部分——地区霸权——促使莫斯科谋求在俄罗斯领导下实现前苏联集团在政治、经济、军事和文化方面的一体化。普京2012年在外交部的演讲中重申了这一点，呼吁"深化前苏联领土的一体化"成为"我们外交政策的中心"。尽管新独立国家不甚热情，这一要求还是促成了集体安全条约组织（包括俄罗斯、亚美尼亚、白俄罗斯、哈萨克斯坦、吉尔吉斯斯坦和塔吉克斯坦的军事联盟）的成立以及白俄罗斯、哈萨克斯坦和俄罗斯的关税联盟。后者将在2015年发展成为欧亚联盟，这是普京经常提及的一项计划。

在普京主义之下，追求地区霸权取得了一个新的进展：试图使后苏联国家"芬兰化"，回到冷战期间苏联控制芬兰外交政策的道路上来。在这种安排下，俄罗斯将允许其邻居选择自己的国内政治经济体制，但是保持对其外交方向的最终决定权。因此，俄罗斯对那些寻求重新调整外交政策的前苏联共和国采取了非常强硬的路线，例如对公开渴望成为北约成员国的格鲁吉亚，俄罗斯就发动了战争，试图羞辱并驱逐总统米哈伊尔·萨卡什维利政权。

普京主义的另一个重要支柱即在俄罗斯周围追求没有挑战的军事优越性，这解释了俄罗斯在普京时代连续增加国防预算，从2000年的290亿美元到2011年的640亿美元。即使是在当前经济非常困难的环境下，俄罗斯继续以远超其他包括教育和卫生健康在内的国内项目的比率扩大国防开支。在2012年2月总统竞选中，普京承诺"全面和有步骤地重新装备"俄罗斯部队，"使军工综合体现代化"，要求未来10年在这些工程上花费23兆卢布（7700亿美元）。

围 城

在恢复国家控制政治和经济的基本目标下，普京主义必然导致独裁。俄罗斯极权主义的卷土重来迫使克里姆林宫利用外部被推翻的民主制度来捞取合法性资源。因此，普京政权夸大了所谓的外部威胁。普京声称，俄罗斯唯一能真正避免外部威胁的似乎就是现政权英勇无畏的领导人。这种合法性的模式可能被称为围城战略。

2004年，在车臣极端主义分子在北奥塞梯挟持人质事件后的几周，弗拉季斯拉夫·苏尔科夫（原克里姆林宫办公厅副主任和副总理）提出了俄罗斯作为围城的观点。苏尔科夫认为，垂涎俄罗斯自然资源的外国不法分子正在阴谋策划"利用脆弱的准国家来摧毁俄罗斯，填满其贪婪的胃口"。外部的阴谋者得到了"第五纵队"的支持。"第五纵队"是"拥有共同的外国资助人"的"左翼和右翼的激进分子"。这些卖国贼"因痛恨他们称之为普京的俄罗斯事实上是俄罗斯本身"而联合起来。从这时起，苏尔科夫的三个主题，即从未停止征服或者摧毁俄罗斯国家的企图，反政权的反对派是作为那些阴谋背后的工具，以及将现政府等同于俄罗斯民族，已经成为政权宣传的主要内容。正如预料之中的，当政府需要支持其合法性成为重中之重时，围城的主题被认为是最具有曝光度和强度的。美国的危险也是共同关注的焦点。

然而，在奥巴马第一个任期之初，美国和俄罗斯的利益似乎有足够多的共同点，两国在许多问题上采取了妥协的态度。在华盛顿和莫斯科于 2009 年 3 月提出"重启"以后，许多合作也随之而至。这些活动包括北方运输线（一系列通过俄罗斯领土将北约物资和人员运输到阿富汗的合理安排）；取消华盛顿在波兰和捷克部署导弹拦截和雷达的计划等。

2011 年底，华盛顿和莫斯科开始出现分裂，因为不断变化的地缘政治背景使两国在关键政策领域的目标和指导价值观不断产生分歧。在核领域，欧洲导弹防御系统似乎成为俄罗斯削减其他战略武器的一个不可逾越的障碍。莫斯科威胁退出新削减战略武器条约。2012 年 10 月，它宣布放弃已实施 20 年的南—鲁格合作减少威胁计划，而美国已经花费 70 多亿美元来帮助销毁 7500 枚俄罗斯战略核弹头。

与此同时，华盛顿认为，新地缘政治背景促使俄罗斯急剧减少与美国关键利益的相关性。在阿富汗，美军迅速撤离，以避免在 2014 年更多需要北方运输线。在伊朗问题上，莫斯科不再支持它以前在联合国安理会投票支持的简约版制裁。当然，叙利亚最能体现美俄两国在指导价值观和目标方面的分歧：俄罗斯已经 3 次否决了美国支持的要求制裁巴萨尔·阿萨德政权的安理会决议。

国内政治逐渐成为一个复杂的因素。在俄罗斯，政权对由中产阶级领导的反普京、亲民主运动崛起的压制性反应产生了两个在俄罗斯外交政策方面相互对立的结构强制性：美国支持民主自治和普京主义重在保持国家对国内政治的强有力控制。美国国会 2012 年 12 月通过"沙格·麦尼特斯基法律问责法案"，禁止涉及侵犯人权和腐败的俄罗斯官员进入美国并冻结其在美国的财产。莫斯科对此作出反应，禁止美国家庭收养俄罗斯儿童。

该暂停了

美国与俄罗斯在外交政策核心目标上的分歧使白宫面临两个战略选择。第一个是试图复活"重启"。目前，华盛顿看起来正在尝试这一战略。根据莫斯科的消息，2012年11月美国总统选举之后奥巴马在与普京的电话交谈中接受了普京2013底之前在俄罗斯举行峰会的邀请。

但是，美国的政策也有另一个选择。它可能更明智：战略暂停。在国家间的关系上，这种停顿可能提供迫切需要的时间来确定关系的优先次序，每一方都要准备承担实现其目标的代价。对于美国（其领导人和公众）来说，没有一个比现在更好的时机来参与这种讨论。而且，接触上的暂停并不意味着不作为或者沉默。当奥巴马政府考虑如何应对美俄关系最迫切和最有分歧的问题如欧洲导弹防御系统、美国反对俄罗斯不断出现的专制主义和镇压以及莫斯科追求将其邻国"芬兰化"等时，应保持交流渠道畅通，进行坦率的对话。

最后，在改变美俄关系的未来方面起决定性作用的将是俄罗斯人民自己。其民主冲动的成功看起来比1991年以来的任何时候都要近。一个自由、民主、稳定和繁荣的俄罗斯将极大地有益于美国，因而，支持这一进程应该成为美国最重要的优先政策。今后几年，这个挑战将是在自以为华盛顿能影响和指导俄罗斯国内演变的傲慢与完全顺从的愚蠢之间找到一个中间立场。

译者单位：中央编译局全球治理与发展战略研究中心

普京主义 >>>

普京为什么青睐斯托雷平？

闻 一

一、俄罗斯的"斯托雷平热"

近两年，斯托雷平成了俄罗斯国家领导人和学术界极为关注的历史人物，出现了一个由国家领导人鼓动起来的"斯托雷平热"。这有三个原因：一是社会对斯托雷平的改革日益关注，早在 2008 年，在"俄罗斯第一频道"做的"俄罗斯名人"调查中，斯托雷平就仅次于亚历山大·涅夫斯基，位居第二；第二个原因是，斯托雷平生于 1862 年 4 月 14 日，2012 年是他诞辰 150 周年；第三个原因，应该是更为重要的原因，是普京盛赞斯托雷平并建议大规模庆祝斯托雷平的生日。

2011 年 7 月 13 日，当时身为总理的普京在政府会议上说："在漫长的以数十年计的岁月中，斯托雷平的活动及其毋庸置疑的功绩被不公正地遗忘了，同时代的人和后来者对此评价不足。"当时，普京建议为纪念斯托雷平的生日，在政府大厦附近的莫斯科河旁建造一座斯托雷平纪念碑，动员政府要员捐钱。他说："我和德米特里·阿纳托利耶维奇已经捐了。这是每个人的责任，我不强迫，但我希望，每个政府成员都要拿出自己的钱来建造这座纪念碑。"

此后，俄罗斯斯托雷平遗产基金会主席波日加伊洛发表文告，呼吁"所有对俄罗斯的命运和斯托雷平本人并不漠不关心的人"捐钱建造纪念碑。斯托雷平地区发展中心负责人、斯托雷平的重外孙斯卢切夫斯基也为纪念碑的建造奔走呼吁。这座纪念碑在斯托雷平 150 岁生日那天奠基，普京参加了奠基典礼，基石上镌刻的是:"这里将建造起俄国杰出的国务活动家彼得·阿尔卡季耶维奇·斯托雷平的纪念碑,以纪念他的百岁生辰。"2012年12月27日,斯托雷平的纪念碑建成,普京总统和梅德韦杰夫总理参加了盛大的揭幕仪式。

俄罗斯国家博物馆举办了"彼得·斯托雷平,帝国最后的勇士"的展览。在圣彼得堡的政治历史博物馆举办了"关于斯托雷平我们了解多少?"的展览。在俄罗斯的其他地区也纷纷举办了展览和讨论会来纪念斯托雷平。俄罗斯科学院召开纪念斯托雷平的国际学术报告会。著名电影导演尼基塔·米哈尔科夫拍摄了斯托雷平生平传记片。

二、斯托雷平何许人?

搅得俄罗斯政坛如此火热的斯托雷平究竟是何许人呢?简言之,他是俄国末代沙皇尼古拉二世的重臣,一个试图以"改革"手段挽救帝国于危亡的国务活动家。

他出身于德累斯顿的贵族之家,23岁毕业于彼得堡大学物理数学系。著名化学家门捷列夫主持了他的毕业考试,给他打了"优秀",称他"博学和聪慧"。大学毕业后他曾担任政府公职,40岁时被任命为帝国最年轻的省督,先后在格罗德诺和萨拉托夫任省督。5年后,1906年,他高升为内政大臣,同年7月,被沙皇诏令任总理大臣。斯托雷平的改革从此时起,一直延续到他被谋杀。

斯托雷平是在日俄战争之后俄国处于最危急的状态下掌管国务的。这一特点决定了斯托雷平改革的基本趋势,是要在国家安定和任何人不得破坏这种安定的情况下,进行他倡议的一系列改革。保持政府的绝对权威和强势是斯托雷平最关心的施政问题,对破坏这种安定的反对君主政体的人和恐怖主义者(革命党人、社会主义者)进行最严厉甚至最残酷的镇压,是他保证政府权威和强势的重要手段,是他保证改革得以实施的必经之途。他改革中最主要的是农业改革,这体现在1906年10月沙皇关于农民权利的法令。根据这一法令,农民享有与其他居民同等的权利:可自由移居,可领到身份证,可进学校学习,也可以任公职,拥有大量土地的富裕农民可以参加地方自治会的选举。无论是对反对者的镇压,还是改革的实施，斯托雷平都寄希望于底层民众，他反复强调这样的理念："一系列任务中最主要的任务就是强化底层群众。国家的全部力量就在他们身上。"

斯托雷平一生是矛盾的、双面的：为了维护君主政体，使衰落的帝国重新崛起，他既寄希望于民众，又残酷镇压反对派。他在这个矛盾之途上得不到解脱，结果是他的改革贯彻不下去，而对反对派的镇压又使他遭致灭顶之灾。斯托雷平一生遭受11次谋杀。他镇压了1905—1906年革命后，遭受了一次重大谋杀，死22人，伤30人，而他安然无恙。1911年9月1日，他在基辅剧院陪同尼古拉二世看戏时，社会革命党人（现在被俄罗斯称为"恐怖主义分子"）波戈罗夫走到他的面前，连发两枪，全部命中。斯托雷平临死仍然对尼古拉二世效忠："为沙皇而死是幸福的。"他还遗嘱："我希望把我葬在我被杀的地方。"斯托雷平最后葬在了基辅著名的山洞修道院里。

斯托雷平死时49岁，其掌管国务、进行改革只有5年时间。他的改革未能如他所愿，而他残酷镇压反对派、维护君主政体的恶名却传播了下来。十月革命后，"斯托雷平的领带"几乎成了他唯一的政治标签，而他的改革纲领和实践却被遗弃在喧闹的政治斗争中了。

三、普京盛赞斯托雷平

就在普京建议立碑纪念斯托雷平时，他向政府成员复述了斯托雷平的一段讲话："给国家20年的安定——国内的和国际的，现今的俄国会变得你们辨认不出来。"这很像多年来媒体上盛传的普京的一句话："给我20年的时间，我将还你一个强大的俄罗斯。"普京的话是斯托雷平原话的准确变体。斯托雷平是1909年10月1日对《伏尔加报》发表讲话时这样说的。这两段话的近似之处表明普京和斯托雷平在谋求安定的治国环境理念上是一致的，所以普京在复述了这段话后补充说："这些话里包含着对俄罗斯本身和对其人民的深刻信任。"所不同的是斯托雷平讲的是"给国家20年的安定"，而普京的讲话则强调"给我20年的时间"，这里的差异也是很大的。

普京经常引用斯托雷平的话，不过他在引用时常常根据自己的需要来变体。

比如，斯托雷平1907年5月10日在杜马的讲话中说："国家制度的反对者想要选择激进主义的道路，背离俄国历史过去的道路，背离文化传统的道路。他们需要重大的震荡，而我们需要伟大的俄罗斯！"而普京把它们改成了："我们不需要重大的震荡，我们需要伟大的俄罗斯。"

普京还盛赞斯托雷平在危难时期将国家的重担全部承担于己肩的不屈不挠的意志、勇敢精神和不顾一切的优秀品质。普京强调："在斯托雷平治理时期，俄国展示出了世界上经济增长的最快速度。"

普京的执政方式和祈求的改革之路与斯托雷平的纲领和实践有许多相似之处。普京2012年4月17日在"斯托雷平改革：历史与现实"科学会议上致词："斯托雷平所主导的改革和改造的经验在那些需要解决经济现代化、完善社会生活、提高人们福利任务的地方都可借用。"他强调了斯托雷平经验的现实意义，对斯托雷平作了这样的总评价："这个卓越的天才人物、杰出的历史活动家的意义和价值已经越出一个世纪的范围。今天，我们对他在强化国家和发展社会中所作出的贡献，对他的高度公民责任感和对祖国命运真诚的关注给予最崇高的敬意。"

四、俄罗斯需要"斯托雷平改革"？

当今俄罗斯的"斯托雷平热"源于普京的治国方略和对俄罗斯前途命运的关注与斯托雷平有着极大的相似之处并交织着千丝万缕的联系。这其中有几个极为明显的交织点。第一，大动荡之后的俄罗斯，需要一个强权政府，需要强权政府的强权治理；第二，这个强权政府必须采取一切手段来求得国家的稳定和安定；第三，国家的全部力量在于底层民众，尤其是农村基层民众，国家的力量必须帮助居民中最弱势的阶层，而发挥民众力量的根本途径有两条：一是提高他们的物质福利，二是使他们成为受教育和有文化的人；第四，俄罗斯必须成为一个强国，而强大舰队和海军的建设是刻不容缓的任务；第五，在这样一个俄罗斯，激进主义、恐怖主义和一切反政府分子都不应有存在的机遇，对任何背离和分裂倾向都必须严加控制，进行坚决斗争。

对俄罗斯国家的重新崛起、奋进和光辉未来，普京和斯托雷平有着同样的感情以及表述和实行的方式。斯托雷平在1907年对杜马代表说过这样的话："俄国在其第二个千年的生活中是不会垮掉的。我认为，它将复兴，将使自己的制度更美好，将前进，但是，解体的道路是不行的，因为解体的地方，只有死亡！"他还说过："国家在其处于危急之中时，可以，而且有责任采取最严厉的和最极端的法制，来使国家免于崩溃。过去是这样，现在是这样，将来也永远是这样，不可变动。"

对于当今俄罗斯的国家独立、主权完整以及反对激进主义、分裂主义和恐怖主义的斗争，普京几乎持完全相同的观点。

普京已经在俄罗斯的象征——双头鹰下做了很多事。1908年，斯托雷平在坚持修筑阿穆尔铁路时，对杜马的一段讲话似乎是留给后来者的遗嘱："我们的鹰，拜占庭的遗产，是一个双头鹰。当然，一头鹰也是有力的和强大的，但是，如果你们将我们俄国鹰砍去面向东方的一个头，却不会把它变成一头鹰，只能使它流血而亡……"

俄罗斯的国策正在逐渐向东方转移，从这种大的变化中，人们也不难发现斯托雷平的那个双头鹰的影响。

总之，俄罗斯的"斯托雷平热"不是空穴来风，当今俄罗斯改革中的"斯托雷平改革"的影响显而易见。但是，"斯托雷平改革"会在俄罗斯的现代化进程中起到什么样的作用和取得哪些效果，现在还很难预测。

作者单位：中国社会科学院世界历史研究所

普京致信美国谈解决叙利亚危机

张文成 编译

2013年9月12日，俄罗斯总统普京在美国《纽约时报》上发表文章，呼吁美国在国际法和联合国框架内解决叙利亚问题，并对美国的对外军事干预和奥巴马的"美国例外论"提出批评。文章内容如下。

最近，围绕叙利亚问题发生了一系列事件，这促使我直接和美国人民及其政治领导人对话。现在，两国交流不足，这种直接对话尤为重要。

我们两国之间的关系经历了不同阶段。我们曾经在冷战时期相互对抗，也曾在二战中携手共同打败了纳粹。随后建立的全球性国际组织联合国正是为了防止那样的惨剧再次发生。

联合国各个创始国均主张，只有各国一致同意，才能作出有关战争与和平的决定。美国也同意将安理会常任理事国的否决权写入联合国宪章。这一原则蕴含的博大智慧，为国际关系数十年来的稳定奠定了基础。

没有人希望联合国会重蹈国际联盟因缺乏对国际局势的真正影响力而崩溃的覆辙。如果有影响力的国家绕过联合国，未经安理会授权就采取军事行动，就很可能发生这种情况。

美国对叙利亚动武的意图，遭到很多国家和政治领导人以及包括教皇在内的宗教领袖的强烈反对，因为那将导致更多的无辜者受到伤害，使局势紧张程度升级，并可能使冲突远远扩大到叙利亚以外。动武将增加暴力活动，催生新的恐怖主义浪潮。它还很可能会破坏解决伊朗核问题与巴以冲突的多边努力，进一步加剧中东和北非的动荡，也可能会使整个国际法律与秩序体系失去平衡。

叙利亚正在发生的不是一场争取民主的战争，而是一场多宗教国家的政府与反对派之间的武装冲突。在叙利亚，几乎没有民主的倡导者，而与政府对抗的基地组织武装分子和各种各样的极端主义者则太多了。美国国务院已经认定同反对派一起作战的努斯拉阵线和"伊拉克与黎凡特伊斯兰国"是恐怖组织。在反对派得到外国武器援助的助推下，这场内部冲突已经成为世界上最血腥的冲突之一。

在那里作战的有来自阿拉伯国家的雇佣兵，也有来自西方国家甚至俄罗斯的许多武装分子，这批人让我们深感担忧。他们会不会带着在叙利亚取得的经验潜回我们这些国家呢？正是那些在利比亚作战的极端分子后来都跑到马里去了。这对我们所有人造成了真正的威胁。

俄罗斯一开始就提倡和平对话，让叙利亚人为自己的未来制定一个妥协计划。我们不是在维护叙利亚政府，而是在维护国际法。我们应当充分利用联合国安理会。

我们过去和现在的出发点是，在当今复杂而动荡的世界上，维护法律与秩序是防止国际关系陷入混乱的少有的途径之一。法律终归是法律，不管喜不喜欢，我们都必须遵守它。依据现有的国际法，只有在自卫或安理会作出决定这两种情况下，才允许使用武力。依据联合国宪章，其他任何情况都是不被允许的，将视之为侵略。

没人怀疑有人在叙利亚使用了毒气。但有充分的理由相信，使用毒气的不是叙利亚军队，而是反对派武装，其目的是为了刺激他们的力量强大的外国庇护者插手干预，而这些人将和那些原教旨主义者站在一边。有报道称，这些武装分子正在准备发动另一场袭击——这次是针对以色列的，对此不能置之不理。

令人担忧的是，对其他国家的内部冲突进行军事干预已经成为了美国的家常便饭。这符合美国的长期利益吗？我对此感到怀疑。世界上成千上万的人越来越意识到，美国不是民主的典范，而是只相信野蛮武力，在"不与我为友、便与我为敌"的口号下拉帮结伙的游戏者。

使用武力已经证明不仅没有效果而且没有意义。阿富汗局势依旧混乱，没有人知道多国部队撤离后那里会发生什么情况。利比亚已经被不同的部落和派别所瓜分。伊拉克内战仍在持续，每天都有数十人丧生。在美国，很多人把伊拉克和叙利亚作类比，质问政府为什么要重复不久前刚犯下的错误。

不管打击目标多么明确，武器多么精良，都会不可避免地造成平民伤亡，这其中包括老人和孩子，而他们原本是打击行动想要保护的人。

这种武力行动致使世人作出这样的反应：如果不能指望国际法，那只有找别的途径来确保自己的安全。因此越来越多的国家试图获得大规模杀伤性武器。这里有一个简单的逻辑在起作用：你手上有原子弹，就没人敢动你。我们口头上大谈必须防止大规模杀伤性武器的扩散，实际上却在削弱这种努力。

我们必须放弃用武力说话的方式，回到用文明的外交和政治解决冲突的途径上来。

过去几天出现了避免军事行动的新契机。叙利亚表示愿意把自己的化学武器交给国际社会控制并最终予以销毁，美国、俄罗斯以及国际社会全体成员一定要充分利用这一意愿。从奥巴马总统的声明看，美国认为这是取代军事行动的一个途径。

我欢迎奥巴马总统和俄罗斯一起继续在叙利亚问题上进行对话。我们早就呼吁共同行动，现在重要的是，不使我们6月在北爱尔兰厄恩湖八国峰会上所达成的联手合作的希望之光熄灭，而回到谈判上来。

如果我们能避免对叙利亚动武，国际事务的氛围将得到改善，相互信任将得到加强。那将是我们共同的胜利，它将为在其他关键问题上的合作打开大门。

我同奥巴马总统正在建立越来越相互信任的工作和私人关系。我珍视这一点。我仔细研读了奥巴马周二（9月10日）对国民发表的讲话。我对他所说的美国例外论不敢苟同。他说美国的政策"让美国与众不同，使我们成为一种例外"。鼓励国民自视例外，是极端危险的，无论动机如何。这个世界的国家有的大，有的小；有的富，有的穷；有的民主传统悠久，有的还在摸索走向民主的道路。它们的政策也不相同。我们是不相同的，但是当我们祈求上帝保佑时，我们一定不要忘了上帝创造了我们，大家生而平等。

译者单位：中央编译局

政党・政治

俄罗斯政党法律规制建设

徐向梅

俄罗斯政党制度是苏联解体以后形成的，属于转型发展中的多党政治，其政党法律规制建设也是从无到有、处于不断发展完善过程中。

俄多党政治格局由1993年全民公决产生的俄联邦宪法所确认，宪法规定："在俄罗斯联邦，承认政治多样性和多党制。"在此宪法原则下国家保证各政党在法律面前的平等，保证其权利和合法利益。

1995年4月，《俄罗斯联邦社会联合组织法》出台，对实施多党制的宪法原则作了细化，规定有3个以上年满18岁的俄联邦公民倡议就可以成立包括政党在内的社会联合组织。该法的出台，为俄多党政治实践的探索奠定了法理基础。2001年《俄联邦政党法》的出台则标志着俄多党制真正进入形成阶段。除《政党法》以外，各政党依照政党法而颁布的党纲和党章成为规范各政党活动的主要规章。

一、规范俄罗斯政党活动的基本法律——《俄联邦政党法》

2001年11月出台了《俄联邦政党法》，后虽经多次修订，但基本精神没变。《俄联邦政党法》是规范俄罗斯政党活动的最重要法律，政党法对政党的概念、目标、任务，政党建立的标准、组织结构、活动范围，政党的权利和义务以及政党停止活动和撤销等进行了原则规定。政党活动必须遵守一些基本原则，比如：不允许政党在国家政权机关、地方自治机关、联邦武装力量、护法机关、其他国家机关以及国家和非国家组织中建立分支机构；不允许依据职业、种族、民族或宗教属性特征建立政党；禁止建立以进行"极端主义活动"为目标的政党等等。这些规定一方面使国家机关能够免受政党掣肘，一方面使政党活动纳入联邦法律许可范畴。

2001年《俄联邦政党法》对政党的建立和活动提出了明确的限制性条款：成立全国性政党的主要条件是党员人数在1万人以上，在半数以上联邦主体设有分支机构，且每个分支机构的人数不得少于100人。2004年《政党法》修正案将上述限制分别提高到5万人和500人。2008年，梅德韦杰夫任总统后修改《政党法》，将组建政党的人数从5万降低到4.5万，后又降低到4万。2012年4月，作为普京当选总统后全面政治体制改革的一项重要举措，重新修订了《政党法》，将组建政党的登记党员人数从4万人降低到500人；不再对政党地区分部的最低党员人数作法律限制，而交由各党党章规定；参加杜马选举的政党不再需要征集选民签名。新法律生效激发了社会新的政治热情，申请登记的政党达数百个，截止2013年7月，获准登记的合法政党从此前的7个激增到72个。

各政党在宪法原则和政党法基础上开展活动，同时还受其他一些法律法规的规范和约束，比如《俄联邦总统选举法》、《俄联邦国家杜马代表选举法》、《联邦政府法》等。《俄联邦总统选举法》和《俄联邦国家杜马代表选举法》分别对政党参加总统和国家杜马代表选举的权利和程序进行了规定。2004年10月，《联邦政府法》修正案取消了政府总理和部长级官员不得担任政党领导职务的规定，直接促成了统一俄罗斯党几乎包揽地方长官职位，形成俄政坛上一党独大格局。

二、俄政党内部规制的主要体现——党纲和党章

俄政党法规定，政党必须有自己的党章和党纲，党纲必须明确党的活动原则、目标和任务，以及实现目标和任务的方式。俄各主要政党的党纲，基本都是其理论主张和政策方针的一种描述。比如统一俄罗斯党在2001年第一次全俄代表大会上通过的党纲，主题是"我们信赖自己和俄罗斯"，宣称将统一俄罗斯党全体党员团结在一起的共同价值是"自由、法制、公正及和谐一致"。

俄罗斯实行的是超级总统制，获胜的政党没有组阁权，因此政党的纲领并不意味着真正的治国方略，党纲对各政党发展的意义更多的是宣扬自己的理念，明确自己的奋斗目标，争取更多的拥护者和选民。

真正对政党和党员活动起到规制作用的主要是各政党依据政党法的要求制定和通过的章程。党章在政党成立代表大会上通过，一般来说，各政党成立之后的历次代表大会，经常都会对党章作一定程度的修改和补充。政党法规定各政党及其下层组织应该在其党章原则上开展活动，并规定了各党党章中必须包含的内容，如：该党的目标和任务；名称；获得和失去党员资格的条件和程序，党员的权利和义务；党员登记的程序；建立、改组和撤销政党及其下层组织的程序；选举领导人和监察机关的程序，相应机关的职权范围和权限期限；修改、补充党章和党纲的程序；政党及其下级组织管理货币资金和其他财产的权力，政党的财务责任和会计制度；政党推荐参加国家权力机关和地方自治机关竞争岗位选举的候选人的程序，等等。各政党的章程基本上是把政党法所要求的内容细化、具体化，当然在各自的党章中也可以包含政党法对党章内容规定以外的原则，政党在决定其内部结构、目标、形式和活动方式上是自由的，只要不与政党法相抵触。各政党及其党员活动受本党党章规范。

统一俄罗斯党党内规章中有两个比较有特点的制度：（1）预投票制度。党章第八条第一款规定，党内自由选举是其所有成员政治意志的直接表达。在党内进行预先的投票是推荐议员候选人以及国家权力机关和地方自治机关候选人所必须的程序。2010年4月7日，统一俄罗斯党总委员会主席团通过了《有关预先举行党内投票的程序的决议》，规定不只是本党党员，而且本党的拥护者以及与本党有互动和合作协议的其他社会组织的代表都可以参加统一俄罗斯党的党内预投票。有权推荐候选人的只有党的领导机关及其党的附属组织的代表。（2）党内争论制度。党章第八条第二款规定，党的各级领导机关和中央机关都应该促进党员以及党的拥护者之间自由交换意见，组织党员及其拥护者对国家发展的迫切问题和本党的发展与完善问题进行党内争论。

争论的结果常常被吸收用于党的纲领性文件的制定和行动计划的起草。强调党内争论的重要性反映了统一俄罗斯党在国内地位的变化，它作为议会最大党团地位日益强大和巩固，为了实现其代表广大阶层人民利益的目标，需要尽可能地同各社会群体对话，符合他们的利益诉求。党内存在的不同取向的政治俱乐部可能有助于组织不同阶层的社会群体的对话，党内争论从一定程度上能解决统一俄罗斯党在国内政党格局中一党独大造成的一些弊端。

俄联邦共产党党章宣称自己是苏联共产党的继承者，规定党的活动建立在自愿、平等、公正、合法和公开的原则基础上，特别强调党的组织原则是民主集中制、思想一致性和党内的同志式关系，这是秉承了苏联共产党的组织原则而与当今俄罗斯其他政党不同之处。秉承苏共党章，俄共党章第二条第五款规定严禁党内建立不同的派别。俄共党章第三条第八款规定，在选举党的机关时通常遵循经常更新（不少于1/5成员）的原则，同时保持领导集团的继承性。

三、俄罗斯政党法律规制建设的特点

尽管俄罗斯近年来是接近总统和总理的统一俄罗斯党一党独大，绝大多数地方长官的职位也都由统俄党党员占据，但从法律制度层面宪法规定实行多党竞争机制，政党法为各政党规定了基本的活动规则，对政党行为的基本要求都在法律层面上予以界定，并且明确国家保障各党平等的政治权力。政党内部规制的建立受到更高层面政党法的规范，在此基础上各政党形成自己的内部规制，主要是党纲和党章，具体要求和指导本党及其党员的行为。从本质上说对俄罗斯政党发展发挥作用的是政党法。这是俄罗斯政党规章制度建设的一个基本背景。

政党法的实施，一方面使社会上各种政治力量不得不重新进行整合，结束了20世纪90年代俄国内小党林立的混乱局面；另一方面把规范政党行为的规章制度上升到法律层面，使得各政党的行为能够合乎统一的规范；第三，从立法高度保证俄罗斯各政党发展的平等竞争的环境，在促进政党积极参与国家政治生活的原则下，避免某一政党或其任国家公职的党员利用职务之便谋求其所在政党的利益。政党法对促进俄罗斯政党制度朝着当局所希望的健康有序的方向发展发挥了重要作用。

应该说把政党规制建设提升到法律层面是俄罗斯政党制度建设的一个成绩，值得借鉴。但是不能不承认，俄罗斯政党对内部规章制度建设不够重视。这有两个主要原因：一是俄罗斯政党制度建立和运行的时间还短，尚处于转型之中。议会内四大政党中俄共和自由民主党的历史相对较长，创立于苏联末期，目前最大政党统一俄罗斯党正式建党是2001年，公正俄罗斯党更年轻，2006年才组建。二是各政党在其存在的短暂历史中，一方面由于国内政治形势的变化，不断地处于分化组合中，另一方面还要不停地参加四年一届的国家杜马选举和总统大选，要经常组织地方立法机构议员的选举，因此政党存在的主要意义和工作重心更多地体现在选举中，甚至政党法所要求的政党反映广大民众对国家政治生活的意见、参与国家政治生活并对其发挥引导作用的功能都体现得不明显，对党的内部规章制度建设更是疏于管理。从前文所述可以知道，各主要政党除了党章和党纲之外，很少有更具体的管理条例。统一俄罗斯党的两项比较有特点的内部制度特别是党内争论制度还处于摸索阶段，至于党内已经形成的三个不同取向的政治俱乐部能否像舒瓦洛夫所期望的那样成为党内争论的基础和有效联系社会各阶层的纽带，或者会成为分析人士指出的未来该党分裂出新的政治组织的潜在危险，还有待观察。

作者单位：中央编译局俄罗斯研究中心

俄罗斯发展道路问题再思考

庞大鹏

普京再次就任总统后,为了应对政治生态出现的新变化,采取了一系列旨在扩大政治参与、增强政治竞争性的改革措施。虽然启动了改革,但是在每一项改革举措中都留有后手,国家权力机构没有出现实质性变化。

在政党制度上,降低建党门槛,但不允许成立政党选举联盟,这实际上分散了反对派的力量,而且还保留了终止注册机制。

在选举制度上,从比例代表制调回混合选举制,但是又在2013年6月将全俄人民阵线改组为社会运动,联合1000多个社会组织,意在争夺未来单一选区的名额。

在社会机制上,建立了俄版海德公园,但又修改集会法、非政府组织法等,依靠法律维稳,管理政治公共空间。

在联邦制度上,允许地方行政长官直选,但又规定需要总统审查。2013年又提出由进入地方议会政党推荐人选,总统从中确定三人,再由议会从三人中选举产生地方行政长官,这进一步加大了对地方的控制力度。

从15世纪末形成以莫斯科为中心的中央集权国家开始,俄罗斯一直是单一制国家结构形式。苏联时期联邦制遵循列宁的民族自决原则,但实际上是苏共一党制支撑了联邦制形式下的中央权威。从历史上看,俄罗斯没有联邦制的传统。苏联解体后俄罗斯的联邦制是一种全新的探索。普京之所以能解决叶利钦时期地方自行其是的问题,很重要的原因就在于统一俄罗斯党作为普京精心培育的全国性政党是防止地区分裂、巩固联邦统一的核心力量。既然历史上没有传统,现实治理上还在借鉴苏联时期的经验，那么，当前这种民族区域与行政区域原则相结合的联邦制是否缺少一种自我稳定的机制？如果答案是肯定的，那么直选依然要经过总统审查这一关，保持对地方权力的可控管理也就具有了一定的合理性。以有限直选为特点的联邦制度改革使分权成为集中的一种手段，这是俄罗斯稳定与发展的独特景观。

总之，俄罗斯国家权力结构没有出现实质性变化，政治体制的控制性依然非常明显，政局也保持稳定，当然这种稳定具有一定的脆弱性。虽然普京在政治治理上有思路有举措，但在经济发展问题上遇到挑战。普京借助2012年的五月命令、总统咨文，以及2013年人民阵线的宣言，反复强调了未来六年的战略规划：经济年增长保持6%—7%，进入世界经济大国前5名，成为欧亚地区一体化的中心。但是2013年上半年俄罗斯的GDP仅增长1.4%，全年GDP增幅连一再调低的2.4%都难以达到。

实际上，国际经济危机并没有影响到对原油的基本消费需求，对俄罗斯来说，这原本是其经济保持发展的有利条件。2008年金融危机后，国际原油价格曾一度跌至30美元一桶。但此后原油价格一路走高，2011年以来均价保持在约100美元一桶的水平。此外，欧美国家应对危机时采用的量化宽松货币政策，以及其他财政刺激措施，都可能会推高国际原油价格。然而，从俄罗斯2010年以来的经济发展来看，虽然石油价格保持高位，但是俄罗斯经济还是没有实现普京执政前八年的高速增长。直接投资下降、资金外流、基础设施更新的沉重负担、经济活动人口的就业压力等等一系列因素的影响作用都在持续发酵。世界经济尤其是欧洲经济不振对于俄罗斯能源需求的下降也是很重要的影响因素。

经济增长放缓对于俄罗斯发展的影响体现在很多方面：实现经济发展目标难度加大；政局稳定的控制性受到挑战；重新崛起的前景不容乐观。俄罗斯发展模式的弊端实质是俄罗斯现代化的危机。这一危机从根本上决定了俄罗斯实现经济强国的前景困难重重，而且也很难形成整合独联体的软实力。正如俄罗斯学者自己指出的，深层制度性改革才是出路。然而，普京的举措却是在2013年6月的圣彼得堡经济论坛上提出动用储备基金430亿美元进行三大基础设施的改造，没有真正实施经济多元化改革的举措。

俄罗斯政治经济形势的现状促使我们思考两个问题。一是当俄罗斯出现选民代际结构的变化、中产阶层释放政治诉求、社会民意政治活跃的情况下，为什么俄罗斯的威权政体没能出现向民主政体的过渡？二是当俄罗斯经济增长放缓，并出现发展道路的争论，且精英内部出现分裂，政局稳定受到挑战的情况下，为什么俄罗斯依然没有启动经济的深层结构性改革？俄罗斯会不会出现苏联后期的停滞？

哈佛大学历史学家派普斯从财产的理念和财产制度演化发展的历程详细研究了俄罗斯权力与资本的关系，其基本结论是：俄罗斯权力与资本的演化方向与西方其他国家相比是完全不同的。俄国历史上根深蒂固的一个特征是财富与权力都集中在统治阶层，权力与资本的政治主从关系是资本依附权力。可以说，俄罗斯社会系统的基础是政权效应。俄罗斯历史上的强盛时期均依靠垄断型经济结构及适应于这种结构的集权管理模式，这是俄罗斯自己独特的发展基因，也是苏联解体后俄罗斯转型的路径依赖。当前，俄罗斯是否进入了一个惯性发展模式的轨道呢？这对俄罗斯的发展前景具有什么影响呢？政治制度本身只有在私人领域达到独立存在的地方才能发展，所以正是基于对人权和产权的保护，西方才有了行之有效的制度设计，不是形式民主而是实质民主。俄罗斯不仅缺乏这种前提条件，它还是一个法律虚无主义国家，就像梅德韦杰夫指出的，在欧洲找不到第二个这样藐视法律的国家。普京执政以来，俄罗斯权力与资本的结合，实际上造就了一批食利者阶层，依靠的是动员型模式，走上了俄罗斯历史发展的老路。目前来看，无论是俄罗斯的社会现实、思想基础、国民心态、执政阶层的治国理念都没有摆脱这一影响。政治体制缺乏现代化改革的动力，必将严重制约俄罗斯现代化的有序进行，难以实现俄罗斯的快速发展。

作者单位：中国社会科学院俄罗斯东欧中亚研究所

俄罗斯转型政治文化的基本态势与价值取向

王秋文

在俄罗斯社会转型的过程中，随着政治制度和政治结构的巨大变化，政治文化形态也发生了根本变化。不同社会集团对于政治体系和政治发展提出的各种理念及其价值取向，构成了俄罗斯转型政治文化的基本内容。

一、俄罗斯转型政治文化发展变化的动因

俄罗斯转型过程中意识形态领域的最大特点，就是始于政治多元化的政治结构的变化而产生的政治文化的巨大变化，这是俄罗斯转型政治文化开始发生明显改变的最初阶段。

1990年修改苏联宪法第6条，致使苏共的一党执政受到挑战。之后，宪法修正案明确提出"苏联公民有权结成政党、社会团体、参加有助于发挥政治积极性和主动性，满足他们各种利益的群众运动"。1990年3月，苏联第三次人代会正式修宪，排除任何政党对权力的垄断，各个政党和组织在宪法范围内自由竞争，实行直接普选。7月苏共"二十八大"进一步确定了多党制的具体内容。

于是，90年代初期各种社会思潮层出不穷，各种主张的政党组织不断涌现。在经历了异彩纷呈的思想纷争之后，民主自由的思想占据了主导地位。1993年12月12日，经过全民投票，俄罗斯通过了独立后的第一部宪法。根据1993年宪法，俄罗斯实行三权分立的政治制度，确立了总统制的联邦国家体制。俄罗斯总统由公民通过直接选举产生，俄罗斯议会实行两院制，由上、下两院组成。其中上院（联邦委员会）议员由每个联邦主体的权力代表机关和权力执行机关代表

组成，下院（国家杜马）议员，一半按简单多数原则由全国各大选区选出，另一半则按比例制原则从各党派中选举产生。允许政党和个人参加总统选举和议会选举。这样，在新的政治体制下，政权力量与选举运动直接联系起来。选举运动成为各种政治力量取得政权的直接途径或唯一途径。历次选举运动及其结果直接反映出俄罗斯社会转型中政治文化发展变化的基本态势。

二、俄罗斯转型政治文化发展变化的基本态势与价值取向

在一般的社会发展过程中，客观形态上的政治结构及其功能与主观形态上的政治文化的互动关系时隐时现。但在俄罗斯转型过程中，随着客观形态上的政治结构及其功能的激烈变化，政治结构与政治文化的互动性迅速强化，转型政治文化的发展变化与政治结构的发展变化密切相关，而政治结构最显著变化的表现就是各种政党和政治组织为争取政治地位和政治权利而进行的各种选举运动。如果从1991年叶利钦首任俄罗斯总统算起，到2013年俄罗斯已经经历了6次议会选举、6次总统选举，共计12次竞选活动，而每一次议会选举和接下来于次年举行的总统选举密切相关（1991年是总统选举在先）。如果把每一届议会选举和总统选举合并起来算，俄罗斯独立以来共经历了6次选举运动，可以从中观察到转型政治文化发展变化的基本态势与价值取向。（参见下表）

俄罗斯历次选举结果与政治文化发展变化对照表

选举运动	选举时间	选举内容	选举结果*	政治文化倾向
第一次选举运动	1991.6	第一届总统选举	叶利钦当选	激进民主主义盛行（自由主义）
	1993.12	第一届议会选举	自由民主派大胜	
第二次选举运动	1995.12	第二届议会选举	俄共取得最大成功	左翼复兴鼎盛时期（社会主义）
	1996.6	第二届总统选举	叶久对垒 叶利钦险胜	

选举运动	选举时间	选举内容	选举结果*	政治文化倾向
第三次选举运动	1999.12	第三届议会选举	团结党一举成功	中派崛起（中派主义）
	2000.3	第三届总统选举	普京当选	
第四次选举运动	2003.12	第四届议会选举	统一俄罗斯党获胜	中间力量与政权力量结合（政权党影响）（普京主义）
	2004.3	第四届总统选举	普京连任	
第五次选举运动	2007.12	第五届议会选举	统俄党成功卫冕	"国家至上"的俄罗斯新思想（普京主义延续）
	2008.3	第五届总统选举	梅德韦杰夫当选	
第六次选举运动	2011.12	第六届议会选举**	统俄党仍是议会第一大党，但失去2/3以上的宪法多数	"强国"意识与威权主义（新普京主义）
	2012.3	第六届总统选举	普京重返克宫	

说明：* 表格中的议会选举结果，为了便于列表，只列出了其中最突出的具有代表性的政党组织。

** 2011年第六届议会选举后，反对派举行大规模游行示威抗议选举结果。

以上图表清楚地展现出转型过程中俄罗斯政治图谱的发展变化，以及选举结果与社会发展方向变化的关系。其中，议会选举直接地反映着社会各种政治力量对比的发展变化以及由此产生的社会政治情绪和政治倾向的发展变化，议会中政治力量的发展变化直接决定着总统选举的结果，客观上直观地反映出社会总体政治文化倾向发展变化的基本轨迹。

1. 20世纪90年代初激进民主主义盛行

苏联解体后，激进民主主义迅速崛起。在长期计划经济体制下，自由民主成为人们向往的梦想。全民思变，恨不得一夜进入西方社会的"人间天堂"。在这种社会情绪的支配下，代表激进改革政策的激进民主主义思想受到追捧。在1993年的首届议会选举中，盖达尔领导的激进民主派政党"俄罗斯选择"联盟大获全胜，成为首届议会的第一大党。在全社会自由民主的躁动中，开始了全盘西化的激进改革政策"休克疗法",甚至出现了"500天计划"的激进改革梦想,全社会都处于一种彻底粉碎旧的计划经济体制的狂热中。激进民主主义思潮正是这种社会情绪的反映。

2. 20世纪90年代中左翼政治力量复兴、社会情绪左倾

随着激进改革失败,"休克疗法"破产,国民经济状况急剧下降,一部分社会阶层生活窘迫,这比经济数据更具负面影响。俄罗斯转瞬之间陷入困境。全盘西化梦想破灭,社会对激进改革产生怀疑和不满,社会情绪左转,重建的俄共重新受到很大一部分社会力量的支持。1995年第二届议会选举时俄共以22.3%的选票高居榜首,获得了议会1/3以上的席位,成为议会第一大党。不仅如此,在1996年6月的总统选举中,俄共主席久加诺夫作为人民爱国联盟统一候选人参选取得巨大成功,与当时的现任总统叶利钦共同进入第二轮角逐,叶利钦以微弱多数胜出。社会舆论认为,久加诺夫虽败犹荣。此次选举结果表明,以俄共为代表的左翼政治力量已经发展成可以与现政权相抗衡的重要政治力量,这是左翼复兴的鼎盛时期。左翼复兴对整个社会的发展取向产生了一定的影响。

3. 20世纪90年代末中间力量崛起、社会情绪趋中

左翼力量复兴任重道远,俄共的发展艰难曲折。在经历了激进改革的失败之后,俄罗斯不可能再走老路。俄罗斯的政治钟摆经过左右摇摆之后,人心思定,期求社会稳定,社会情绪逐渐趋中,中间力量的政治影响迅速扩大,中派主义崛起。1999年第三届议会选举时,以"祖国——全俄罗斯"运动为代表的中派力量影响扩大,在选举前的民意调查中,其社会支持率曾一度高达30%—40%。最后的选举结果证明,政权力量支持的最具"中派色彩"的政党"团结"联盟横空出世,成为议会第二大党。以此为契机,"团结"联盟迅速发展。"团结"党表示,"团结"是与国家政权实现建设性合作的政党。一方面要在国家政权中代表公民的利益,另一方面则要促进俄罗斯建立具有权威性、廉洁和爱国的国家政权。普京则致力于把"团结"建成一个能与国家政权有效合作并能起到后盾作用的政党。这是俄罗斯多党政治中政党与政权力量关系的重大变化。中间力量不仅成为全社会的一种价值取向,而且成为现政府支持和需要的政治力量。

4. 新世纪的强国主义意识崇尚权威

随着新世纪钟声的敲响,叶利钦辞去总统职务,任命普京为代总统。这标志着叶利钦时代的结束,俄罗斯进入普京时代的新时期。2000年3月,第三届俄罗斯总统选举提前举行,普京凭借强大的个人魅力迅速征服了全社会,最终以52.52%的选票正式当选第三届总统。普京以铁碗人物的政治形象,开始了其强权政治时代。此时的社会情绪重新向往权威,支持强权。

2003年12月第四届议会选举,新的政权党"统一俄罗斯"一举成功,获得了450议会席位中307席的绝对优势。在新一届议会四大政党中,俄共只有47席、自由民主党35席、"祖国"党39席。此次议会选举结果彻底改变了俄罗斯政党政治的格局,政权党占据了政党政治中绝对的优势,政党政治的力量逐渐衰弱,开始形成了强政府、弱政党的政治态势,政权党的影响和特征更加明显。

5. 从普京连任到普京回归:"国家至上"的俄罗斯新思想

2004年普京连任,此时普京的社会支持率一直保持在70%左右。普京提出了国家至上的俄罗斯新思想。宣传爱国主义,提倡大国意识,突出国家作用,强调社会团结。其中,"国家"概念是俄罗斯新思想的核心和精髓。普京强调俄罗斯新思想的前提是:加强国家政权不是建立极权制度,强调俄罗斯思想与人类先进思想相结合,现实呼唤国家权威。俄罗斯新思想的基本理念:爱国主义、大国意识、国家作用和社会团结已成社会共识。

随着经济回升,社会发展相对稳定,普京开展全方位外交重建俄罗斯的国际形象,普京的俄罗斯新思想逐渐被社会接受,社会对抗趋于缓和,社会情绪相对稳定,政治文化的冲突渐趋平缓,社会政治文化的认同感和稳定性增强,俄罗斯转型政治文化发展进入了新阶段。

这时,社会政治文化发展趋于稳定和保守,普京的权威最终得以树立。对于接下来的2007年和2008年的选举,人们更关注的是选举之后的结果和去向。2008年的"梅普组合"虽然构成了俄罗斯转型政治文化中的独特现象,但普京的权威并未有所动摇,普京的"俄罗斯新思想"继续在起作用。

普京的"俄罗斯新思想"是对20世纪90年代俄罗斯各种政治思潮的挑战。

普京充分发挥了俄罗斯固有的民族传统和民族情感，用"国家至上的"民族情感抵消国内的政治纷争和利益对抗，强调以俄罗斯传统的价值观作为社会团结的思想基础：爱国主义，强国意识，国家权威和社会互助精神。这是普京时期俄罗斯转型政治文化的基本内涵。

6. 新普京时代的强国意识和威权主义

2012年普京重返克宫，彰显重返世界一流强国的雄心。强国意识和威权主义延续。新普京时代如何发展，将拭目以待。

三、俄罗斯转型政治文化发展变化的主要特点

1. 政治文化的总体倾向：在从"左"到"右"的挫折之后逐渐趋中

俄罗斯转型政治文化经历了从"左"到"右"，从"右"趋中的巨大震荡，仍有许多不确定性，转型政治文化的理论特征仍在形成之中，新的政治文化形态还在完善。其基本的表象特征：意识形态色彩淡化，持对立观点的政治集团出现"政治融合"现象，从理想主义走向务实主义，从极端主义走向中立主义。转型政治文化在社会发展理念的变化表现了转型政治文化在社会发展的矛盾冲突中不断适应的过程。

2. 政治文化的基本内涵在民主、自由的混乱中崇尚权威

在俄罗斯社会转型的过程中，不同政治力量的此消彼长是转型政治文化价值取向变化的集中反映。其中，独特的"政权党"现象是俄罗斯转型政治文化崇尚权威的重要体现。从叶利钦时期的"俄罗斯选择"到政策调整时期的"我们的家园——俄罗斯"以及普京时期的"团结"和"统一俄罗斯党"，政权党的影响力越来越大，政治运作的技能越来越高，更具操作性，甚至被称为"虚拟政党"。到目前为止，俄罗斯并不存在法定的执政党，"政权党"的影响和作用是独特的，且渐趋稳定。"政权党"现象是俄罗斯转型政治文化在政党政治上的集中反映。

3. 政治文化的未来走向

适应全球化时代的新变化，普京提出在多极化世界中俄罗斯重返世界一流强

国的理想。目前基本表现为以威权主义为特征，重建一流强国为目标的强国主义。

俄罗斯转型政治文化的不断发展与调整，正是寻求政治文化与社会发展良性互动的过程。目前俄罗斯仍在努力寻求有利于社会发展的政治文化因素，积极探索能够成为国家发展支柱的共同价值取向，在政治文化与社会发展的良性互动中实现转型政治文化的最佳选择。经过不断的政治磨合和社会实践，俄罗斯的社会发展将会呈现出相应的态势，其转型政治文化的基本形态与价值取向也将更加明晰。

作者单位：中央编译局俄罗斯研究中心

《《《 俄罗斯问题研究（2013）

霍多尔科夫斯基获释的漫漫长路

塔·斯坦诺娃娅 著　戢炳惠 编译

2013 年 12 月 23 日，俄罗斯政治技术网发表了塔·斯坦诺娃娅的文章（http://www.politcom.ru/6/16955.html）谈霍多尔科夫斯基在年底被特赦这一 2013 年度轰动一时的事件。随着霍多尔科夫斯基被特赦，他与俄罗斯最高统治者间的十年对峙暂告结束。12 月 20 日，霍多尔科夫斯基重见天日，直飞德国。此后两天，他召开了大型记者会，接受了 3 家俄罗斯媒体的采访。

未被摧垮的人

霍多尔科夫斯基的被捕开创了一个全新的时代，一个寡头再也不能直接影响政权的时代。那个时候就为企业"社会责任"这一概念奠定了基础，它有三个关键点：放弃税基优化；投资于政权有政治好处的项目；没有克里姆林宫批准不给政党和组织拨款。尤科斯案件还为号称刑事逮捕霍多尔科夫斯基的始作俑者——伊戈尔·谢钦新石油帝国的建立奠定了基础。

霍多尔科夫斯基被刑事逮捕的原因有很多。转折点是普京与俄罗斯工商企业家联合会代表的那次著名会面。当时俄罗斯最大的石油公司尤科斯公司总裁暗示，俄罗斯石油公司收购北方石油公司时存在腐败因素，但也有个人的原因。观察家指出，普京对霍多尔科夫斯基想做总理的野心相当反感。霍多尔科夫斯基仿佛已得到美国方面的支持，准备通过在议会的影响修改宪法，削弱总统的权力。另一个版本是普京认为霍多尔科夫斯基的无礼是对他的直接挑战。还有一种说法是，尤科斯公司把建造通往中国的输油管道的计划提上日程，这似乎是中国对远东影响日益增长的威胁的结果。

原本9个月后霍多尔科夫斯基就可恢复自由。蹲了多年监狱，他原本可成为长期同当局、强力部门以及普京个人对抗的胜利者，成为自由主义反对派的道德权威，成为有重大政治资本的人物，为自己这个在民众眼中不受欢迎的寡头平反。2003年，当抓捕霍多尔科夫斯基时，逮捕方和他本人未必做好了事件这样发展的准备。在被隔离侦讯两年之后，霍多尔科夫斯基因诈骗和偷漏税被判处9年监禁（后来法院减刑一年）。

在被捕后近10年的时间里，霍多尔科夫斯基都是普京最为头疼的人物之一，因为实际上任何一次与西方领导人的谈判都绕不开霍多尔科夫斯基的问题。对于当局来说，只有一个出路——霍多尔科夫斯基悔过、认罪，但这似乎永远不会发生。自2003年11月起，事件就演变为霍多尔科夫斯基和普京个人的对立和相互仇视。社会舆论对霍多尔科夫斯基也是一片反对之声。"反寡头趋势"在很大程度上削弱了2003年杜马选举中的自由派政党——以"右翼力量联盟"和社会自由的"亚博卢"党为代表的中右派失去议会下院的席位。自由主义者的危机延续了10年。

2005年8月，尤科斯公司前总裁好像坚持不住了。《公报》刊载了其文章《左的转变》。文章中谈到俄罗斯左翼力量向政权靠近的必然性和好处，且批评了右派。当时的观察家们猜想，霍多尔科夫斯基已与克里姆林宫谈妥了"游戏规则"，他本人成为"左派"就是协议的一部分。但是，霍多尔科夫斯基拒绝了主要要求——承认自己有罪。

在2011年刑满前几个月，2010年12月霍多尔科夫斯基被判延长刑期至2014年。尤科斯案件的整个刑事过程，特别是对霍多尔科夫斯基盗窃本公司石油的第二次指控，成为严重损害俄罗斯司法体系和护法体系的因素之一。国际特赦组织称霍多尔科夫斯基及其商业伙伴普拉东·列别杰夫为"良心犯"。第二次审判表明，克里姆林宫不准备妥协，反霍多尔科夫斯基游戏中的赌注已变得非常大。

通向自由的漫漫长路

但是，2011年在梅德韦杰夫"解冻"的背景下，形成了一种印象：在统治精英内部至少开始认真讨论通过假释、赦免和特赦的方式释放霍多尔科夫斯基的问题。在这个过程中，时任总统梅德韦杰夫和总理普京的分歧十分明显。欧洲人权法院不认为第一次审判带有政治动机，这一决定缓解了局势。受梅德韦杰夫委托，由批评政府的权威人权捍卫者组成的总统人权理事会对尤科斯案件的第二次审判进行鉴定。鉴定结果是，鉴于审判过程中存在像误判这样严重的违法操作，建议重审此案。

当时，释放霍多尔科夫斯基具有非常有利的政治条件。但是，当局作出此决定的政治意志不够，因为奉行自由主义的梅德韦杰夫和继续持强硬立场的普京对局势的理解分歧很大。很快，随着普京第二次当选总统，强大的保守浪潮开始形成，"强力人物"重新回归。在媒体中出现了要求第三次审判尤科斯案件的声音。根据总检察院代表的资料，霍多尔科夫斯基因企图组织犯罪集团向政府机关施压和让刑事立法自由化可被判处最高7年的监禁。

2013年底，克里姆林宫有两个选择：要么继续关押霍多尔科夫斯基到2014年，要么再多关押霍多尔科夫斯基几年直到进行"第三次审判"。第二方案可能对普京集团来说更具吸引力。但是，克里姆林宫没有（至少现在没有）任"第三次审判"发展。普京在记者招待会上暗示，该事件没有前景。尤科斯公司前总经理安德烈·孔道罗夫向"雨"电视台声称，宣称"第三次审判"是当局操纵社会舆论的形式，是为了营造霍多尔科夫斯基因面临新的起诉风险而崩溃的氛围。

与"尤科斯案件"所带来的损失相比，进行"第三次审判"可能具有极为危险的政治后果。在这种情况下，普京与霍多尔科夫斯基之间的对立已远远超出了个人对立的范围。当局所属的许多机构和院所，首先是直接参与政府和克里姆林宫咨询的高等经济学院，以及总统人权理事会反对"第三次审判"。经济发展速度的逐步下滑更加剧了反对之声。问题涉及国家为恢复经济增长、保障宏观经济稳定发展创造条件的能力,即在全社会面前承担社会政治责任的能力。当局可能也不愿吓跑本就不安的投资者。

赦免霍多尔科夫斯基让克里姆林宫拿到一张王牌——这直接或间接地令他承认了自己的罪行。对于霍多尔科夫斯基而言,也许,获释意味着与普京的对抗不再是问题,首要的是个人动机。对他来说,重要的是不签署含认罪内容的文件。申请赦免这一形式给他提供了一次机会,克里姆林宫第一次放弃将认罪作为获释条件这一硬性要求。

冬奥会的临近对于霍多尔科夫斯基的赦免起到一定的作用。总的来说,俄罗斯当局和国家的声望十分糟糕,以至于让普京投入了全部资源,包括道德—心理资源来准备冬奥会,但冬奥会可能遭到来自西方领导人的抵制而蒙上阴影。众所周知,美国总统奥巴马、法国总统奥朗德和德国总统高克都不会出席冬奥会。在投入巨大的努力和资源之后,俄罗斯在世界上的名声依然在快速恶化。霍多尔科夫斯基的赦免,旨在展示俄罗斯的友好和文明。

德国对霍多尔科夫斯基获释也起了作用。这也许与一些名人有关,如安施拉克夫妇。他们于2013年夏天在德国被指控作为俄罗斯特工机构中的"非正式人员"从事间谍活动,判处监禁。有媒体报道称,计划用安施拉克夫妇交换特工,但不知道交换谁。考虑到默克尔对于人权问题的关注,如此操作并不是不可能。

霍多尔科夫斯基的前景

现在霍多尔科夫斯基已身在德国,且以不从政不经商的活动家身份出现在公众视野之中。在不久前他写给普京的请求赦免的信中,他提及不再参加政治活动,放弃"尤科斯案件"的经济索赔,还提到与家庭相关的人道主义状况。在他最近接受《纽约时报》采访时也提到他母亲年事已高并患重病。普京相当重视这一点。霍多尔科夫斯基之前暗示,尤科斯公司对他来说已经是过去时。他的这个态度对公司从前的股东来说恐怕没有影响,后者依然可在国际法庭上维护自身利益。

现在,霍多尔科夫斯基向公众表达出自己想从事社会活动的意愿,大概这其中也包括捍卫犯人的权利方面的活动,且至少在相当长的一段时间内不会隐退。他表示要声援俄罗斯境内的在押政治犯,不仅限于"尤科斯案件"的人员,还包括其他一些人,如"沼泽广场事件"的参与者。

在记者面前的霍多尔科夫斯基,不打算报复自己对手,且对许多过程的评价,与他还是玩"强硬游戏"的大公司之一的总裁时相比已截然不同。他将道德因素提到首位,不急于做大动作。总的来说,他表现得相当谨慎,如他对普京表现克制、忠诚于家人、甚至反对抵制冬奥会。公众对霍多尔科夫斯基记者招待会的兴趣说明他再度成为了国际焦点人物。记者招待会在柏林墙博物馆召开。柏林墙是"铁幕"的象征,它的拆毁在西方被视为是自由对集权政治的胜利。

霍多尔科夫斯基重返祖国的问题被搁置下来,至少等到最高法院作出取消对他和普拉东·列别杰夫罚款5.5亿美元的决定,但并不能保证该决定能通过。这个问题的不确定性会给霍多尔科夫斯基的公开活动带来相当多的麻烦。显而易见,现在他只能在国外参加社会活动,但其活动的效果在这种情况下将微乎其微。此外,克里姆林宫倾向扩大"政治活动"这一概念的内涵。他们在有关外国间谍的法律中找到了表述——政治活动不仅包括参加选举和政党建设,而且包括任何对从维权到生态保护等国家政策的制定有影响力的活动。因此我们并不清楚,克里姆林宫是否会认为霍多尔科夫斯基的社会活动是越界。

对克里姆林宫来说,"公共红利"是有限的。发生的情形提醒我们,在威权体制时代,当局即使被迫释放了政治犯,也没有转变对他们的态度。有关"忏悔"和认罪的评论很快就会消失。之后出现在公众的视野里的只有霍多尔科夫斯基将作为"意见领袖",而不是政治家最终胜出。

译者单位:中央编译局俄罗斯研究中心

俄联邦国家权力机关构成

徐向梅 译

俄联邦国家权力机关构成

俄联邦总统；联邦执行权力机关；联邦会议；联邦司法权力机关；联邦安全委员会；联邦中央选举委员会；联邦审计署；联邦总检察院；联邦人权代表机关。

其中：

俄联邦总统

总统全权代表：中央联邦区；西北联邦区；南部联邦区；北高加索联邦区；伏尔加河沿岸联邦区；乌拉尔联邦区；西伯利亚联邦区；远东联邦区。

总统办公厅

总统下辖15个委员会：

1. 燃料动力综合体发展和生态安全战略问题委员会；
2. 后备行政管理干部队伍形成和培训委员会；
3. 公共服务改革和发展问题委员会；
4. 俄联邦与外国军事技术合作问题委员会；
5. 联邦法院法官候选人初审委员会；
6. 推动实施有关旅居海外同胞自愿回迁俄联邦的国家计划的部门间委员会；
7. 国家奖励委员会；
8. 旨在晋升俄联邦内务机关最高领导职务的工作人员的特别认证委员会；

9. 政治镇压受难者平反委员会；

10. 国籍问题委员会；

11. 护法机关干部政策问题委员会；

12. 俄罗斯社会经济发展目标指标成果监测委员会；

13. 老战士事务委员会；

14. 残疾人事务委员会；

15. 通用航空发展问题委员会。

总统机构内设15个咨询委员会，包括：经济现代化和创新发展委员会；民族关系委员会；反腐败委员会；公民社会发展和人权委员会；发展金融市场委员会；发展地方自治委员会；科学与教育委员会；文化与艺术委员会；发展体育运动委员会；民事法典编纂和完善委员会；与宗教组织协作委员会；哥萨克事务委员会；经济委员会；实施优先国家计划和人口政策委员会；实施2012—2017年儿童发展国家战略协调委员会。

总统下辖13个部级执行权力机构（详见表1左栏）。

联邦会议

是俄罗斯联邦议会，俄罗斯联邦的代表和立法机关。由两院组成：联邦委员会和国家杜马。

联邦司法权力机关

包括：联邦宪法法院；联邦最高法院；联邦最高仲裁法院。

联邦执行权力机关（表1）

表1：俄罗斯联邦执行权力机关构成

俄总统下辖的联邦部、联邦署、联邦局以及联邦部下属的联邦署和联邦局	俄政府下辖的联邦部、联邦署、联邦局以及联邦部下属的联邦署和联邦局
1　内务部·移民局	1　卫生部·卫生监察局 　　　　　　·生物医学署

政党·政治

2　民事保护、紧急情况与减灾部

3　外交部·独联体事务署

4　国防部·军事技术合作局
　　　　　·技术与出口监督局
　　　　　·特别建设署
　　　　　·武器、军需、特种技术和物资
　　　　　　供应署

5　司法部·惩罚执行局
　　　　　·法警局

6　国家机要通讯局

7　对外情报局

8　联邦安全局·国家反恐委员会

9　联邦毒品交易监察局

10　联邦警卫局

11　总统特别计划总管理局

12　总统事务管理局

13　金融监管局

2　文化部·档案署
　　　　　·旅游署

3　科学教育部·科学教育监察局
　　　　　　·青年事务署

4　自然资源与生态部·水文气象与环境监测局
　　　　　　　　　·自然资源利用监察局
　　　　　　　　　·水资源署
　　　　　　　　　·矿产资源利用局
　　　　　　　　　·林业署

5　工业与贸易部·技术调节与计量署

6　通讯与传媒部·通讯、信息技术与传媒监察局
　　　　　　　·出版与传媒署
　　　　　　　·通讯署

7　地区发展部·建筑与住宅公用事务署

8　农业部·动植物检疫监察局
　　　　　·渔业署

9　体育部

10　交通运输部·交通运输监察局
　　　　　　　·航空运输署
　　　　　　　·公路署
　　　　　　　·铁路运输署
　　　　　　　·海运、河运署

11　财政部·税务局
　　　　　·财政预算监察局
　　　　　·国库

12　经济发展部·登记注册和测绘局
　　　　　　·国家储备局
　　　　　　·国有资产管理局
　　　　　　·信托局
　　　　　　·知识产权局

13　能源部

14　劳动和社会保障部·劳动和就业局

15　远东发展部

16　反垄断局

17　海关总局

18 价格局
19 金融市场局
20 宇航署
21 国家边境设施维护署
22 酒精市场调节局
23 生态、技术与原子能监察局
24 移民局
25 消费者权益与人的平安保护监督局
26 国防采购局
27 国家统计局

资料来源：

俄罗斯国家权力机构网（http：//www.gov.ru），2013年2月11日。

译者单位：中央编译局俄罗斯研究中心

政党·政治

利加乔夫等人发表公开信批评久加诺夫

李兴耕

俄媒体最近报道了利加乔夫等人批评久加诺夫的公开信,并对久加诺夫的接班人问题作了评论,现将有关情况介绍如下。

利加乔夫等人对久加诺夫的批评

据俄罗斯真理报网站2012年10月9日报道,一些著名俄罗斯共产党人联合发表公开信,对俄共主席久加诺夫及党的其他领导人提出严厉批评,指责他们背离了共产主义意识形态、独断专行、宣扬宗教信条、推行机会主义路线、破坏反对派运动,导致党的蜕化变质。在公开信上签名的有原国家杜马议员叶戈尔·利加乔夫、弗拉基米尔·尤尔切克、瓦连廷·尼基京、柳博芙·奥雷奇克、塔吉亚娜·古吉玛等人。信中指出,俄共领导人的政治路线是前后不一的和不坚决的,没有提出明确的共产主义原则,从而走向机会主义,对国内的资产阶级制度实行妥协。信中说:俄共现领导采取的路线导致"在党的意识形态上用唯心主义和宗教信条替代唯物主义,用资产阶级民族主义替代无产阶级国际主义"。信中还写道:"大选后出现的大规模群众集会和示威游行表明社会不满情绪和公民积极性在增长。人们意识到自己对国家命运的责任和对国家前途的担忧。遗憾的是,无论俄共或俄罗斯的其他共产主义政党或共产党人都未能领导这个抗议运动的爆发。"公开信还批评俄共近年来把越来越多的寡头资本的代表和党的官僚吸纳为俄共议员,在议员队伍中完全没有工人、农民和工会活动者。俄共的停滞状态导致党员数量从原先的54万减少到目前的15.6万。公开信宣称,准备成立筹备委员会，以便在 2013 年 3 月俄共重建 20 周年之际召开党的第 15 次代表大会。公开信的签名者之一、原俄共杜马议员尤尔切克说，公开信的主要意图是：共产党人应该把自己的力量联合起来，建立新的真正共产主义的组织。现有的"俄罗斯共产党人党"、俄共、"劳动俄罗斯"及其他共产主义组织应该联合起来。共产党人应该成为争取社会公正的斗争的领导者。公开信的另一位签名者叶夫根尼·沙巴耶夫批评久加诺夫前往莫斯科"救世主大教堂"瞻仰东正教圣物"圣母腰带"背离了共产党的无神论立场。①

2012 年 12 月 7 日，一些反对久加诺夫的共产党人在莫斯科举行集会，要求久加诺夫下台。参加会议的有 169 名代表。曾经出席 1993 年俄共重建代表大会的代表、俄罗斯第一届至第三届杜马议员瓦连廷·尼基京在会上作了主要报告，宣称将在 2013 年 2 月召开俄共代表大会。尼基京对俄共领导提出尖锐批评，因为俄共在历次选举中提出的州长、市长以及地区立法会议议员候选人当选后"都转到了执政当局一边"。他举出克拉斯诺达尔、斯塔夫罗波尔和库尔斯克等地都出现了这样的情况。他指出，在俄共杜马党团中，"出现了越来越多的大资本的代理人，而工人和农民甚至进不了俄共议员候选人名单"。在俄共领导的压力下，前几届杜马的有些俄共议员被迫把自己的议员当选证书转让给大资本的代表。而拒绝放弃自己议员当选资格的克拉斯诺亚尔斯克州委书记弗拉基米尔·尤尔切克被开除出党。党的一些地区分部的领导人由于不赞同俄共领导的政策被开除党籍。许多党员宣布退党，以表示对党的领导的抗议。尼基京指出，久加诺夫关于俄共党员人数在增加的说法是不实谎言。俄共党员现在的平均年龄接近 60 岁。许多共产党员不赞成久加诺夫宣扬的大俄罗斯主义以及与教会结盟的路线。尼基京认为，久加诺夫是一个"公开的、猖狂的造神运动者"，而党的其他领导人"在慢慢地、但不停顿地滑向民族主义道路"。②

俄共中央对利加乔夫等人的公开信进行了驳斥。俄共中央书记处书记、杜马

---

① http：//www.newsru.com/russia/10oct2012/kprf.html

② http：//www.newsru.com/russia/08dec2012/oldkprf.html

议员奥列克·库里科夫否认公开信中关于俄共内部存在寡头资本代表的指责。他说，俄共党内的确有一些曾经在商业部门工作过的"富裕的退休人员"，但他们是正直的共产党人，而不是寡头资本代理人。库里科夫在谈到俄共与大选后的大规模群众抗议游行的关系时说，这些示威行动是俄共进行积极宣传活动的结果，"就像赫尔岑唤起了十二月党人一样，党唤起了进行抗议的公民。正是党在大选中展开的斗争，正是党指出了选举是不诚实、不公正、不平等的，正是党发动了持续的抗议活动。我认为，这是俄共的功绩。"①

俄共主席久加诺夫认为，上述公开信和集会是政府当局为搞垮俄共而策划的阴谋诡计，政权党在俄罗斯共产党人内部制造分裂的一切图谋都将以失败告终。他说，早在几年前就有人试图分裂俄共，但没有获得成功。他说："当时的分裂活动由谢米金领头，目的是破坏和瓦解我们的队伍。但是他们没有成功。"他断言，这些企图都必将遭到彻底失败。②

俄媒体对久加诺夫接班人问题的评论

有些俄罗斯媒体猜测，俄共主席久加诺夫在 2013 年初将从领导岗位退下来。久加诺夫现年 68 岁，健康状况不佳。据称，久加诺夫 2012 年夏天在基斯洛沃茨克休假期间曾突发心肌梗死住院。因此他可能不得不考虑接班人问题。究竟由谁来接他的班，这个人必须能使党内各个派别都能接受。据俄罗斯真理报网站报道，列入候选人名单的可能有以下几位政治局委员：伊凡·梅尔尼科夫（62 岁）、弗拉基米尔·卡申（64 岁）、瓦列里·拉什金（57 岁）和谢尔盖·尼基京（64 岁）。梅尔尼科夫和卡申现在都是党的副主席。两人在暗中展开竞争，致力于扩大各自在党内的影响。俄共莫斯科分部领导人拉什金虽然还没有充当党的领袖接班人的实际可能性，但是他发动的揭露统一俄罗斯党选举丑闻的宣传活动提高了他的声誉，他甚至被看做是俄共的主要发言人。俄共中央监察委员会主席谢

---

① http://www.newsru.com/russia/10oct2012/kprf.html
② http://www.newsru.com/russia/08dec2012/oldkprf.html

尔盖·尼基京在挖掘和"消灭"党内的"鼹鼠"（即内奸）工作中取得了巨大成绩。他将来也可能成为久加诺夫接班人的竞争者。

俄共中央否认了正在讨论久加诺夫接班人的传闻，声称久加诺夫将继续担任党的领袖，不会更换党的领导人。俄共中央书记谢尔盖·奥布霍夫坚决地宣称：关于物色接班人的说法"一方面是谣言，另一方面是一种试探：党是否会放弃自己的领袖。我们不会放弃领袖，他将继续是我们的领袖。"

关于这一问题，俄罗斯政治信息研究中心主任阿列克赛·穆欣认为，久加诺夫周围的人极力否认更换领袖的传闻是毫不奇怪的。"事实上，在党的各地区分部中，已不再把久加诺夫当做能够在各个层次代表共产党人利益的人物。"久加诺夫在历次总统竞选中遭到的失败"削弱了这一职能"。此外，"久加诺夫现在身体虚弱，年纪大了，在他后边有好几位接班人。他们非常积极，政治上对俄共忠诚"。穆欣认为，俄共领导现在的确存在严重问题。

俄罗斯全球化和社会运动研究所所长鲍里斯·卡加尔利茨基赞同穆欣的观点。他认为，关于久加诺夫下台的传闻虽然不符合实际，但是代表了许多俄共党员、首先是党内一些派别成员的愿望。"一方面，这是把愿望当做实际；另一方面，这带有在党内权势人物或久加诺夫周围人员之间互相争斗的因素。"众所周知，谈论久加诺夫的接班人问题已经不止一次，但每次总是以被提名的未来接班人丧失在党内地位告终。卡加尔利茨基认为，散布传闻是一种引蛇出洞的手段。谁冒出头来，就狠狠地予以打击。这在俄共党内是惯用的手法，因此没有人敢冒头。现在，谁也没有提出任何接班人的名字，因为现在只要提出谁将是接班人，这个人就会遭到打击。①

作者单位：中央编译局俄罗斯研究中心

---

① http://www.pravda.ru/test/politics/parties/cprf/26 - 11 - 2012/1136158 - 0/

政党·政治 >>>

"十五大"前夕的俄共组织状况

李兴耕

2013年2月23—24日,俄共在莫斯科"伊兹迈洛夫"音乐大厅举行第十五次代表大会,纪念建党二十周年。在大会召开之前,《真理报》、《苏维埃俄罗斯报》以及俄共官方网站预先公布了俄共中央准备向十五大提交的《政治报告》以及党章修改草案。俄共主席久加诺夫就此举行专门的记者招待会,并在俄罗斯电视台和广播电台发表谈话,介绍有关情况。俄共还为久加诺夫的《劳动人民的党》、《思想理论基础》和《对未来的展望》三本新书的出版举行了新闻发布会。党的其他领导人也分别发表文章或谈话,为召开十五大造势。现将俄共领导人谈到该党目前组织状况的内容综述如下。

一、俄共的党员数量

俄共中央主席团成员、俄共莫斯科市委第一书记瓦·拉什金2013年1月25日对《真理报》记者发表的谈话中宣称,俄共目前有81个地区分部、2278个地方分部和13726个基层支部,党员人数共计15.7万。近年来,各地区分部在发展新党员方面取得了一些成绩,名列前茅的有:俄共克拉斯诺亚尔斯克边疆区分部增加了1012名新党员,莫斯科郊区增加了857名党员,伏尔加格勒州分部增加了765人,下诺夫哥罗德分部增加了470人,奥伦堡分部增加了458人,克拉斯诺达尔边疆区增加437人,斯塔夫罗波尔斯克边疆区增加436人,47个地区分部每年新增的党员不低于分部党员总数10%。有的分部超过了这一指数。乌里扬诺夫斯克州增加了30.3%,堪察加边疆区增加23.8%,

克拉斯诺亚尔斯克边疆区分部增加了21.35%。拉什金说，30岁以下的党员占俄共党员总数10.02%。2012年新入党的党员约有1.6万人。俄共各地区分部在各社会基层积极开展工作并吸收新党员，例如：大学生和青年学生、俄罗斯哥萨克（русское казачество）、小企业主、退役军人和从事文学艺术创作的知识分子等。目前，在各联邦主体有1200个已注册的社会组织是俄共的同盟者，总人数达到3300万。

久加诺夫2013年2月13日在"莫斯科回声"电台发表的谈话中说：俄共近年来吸收了7万多人入党，其中大部分是青年人（久加诺夫没有具体明确说明这些新党员的入党时间）。他声称，俄共建立了强有力的少先队、共青团和妇女组织，发起成立"俄罗斯和谐"运动。有27个组织和10个工会参加了俄共的抗议行动司令部。

二、党的社会基础

久加诺夫宣称，俄共代表了包括工人、农民和知识分子在内的劳动人民利益。他强调，工人阶级是一个很广泛的概念，不仅包括旋工和钳工等体力劳动者，而且包括脑力劳动者。在当今条件下，俄共要致力于组成广泛的"人民爱国同盟"，建立"人民信任的政府"。

瓦·拉什金在回答《真理报》记者提出的为什么在新党员中工人很少的问题时说，产生这一情况的原因是由于"改革派"执政期间给工人运动造成的巨大损失，一系列工业部门的瓦解和消失，工人阶级队伍的四分五裂和派别林立，工会的软弱无力，尽管如此，加强党在工人阶级中的影响仍然是俄共最重要的任务。目前工人占俄共党员总数的12%以上。这显然是很不够的。俄国现有7300万雇佣工人，其中有4000万是工业、建筑、交通和农业部门的工人。7.2%的俄共党员是农村劳动者，14.4%是职员，3%是工程技术人员和企业领导人，8.8%是从事科学研究和文学艺术创作的知识分子代表、青年学生和大学生。此外，退休人员和老战士占俄共党员总数的44.4%，其中许多人仍然继续在生产服务领域工作。妇女党员占28%。在81个地区分部中，5个分部的领导人是女党员。在党的十五大代表中，有 62 位女代表。

在党的第十四届中央委员会中，有 140 名委员和 100 名候补委员。俄共发起并实施了一系列重大措施，例如举行"人民公投"，并获得 1000 万俄罗斯公民签名支持。俄共中央在此期间召开了 14 次中央全会，讨论研究了涉及党和国家生活的一系列重大问题。举行了 15 次党的地区分部第一书记学习研讨会，以及 30 次跨地区学习研讨会，俄共中央委员会和中央监察委员会成员参加了这些会议。在 2009—2010 年，俄共在全国范围内展开了名为"列宁的召唤"和"斯大林的召唤"的征集新党员活动。在此期间，有 3 万名新党员加入了俄共。2012 年 7 月俄共中央全会讨论了在当今条件下加强党的基层工作问题，提出了全面提高党的基层组织的作用的任务，把基层支部看做是党的基础中的基础。在各地区分部和地方分部中设立了党的"组织员"机制。现在共有 1.13 万名组织员，他们是党在那些目前还没有建立地方分部和基层支部的居民点的重要依靠力量。

久加诺夫在"莫斯科回声"电台的谈话中谈到了吸收东正教徒入党问题。他说，他阅读并研究过《圣经》、《可兰经》以及世界上其他宗教的教义，包括拜火教和祆教（Заратустры）。他在阅读圣经时，发现那里竟然有"不劳动者不得食"的"共产主义口号"。他认为，必须实行信仰自由。他在俄共的代表大会上作了五次发言，要求删去党章中关于禁止信仰宗教者入党的条文。结果大会通过了删去这一条文的决议。久加诺夫说："现在我们党内大约有三分之一的党员信仰宗教。"他在回答记者关于他本人是否信教的问题时表示："对我来说，信仰是一个非常广泛的概念。我认为，人没有信仰、希望、爱，没有智慧，就不可能存在。我担心那些没有任何信仰的人，他们只相信金钱、魔鬼和发财致富。因此我主张保护传统价值，尊重传统。我主张各民族友好相处。因此，我不仅积极维护人权，而且维护信仰自由。"他强调，东正教教会目前对俄罗斯来说具有非常重要的作用。

三、党的干部问题

瓦·拉什金说，俄共中央全会就党的干部问题作了坦率的自我批评，强调了推举党的青年干部的紧迫性。在 2009 年，党的地区分部书记平均年龄 58 岁，地方分部书记平均年龄 56 岁，基层支部书记平均年龄 53 岁。而在十五大前夕新当选的基层支部书记平均年龄是 54 岁，领导基层支部的 30 岁以下的青年共产党员占 17%。市委、州委第一书记的平均年龄 56 岁，其中 13% 是青年人。俄共地区分部第一书记平均年龄是 57 岁。这表明，党的干部年轻化问题还没有得到很好解决。

久加诺夫则着重强调俄共在干部年轻化方面的成就，他说：俄共现在有最年轻的领导人，例如，负责青年工作的书记 Ю. В. 阿福宁只有 30 多岁，主要理论家 Д. Г. 诺维科夫只有 40 岁，负责民族关系的书记只有 40 多岁，负责国际关系的书记也是年轻人。他说，俄共在国家杜马和地方各级立法机关中有 1.1 万名年轻的、富有才干的议员，仅在莫斯科的各级地方立法机关中就有近 300 名议员。因此，俄共提出了"向左转变"（Левый поворот）的口号。久加诺夫解释说："向左转变"是"向公正、尊重劳动者转变，向人民政权转变。赞成左的观点的不仅有共产主义者、社会主义者，还有许多社会民主主义者。"

俄共中央书记处书记、俄罗斯共青团中央第一书记 Ю. В. 阿福宁 2013 年 2 月 12 日在"国际文传电讯社"举行的新闻发布会上说，在俄共第十四次代表大会上，有 60 位青年人被选进了党的领导机关。俄共从上到下、从基层支部到党的中央委员会及其主席团都出现了年轻化倾向。现在大约有四分之一的党员是二三十岁的青年人。

瓦·拉什金承认，在党的组织工作中出现了一些违背列宁的组织工作原则、不尊重党员们的意见、缺乏自我批评等情况，以致在一些地方（例如莫斯科和圣彼得堡、克拉斯诺亚尔斯克边疆区、车里亚宾斯克州和克麦罗沃州）的党组织领导内部出现严重纷争。为了解决这些地方的问题，俄共中央委员会及中央监察委员会不得不作出决定，给予这些地方的某些负责人组织处分。

四、党的当前任务

久加诺夫强调，俄共当前的首要任务是建立人民信任的政府。为此，必须挑选能够实现这一目标的队伍，必须有明确的纲领。俄共已经提出了24个现实的纲领，涉及发展工业、医疗卫生、立法、教育等领域。要实现这些纲领必须联合广泛的人民爱国主义力量。俄共将采取合法手段（包括举行示威游行争取诚实选举）实现这一目标，通过人民爱国力量联盟获取政权。

资料来源：
①http：//kprf.ru/party-live/cknews/115600.html
②http：//kprf.ru/personal/rashkin25.01.2013
③http：//kprf.ru/party-live/cknews/115500.html
④http：//kprf.ru/party-live/cknews/115427.html

作者单位：中央编译局俄罗斯研究中心

俄共十五大简介

李亚洲

俄罗斯联邦共产党（以下简称"俄共"）于 2013 年 2 月 23—24 日在莫斯科举行了第十五次代表大会。这次大会是在俄共 1993 年重建 20 周年之际召开的，因此也是纪念建党 20 周年的大会。按照俄共斯沃博德内市委书记 A. A. 米罗申的说法，20 年来，俄共大致经历了三个阶段：第一阶段是 1993—1999 年，是俄共发展的鼎盛时期，在杜马拥有明显优势，形成了俄共红色州长地带；第二阶段是 2000—2008 年，俄共影响下降，这既有外部因素的影响，更有党内分裂这一内因的作用；第三阶段是 2009—2013 年，无论就整个党员队伍而言，还是就党的领导层而言，是俄共努力年轻化的时期，也是俄共因为抗议运动而在居民中的影响得到巩固的时期。俄共党员人数也从一开始的 50 多万减少到此次代表大会统计的 15.8 万。俄共自称是国内主要的反对党。

此次代表大会共在全俄 81 个联邦主体选出 323 名代表，317 名代表出席了大会。来自世界 72 个国家的 95 个共产党、工人党和其他左翼党的代表团以及 6 个国际、地区组织的 700 多名代表参加了大会。参加大会的兄弟党代表向大会致了辞，中联部六局局长（东欧中亚局）田永祥也发表了致辞。俄总理梅德韦杰夫、国家杜马议长谢·纳雷什金、公正俄罗斯党领袖谢·米罗诺夫和俄罗斯自由民主党领袖弗·日里诺夫斯基向大会发去贺电，总统普京更是委托总统办公厅内政局局长莫罗佐夫亲自前往大会宣读贺信。

俄共主席久加诺夫在大会上作了题为"俄罗斯联邦共产党中央委员会提交给党的第十五次代表大会的政治报告"的讲话。党的监察委员会主席弗·斯·尼基京作了中央监察委员会的工作报告。中央书记及其主席团成员瓦·费·拉什金就修改党章问题作了报告。大会选举了中央委员180人，候补中央委员116人。中央监察委员45人。会后召开的第一次全会选举出了由20人组成的中央委员会主席团，341人组成的中央监察委员会，10人组成的中央委员会书记处。久加诺夫第7次当选为俄共中央主席，伊·伊·梅利尼科夫再次当选为第一副主席，弗·伊·卡申、瓦·费·拉什金、德·格·诺维科夫当选为副主席，其中后两位为新增当选。尼·尼·伊万诺夫当选为中央监察委员会主席。

这次大会不仅完成了修改党章、选举新一届领导机构等既定任务，而且就党的一些重大理论和现实问题作出了相关决定，通过了一系列决议，规划了俄共未来的工作方向，还成功举办了世界95个共产党、工人党和其他左翼政党代表国际圆桌会议。这次大会对俄共下一步的发展至关重要。本文拟根据此次代表大会材料及其他相关信息对俄共十五大简介如下。

一、十五大政治报告的主要内容

俄共十五大的中心内容之一是听取并讨论久加诺夫代表俄共中央向大会所作的政治报告。报告的草案已经于2013年2月初刊登在《真理报》、《苏维埃俄罗斯报》和俄共官方网站上，并印刷了100多万册分发，供全党和社会各界人士讨论并提出建议和补充意见。在吸收这些合理意见和建议的基础上，于代表大会召开前夕形成了政治报告的最终文本。

报告首先对资本主义进行了批驳，在批驳资本主义的基础上，报告表达了对社会主义前景的信心。至于俄罗斯局势，报告分析认为，苏联解体后执政当局实行的是反人民、反社会的破坏性方针。报告强调，俄共的斗争目标是在俄罗斯建立"21世纪社会主义"。

二、关于修改党章

俄共十五大的另一中心内容是听取并讨论中央书记拉什金向大会所作的关于修改党章的报告。俄共党章于1993年2月俄共第二次（非常）代表大会通过，

1997年四大、1998年五大、2002年八大、2005年十一大、2011年十四大进行了修改。本次修改是在分析了目前俄罗斯所有共产主义政党、苏共、其他国家左翼政党党章，以及2012年中共十八大通过的党章，研究了各级党组织、党员在日常生活中运用党章的实际情况和近期国家相关法规的一系列变化，充分吸收了来自基层、地方、地区分支机构的建议的基础上进行的。本次修改主要包括以下内容。

第一，依据有关选举的法律变化使党章条文表述更精确，只在党章中写入了修改后的选举法律所要求的必需内容；最大限度地删减党章中有关财务和会计统计方面的内容，由中央主席团对此另行制定工作细则。以此避免因为一些党组织未履行党章中一些细枝末节的规定而授人以柄。

第二，党章通篇删除了宣布处分、开除出党及作出相关决定的程序方面的内容。认为党章必须就处分种类、处分依据及有权作出处分决定的机关等原则性问题予以规定，而程序性问题则应该由俄共中央制定单独的条例予以规定。

第三，党章确认地方、地区和中央委员会闭会期间，地方、地区党委会常设局和中央委员会主席团为相应党组织领导机构。这样做是为了规避一些法律限制，这些限制使一些党组织不能及时对社会政治局势的变化作出回应。明显的例子是党倡议举行地方和地区公决时遇到的问题。法律规定，公决的倡议者只能是政党及其分支的领导机构，依据修改前的党章，只有俄共各级党委会和中央委员会主席团才拥有这种权利，并且在一些地区还需要倡议者全体成员签名公证，从而导致了巨大的财务支出。修改后的党章有效地解决了这些相关问题。

第四，修改、补充并确定中央监察委员会条例。此前这由党的代表大会做出，现在改为由中央委员会和中央监察委员会联席会议做出。中央监察委员会和地区、地方、基层监察委员会活动程序此前由代表大会和中央监察委员会确定，现在改由中央委员会和中央监察委员会联席会议确定。

第五，引入新条款，允许对被赋予领导全权的党员和（或）进入选举产生机关的党员使用解除领导全权和（或）开除出选举产生机关形式的处分。党员自被开除决定通过之日起即认为已被开除出党。如果上级机关通过的开除决定依据不足，应恢复该党员的党龄及其党员权利。这些相关规定可以使俄共避免在贯彻党纲和领导机关的决定时遇到一系列问题，从而能够有条不紊地开展工作。

第六，党章通篇修改了关于俄共中央委员会选举第一副主席和副主席的规定，原党章规定只设一位第一副主席，修改后改为可以选举产生一位以上的第一副主席。

三、国际圆桌会议的基本议题和成果

出席俄共十五大的除党内代表外，还有应邀客人700多名，其中包括来自世界72个国家95个共产党、工人党和其他左翼政党的代表。2013年2月25日，俄共代表大会结束次日紧接着举行了95个共产党、工人党和其他左翼政党代表国际圆桌会议。会议主题为"我们为之奋斗的社会主义的形象"。俄共领导人久加诺夫致开幕词并主持会议。

在此次国际圆桌会议上，俄共与参会的各国共产党就会议主题进行了深入讨论和交流。久加诺夫强调，世界左转的趋势不可避免，俄共正在为实现21世纪社会主义而奋斗。要实现世界和平的主要目标，让那些用智慧和才能辛勤劳动创造物质财富的人充满信心，实现真正的民主——人民政权，共产党人团结一致采取共同行动极为重要。要达到这一点，通过国际圆桌会议类型的会晤相互交流观点和看法非常有益。

部分与会代表认为，俄共十五大开的非常圆满、成功，久加诺夫所作的政治报告内容十分丰富，大会发言者都充满了信心和果敢精神。并且俄共领导层中充实了很多年轻人。俄共能够邀请到95个国际代表团参加自己的代表大会，这说明俄共在全世界拥有巨大影响。与此同时，俄共在团结各阶层民众方面积累了丰富的经验：不仅团结了工人、农民、劳动集体，而且团结了包括小企业主在内的各阶层广大民众。希望能够与俄共进一步加强党际交流。

另有部分与会代表指出，俄共十五大的召开及其对俄罗斯乃至整个世界现代政治进程所作的评价，对国际共产主义运动的发展贡献巨大。俄共为世界各国共产党提供了在莫斯科会晤的机会。这是相互丰富新知识、以新视角分析国际事

务、揭示发展新趋势的机会。

  此次国际圆桌会议的重要成果之一是，参会的各共产党、工人党和其他左翼政党就年底在葡萄牙首都里斯本举行的世界左翼政党领导人会晤的一些主要问题协调了立场。此外，俄共与一些参会政党签署了合作协议，其中包括与中国共产党和越南共产党的交流经验、协同行动协议。此次圆桌会议是苏联解体以来，在俄罗斯举办的最具有代表性的世界共产主义政党、工人党、人民爱国主义政党和运动的国际会议。

作者单位：山东大学外国语学院

俄共十五大政治报告摘编

李宏梅　高晓惠　摘译

久加诺夫向党的第十五次代表大会作了长篇的政治报告。报告前三分之一部分对国际和俄国内形势作了一个概要式的评述，并以俄共惯常的语调加以批判和抨击。之后对俄国共产主义运动和共产党发展的历史作了基本的判断和评价，提出了俄共建立"21世纪社会主义"的任务。最后报告总结了俄共在党的建设方面所做的工作，提出了俄共有关社会经济政治等方面的反危机纲领。鉴于俄共十五大报告的内容很长，本文对以下四个方面作重点译介：对历史的评断，"21世纪社会主义"，党的建设及其社会经济纲领。

苏联人民及其复兴展望

苏联人民作为人的新的历史共同体，其形成首先是资本主义经济基础向社会主义经济基础转换的结果。布尔什维克"工厂归工人！"的口号是要消灭工业中的私人资本主义所有制，而实现"土地归农民！"的口号导致消灭农业经济中的地主所有制。

在俄国消灭剥削阶级是一个复杂而充满戏剧性的过程。它始于1917年10月，在1936年随着苏联宪法的实施而告终。社会主义所有制形式——国家所有制和集体农庄合作社所有制代替了资本主义所有制和地主所有制形式。工人阶级和农民不再是被剥削的大多数劳动人民。他们开始拥有政权和生产资料所有权。

在社会主义社会生产中确立了平等、同志式合作和互助的关系。这种关系的确立是同反对苏维埃国家的富农和旧制度生活规范的所有代表者进行阶级斗争的结果。艰难地克服顽固的私有心理，在"我的"与"我们的"之间进行斗争。

社会主义生产要求公共利益优先于私人利益。劳动力不再是商品。激烈的市场竞争已成为过去。所有这一切把人们联结成一个新的共同体。苏联人民——是第一个摆脱了劳动剥削的人的历史共同体。这个共同体是在数量庞大的劳动人民多数确立了自己苏维埃形式的政权之后得以形成的。

社会主义企业的劳动集体是苏联人民的雏形。这个劳动集体不仅追求社会平等，也是进行跨民族教育的重要形式。在平等的同志式关系的基础上，这个集体使苏联各族人民的代表相互接近，从而形成了统一的整体——苏联人民。

在人类历史中，苏联人民是第一个摆脱了民族压迫的各族人组成的共同体。早在俄国进行社会主义改造之前，相同的历史命运就注定了俄罗斯族与我们祖国其他民族之间的兄弟关系。但是这种关系由于民族间的冲突而蒙上了阴影，这种冲突归因于统治阶级的政策。矛盾随着沙皇制度的大俄罗斯沙文主义的强化而日益加剧，地方民族主义情绪也因民族边疆区新兴资产阶级而愈演愈烈。同时代人证实，1917年之前，俄国各民族已分崩离析。建设社会主义经济基础使经济有计划并且按比例地发展，形成了统一的国民经济体系。苏维埃政权积极利用俄罗斯族人民在国家中的主导作用，依靠俄罗斯族的工人阶级、农民和劳动知识分子来帮助其他民族战胜经济和文化的落后局面。在无产阶级国际主义，随后是社会主义国际主义的基础上，苏联各民族的兄弟关系成为浇筑多民族共同体基础的粘合剂。

戈尔巴乔夫"改革"使社会主义开始瓦解。"第五纵队"和外部力量积极利用民族主义作为摧毁苏联的攻城槌。1991年8月前，在国内，社会主义社会的社会阶级结构发生变形，出现了资产阶级。资产阶级形成的基础是"影子经济"，由于"发展"资产阶级合作社和其他"经济变革"，投机分子和犯罪行为的代表者开始猛增。新兴阶级迅速巩固下来，他们与腐败官员勾结串通。"主权主义"、关税壁垒和本币政策符合迅速生长的资产阶级的利益。马克思发现的定律起了作用：经济基础要求相应的上层建筑。

随着资本主义在俄罗斯的恢复，社会主义所有制被消灭了。再次出现了剥削者和被剥削者。劳动力市场重现竞争。人与生产资料和劳动成果的分离,不可避免地导致人与人之间的疏远。随着苏维埃政权走向灭亡和社会主义经济基础被摧毁,苏联人民不再作为人的稳定的历史共同体而存在。它在政治意义上和政治经济学意义上消失了,不过在历史文化意义上还没有消失。苏联人民继续活在社会主义文化的元素中。苏联心理的载体还活着。在这些人的历史记忆中,现实社会主义的经验、其惨重而戏剧性的教训都深深地刻下了烙印。苏联人的历史文化原型——创造者、集体主义者与国际主义者、同资产阶级利己主义进行斗争的斗士都保留了下来。我们认为俄共和俄共追随者队伍中的多数人正是这种类型的人。

利用上述因素复兴苏联人民的可能性问题、在苏联空间内一体化的进程及其前景问题极其重要。

苏联创造的国民经济体系非常强大,以至于在其被摧毁后俄罗斯联邦与邻国的经济联系依然存在。历史必然性迫使独联体各国政权着手形成欧亚经济共同体,俄罗斯和哈萨克斯坦的资产阶级领导人与白俄罗斯共和国还结成了保有社会主义经济基础的关税联盟。

然而,连这个资本主义的一体化也进展缓慢。原加盟共和国在领土方面相互觊觎,"天然气"和"酒"等商品的贸易战,水资源之争,使他们继续"分道扬镳"。与客观需求相悖,相互联系的水平在下降。1990年苏联各共和国之间的贸易额是对外贸易额的69%。到2012年初,这个指数下降到20%。俄罗斯与昔日统一联盟中的部分国家的对外贸易额在这段时间内从57%缩减到15%。欧亚经济共同体和关税联盟内的相互合作停滞不前。俄罗斯寡头政治暗中破坏与白俄罗斯的再次一体化。

在原苏联空间内进行联合对于遏制俄罗斯发生分裂也具有极其重要的意义。向资本主义经济基础过渡为民族分离主义在这里死灰复燃提供了条件。民族分离主义时而打着为民族主权而斗争的幌子,时而表现为要求经济特惠的形式,时而披上宗教的外衣。尤其可怕的是,民族主义的病毒传染到一部分国家建构民族,他们喊出"俄罗斯是俄罗斯人的俄罗斯"的口号,传染到这些民族中年轻的一代。结果民族分离主义再次加强。在俄罗斯族极度虚弱的情况下俄罗斯解体的危险完全是现实存在的。这也是我们所有民族的危险,整个国家的危险。只有通过对社会经济基础进行社会主义改造才能切实防止危险的发生。只有那时,伟大的各族人民组成的共同体——苏联人民才能复兴。

在当前的政治和社会经济现实中,在原苏联领土上有两种倾向:一体化和解体。我们为之奋斗的各民族建立亲密联系这项事业的成功将直接取决于人民群众的行动和政治力量的作用。与俄罗斯官方相反,俄共不支持"从零开始"实行资本主义一体化,而主张重新一体化,也就是创造性地运用苏联经验实行一体化。对此,存在着不少客观条件。地理上的邻近、由于苏联经济高度一体化而保留下来的联系、世界市场的形势、安全的考虑,这些都在推进联合。发挥作用的还有许多世纪以来各民族在同一个国家里一起生活的经验、各民族劳动者反对剥削者和外来侵略者的共同斗争传统。民族因素起着非常重要的联合作用。第一,苏联人民曾是一个多民族的大家庭,在苏联每七桩婚姻中就有一桩是跨民族的结合。第二,多数俄罗斯居民拥护民族联合体的复兴,无论他们居住在哪一个新国家。第三,多数原苏联公民属于东斯拉夫共同体。

苏联时期,在人类历史上首次出现文化和社会共同体,在这个共同体里价值观的衡量标准是劳动、良心、真理、尊严、公平。这些概念体现了人类多少个世纪以来的梦想。尽管失去了一切,但共同的价值观仍把被国家界限分隔开的人们联结在一起。苏联"大西洲"(一片传说中有高度文明的古老大陆——译者注)继续令人向往。

苏联人民作为文化、道德精神的共同体并未消失。无论野蛮的资本主义如何践踏苏联文化遗产,这份遗产都不会毁灭。精神财富比物质财富更恒久。无法毁火肖洛霍夫天才的《静静的顿河》。无法"废除"特瓦尔多夫斯基的《瓦西里·焦尔金》、肖斯塔科维奇、普罗科菲耶夫和斯维里多夫的音乐。伟大雕塑家武切季奇、基巴利尼科夫、阿尼库申用青铜浇铸的作品、卓越的画家彼得罗夫-沃德金、科林、杰伊涅卡的画作仍像以前一样给人们留下深刻印象。伟大导演和演员拍摄的苏联电影依然有生命力。写进世界科学荣誉榜的科学家巴甫洛夫、库尔恰托夫、科罗廖夫、谢苗诺夫、卡皮察、克尔德什、朗道的名字不会从历史中消失。无法从苏联人民的记忆中删除宇航员尤里·加加林的名字。

苏联文化是人类精神遗产中积淀最深厚的一部分。我们有理由感到自豪，因为我们与苏联文化的许多代表人物处于同一个时代，我们有机会阅读尤里·邦达列夫的《热雪》、瓦连京·拉斯普京的《活下去，并且要记住》、瓦西里·别洛夫的《和谐》、斯大林格勒诗人伊戈尔·伊萨耶夫的诗作。如果诚实、善思和勇敢的人民所拥有的一切都用来捍卫苏联文化，那么苏联文化就能够抵挡得住任何野蛮人的入侵。这种捍卫首先需要在教育领域进行。当今，教育领域正在执行为拯救苏联人民精神遗产而斗争的先进方针。

俄共始终不渝地捍卫社会主义文化、苏联文明、对苏联过去的记忆。所有这一切，都是苏联人民复兴的最重要条件。同时我们深知：光有这个重要条件是不够的。为了恢复苏联人的共同体，需要用社会主义经济基础代替资本主义经济基础。

俄共的反危机纲领要求清算巨额资本主义财产，将其转交给国家。这是向社会主义生产过渡的第一步，在社会主义生产中将重建人与人之间的同志式合作关系，消灭人对人的剥削。

独联体各国的资本主义危机日益尖锐。随着危机的加深，苏维埃社会主义的经验愈具现实意义。显而易见，恢复各民族的兄弟联盟要求从根本上改变原加盟共和国（包括俄罗斯）的总体政治和社会经济形势。"自下而上的压力"，推动政权结构走向重新一体化，这些只有同争取社会主义的斗争结合起来才会见到成效。

重建统一的联盟国家的最坚定的拥护者是"共产党联盟—苏共"，我们将继续加大我们两党之间的联系。在争取联盟的斗争中我们将依靠世界上的各种进步力量——共产党人、所有真正的爱国者和民主主义者、帝国主义全球化的反对者。

为了使各族人民建立亲密联系，俄共在发展人民外交并试图扩大社会组织、工会、科研机构和团体、文化协会、创作联盟的联系。显著的事例是，"共产党联盟—苏共"在顿涅茨克举行了各民族兄弟关系拥护者论坛。在边境地区扩大白共、乌共和俄共分部之间的兄弟联系。必须拓展这些实践，庆祝共同的节日，首创性地举办兄弟民族的文化日和文化周、老战士论坛、青年聚会、体育竞赛。促进信息交流、推动企业和地区层面上经济联系的发展极其重要。

重建新的苏维埃社会主义联盟国家意味着也有可能复兴历史边界上的苏联人民。这个过程合乎规律而且是客观必需的。反对的力量自然也将异常强大。对于悲观主义者来说不存在复兴的基础。这些社会学者断定：我们各民族人民心中保留的只是恢复苏联的梦想。而1991年全苏全民公决赞成保留苏联的这一结果谁也无法抹去。我们的事业是拥护人民群众的意志及其政治先锋队的伟大活动的事业。

21世纪社会主义

俄共对于原则问题的立场已经写进党纲。而新版党纲还包含关于21世纪社会主义这一提纲。毫无疑问，21世纪社会主义的面貌不应该止于仅仅从愿望出发的乌托邦图画。我们需要社会发展的科学图景。无须过多，但也不要太少。

社会主义首先以生产资料公有制代替私有制为前提。这是避免阶级分化、有计划地组织社会生活的必要条件。问题的特殊性在于，马克思列宁主义经典作家如何理解所有制的替代。无论马克思还是列宁都没有把资本主义私有制转变成国家所有制视为共产主义运动的终极目标。他们仅仅把这当做建立没有国家、没有货币、没有强制性法律来规定人类生命活动的社会的第一步。在通往共产主义社会的道路上，国有财产应该发展成真正的公有财产，任何一个人都是这些财产的共有者。每个人都将把这些财产视为自己的，并有机会使用这些财产以实现自己的个人需求和公共需求。

马克思和列宁所说的财富，指的不是"物品"的总和，而是人类创造的文明财富。马克思主义的本质在于，社会发展的使命是解决最高任务——让每一个个体有机会掌握在资本主义制度下得不到的、人类积累的全部财富。按照他们的设想，一切文明财富的公有形式能够解决关键性的历史任务——把每一个个体从片面发展的职业者、从脑力劳动和体力劳动分工中的奴隶变成全面发展的个人，也即能够无障碍地变换工作种类并管理全社会事物的个人。

苏联社会的先驱人物走过的道路是艰辛而充满牺牲的。消灭苏联的战争危险迫使国家所有制确立了长期的垄断地位。与此同时,不允许除了集体农庄合作社所有制和个人所有制以外的其他形式存在。这是动员经济的要求,是由于历史实际情况而必须实行的。正是动员经济保证了国家的工业化,在伟大的卫国战争时期拯救了苏联,使被战争破坏的国民经济得以迅速恢复,并建设了苏维埃强国的核屏障。

苏联得到了国家安全的保障后,有可能过渡到改造苏联社会的新阶段。到20世纪70年代末客观上的需求成熟了。社会向新的发展阶段过渡的种种条件已经具备。通过扩大自治和开发人的创造力来为这条路奠定基础。但是背信弃义的戈尔巴乔夫"改革"骤然兴起,这导致世界资本全力以赴来消灭危险的竞争对手。里根提出的"邪恶帝国"这一术语的背后暗含了帝国主义与苏联进行殊死战斗的准备。

依靠"第五纵队",摧毁社会主义堡垒的计划实现了。不过,苏联历史为所有争取公平社会而进行伟大斗争的人们提供了宝贵的经验。有赖于所取得的成绩,社会主义在第三个千年将继续向前推进。

21世纪的社会主义是具有共产主义前景的、发展中的社会主义。对我们而言,共产主义是社会主义科学地向前运动的合乎规律的结果。共产主义,不是简单的美丽梦想,也不是在命令规定的期限内可以达到的一个分界线。所以,赫鲁晓夫"到20世纪80年代建成共产主义"的理论给社会主义事业带来了巨大的损失。

斯大林曾给社会主义基本经济规律下了这样的定义:"用在高度技术基础上使社会主义生产不断增长和不断完善的办法,来保证最大限度地满足整个社会经常增长的物质和文化的需要。"这样提出问题完全符合社会主义进步的目标。

我们的社会主义面貌是将科学置于社会生活的优先地位。在俄共的纲领性文件中强调发展知识密集型生产,重现苏联教育体系的成就,为科学技术的发展储备知识分子。没有对国民经济发展的科学预测和规划的21世纪社会主义,是难以想象的。

　　人们应把社会主义当成自己的事情，应该通过所掌握的人类文明走向社会主义。而这要求进行基础性教育。这就是为什么俄共在争取为所有人的免费优质教育的斗争中毫不让步的原因。教育应该旨在让受教育者形成独立思考、对获得的知识进行创造性的加工并在瞬息万变的生活环境中把知识运用到实践中的能力。

　　我们的社会主义是社会公平的社会，劳动者将收回并扩大自己的社会权利。这是居住、劳动和休息的权利，是享受免费教育和免费医疗的权利，是老年人和残疾人得到应有的养老保障的权利。只有社会主义才能保证这项伟大的社会最低生活保障标准。只有社会主义才能给所有人提供平等的机会来满足人的基本需求——创造、传宗接代、交往、认识和对美的需求。

　　建设公平社会要求消除社会不平等。第一步——将巨额资本主义财产国有化。这还不意味着对社会生产进行社会主义改造——这在资产阶级国家是不可能做到的。但是在实施国有化时，正如列宁所说："不是要现在立刻直接实施社会主义，而是要揭露盗窃国库的行为。"实施国有化还要使今日的俄罗斯摆脱外国资本对国家经济的统治。

　　强化国家所有制的作用还不能带来社会主义，但能使向社会主义过渡变得容易，它是向社会主义过渡的必要条件，当国家所有制占据优势时，集体所有制形式这种人民的企业会得到全力的支持。依靠集体和平相处机制这一民族历史传统，集体所有制形式将成为社会主义民主基础的俄罗斯自治制度的中心。在有计划地发展社会生产的框架内，国家将保证对市场关系环节进行应有的监督。在向社会主义过渡的长时期内私有领域也开始具有了公有趋向。私有主将不得不使私有财产为整个社会造福，将私人利益与社会利益相结合。不这样做就没有好处。以造福人民为取向的私营企业家的活动将是一种有社会意义的活动，这种活动是受国家保护的。

　　21世纪的社会主义是真正实现民权的社会主义。俄共为西方资产阶级议会式民主在俄罗斯让位于苏维埃民主而斗争。苏维埃民主是人民群众在20世纪初革命事件中创造产生的。它源于古罗斯，世世代代在俄国农民村社中延续。苏维埃政权是国家绝大多数劳动人民的民主，就其内容来说是有阶级性的。它代表并捍卫劳动人民的利益，符合国家建构的俄罗斯族以及乌克兰族、白俄罗斯族等苏联许多其他民族的民族特点。"整个米尔"，即农民村社、市民大会、哥萨克集团解决命运攸关问题的传统，体现了人们渴望在人民意志和人民监督的基础上组建公正的政权。

消灭苏维埃政权并恢复资本主义不仅给劳动人民的利益，而且给俄罗斯的国家独特性以重创。在"改革者"宣传的影响下，大多数人认为，与本质是掩盖资本权力的西方议会制相比，官僚化是苏维埃政权的缺陷。在21世纪，只有国家政权恢复苏维埃组织、恢复社会主义民主才能有效预防俄罗斯的民族分离主义，阻止离心力的作用。

21世纪的社会主义将继续在民族疆域内发展。为了应对国家地缘政治形势和国际威胁，它负有保证俄罗斯国家安全的使命。没有强大的符合科学技术进步要求的军工综合体是不行的。需要能够保证国家边防安全、击溃侵略者的武装力量。

只要世界帝国主义存在，军事威胁就不可避免。资本主义世界争夺能源的斗争日益加剧。俄罗斯是这一斗争的主要对象，潜在的侵略目标。只有建设了核屏障并拥有最强大军队的苏维埃强国才能得到安全的保证。要是没有这样的屏障，苏联遭受侵略就是避免不了的。如果社会主义不能保证国家独立，那么就谈不上新社会主义。没有国家的独立也不可能保证个人的自由、人的全面发展。

21世纪的社会主义——是高度文明的社会主义。社会所有成员都平等地享有文明成果，就像在苏联时代一样。社会主义在苏联文明历史成果的基础上将得到新发展。古典俄国批判现实主义和肖洛霍夫式的社会主义现实主义形式将在文学艺术发展中起主导作用。这不排除其他形式的发展，正如斯坦尼斯拉夫斯基所说，通过这些形式传递人类精神的力量和人类精神的创造性能量。精神空虚、小市民狭隘主义文化观，这些资产阶级文化的本质属性不会一下子机械般地消失。这些只能依靠高度文明的力量来克服。高度文明在新社会主义中，就像在苏联时期一样，形式上是国家的，内容上是社会主义的。

新社会主义将恢复说真话的权利。将重建人民教育体系，劳动的人——摆脱了剥削和剥削恶习的生活创造者将是教育的主角，将处于各种形式的社会主义文化的核心地位。家庭和学校在传播文化价值中的作用倍增。学校保证智育和德育的统一，这永远是国民教育体系的基础。以师生统一教育集体为基础组织学校的教学。

当然，描绘未来，哪怕是不太遥远的未来的图景，也未必能描绘得完备。但未来社会主义的轮廓是千百万人可以看见、能够理解并向往的。

在确定21世纪社会主义的面貌时，俄共合理地纳入了马克思列宁主义科学和社会主义实际经验早就提出的特征，考虑到了现代史的实践、科学技术进步成就的水平和具体国家的国情特点。科学预测社会发展是共产党人政治纲领的基础。那是为多数人民谋利益的纲领！

党的建设

1. 依靠思想的力量

俄共十三大的主要任务是通过新党纲。党纲的最初方案出现在1995年，当时社会对重建苏联、重新使国家走上社会主义发展之路抱有很大希望。15年过去了，形势发生了变化。资本主义复辟了。几代苏联人英雄般的劳动成果或者消失殆尽，或者被暴发户攫取。越来越明显的是，争取社会主义改造的斗争将具有长期的性质。所有这一切要求考虑出台新党纲。在俄罗斯以及在全世界，资产阶级及其统治制度坚持不懈地进行着意识形态的斗争。他们向群众灌输资本主义是无可替代的，社会主义组织社会的方法是空想。他们的反共产主义花招各式各样。在这些背景下，居民的政治成熟性不会自发地形成。将社会主义思想灌输到社会意识中是共产党人最重要的任务。

党要成功实现目标直接与党的思想基础的巩固有关。俄共应保证自己对利益集团、资产阶级意识形态和政策的独立性。只有这样，俄共才能履行作为工人阶级、劳动群众、反对资本主义的所有社会团体的党的作用。只有这样，俄共才能满怀信心地去建立社会主义——摆脱了资本主义剥削和民族压迫的社会。

2012年10月俄共中央全会审议了完善思想理论工作的问题，作出了重要结论并提出了如下重要任务。

第一，党相信，只有严格遵循马克思列宁主义理论这一党的意识形态基础，才能起到劳动群众先锋队的作用。我们的使命是捍卫马克思列宁主义的思想遗产，不允许歪曲和庸俗化。正是部分苏共领导人思想上的变节行为导致政治上背叛和叛卖社会主义祖国，对此我们记忆犹新。这样便证明了如下真理：在意识形态的斗争中不允许退让。

第二，在发展理论的同时，党要毫不动摇地遵循认识和分析现实的辩证唯物主义方法，采用阶级分析方法来评析社会现实和社会现象。研究这个方法是党的政治学习的重点。在对我们所处的社会作经常性的分析的同时，党把理论视做行动的指南，并寻找解决当代的迫切问题的灵活方法。

第三，只有宣传马克思列宁主义思想才能创造性地发展它。党内不允许传播任何形式的唯心主义观点。在党内，信仰自由不意味着有宣传与辩证唯物主义背道而驰的思想的自由。同时，党对信奉其他世界观、但支持俄共的反危机纲领、不反对苏维埃和共产主义的人开放合作与联盟关系。

第四，党坚决揭露掩盖统治阶级的阶级本质及其反国家性质的企图。正是阶级态度极好地暴露出寡头权力与其反俄罗斯的内外政策之间的密切关系。俄共反对这一方针，着手解决将社会阶级斗争和民族解决斗争结合起来的任务。

第五，俄共竭力发展理论思维。在俄罗斯社会主义学者协会的代表和其他马克思主义学者的参与下举办研讨会、代表会议、"圆桌会议"，进行各种形式的理论争论，研究历史与现实的迫切问题。为此代表大会决定创办党刊《理论问题》杂志。

第六，党计划把研究和普及马恩列斯著作当做宣传和政治教育的中心。将系统出版教科书和方法论方面的著作，供培训共产党员，首先是青年之用，也用于自学。2011—2012年出版了列·伊·奥尔什滕斯基教授的《祖国历史教程》和阿·帕·博罗维科夫教授的教学参考书《马克思列宁主义原理》和《政治学基础》。

第七，党努力提高共产党员的思想理论水平，建立培训干部的有效机制。目前必须指出努力加强党员政治学习的意义，这是更新了的党的结构、复杂的政治形势和当局在信息心理战中的巧妙策略的要求。决定建立附属于俄共中央的政治学习中心，同时建立7个常设的跨地区党校，编写干部培训教程。《政治教育》杂志在其中起了重要作用，订数明显增多。规定每个基层分部至少订一本杂志。在推举俄共各个市委、区委和地委书记候选人时，应该考虑到他们的思想理论素养。

俄共十三大后的四年多时间内，俄罗斯各个政治力量在世界金融危机的条件下开展活动。我党对我国和世界局势作了正确的评价。

党随时增添必要的纲领性材料。俄共反危机纲领是吸收专家、学者、经济学者建议的结果。俄共的竞选纲领成为2011年议会选举和2012年总统选举的基础。我党在2011年和2012年初的重要倡议是进行人民公决。绝大多数国民对我党纲领的最重要问题，即对经济要害部门和银行领域实行国有化都投了赞成票。

俄共中央对反共思想和一切反动的意识形态予以反击，揭露资本主义的本性和俄罗斯执政制度的本质，解释假反对派骗局的真实意图。俄共的理论探索促进了国际左翼政党的合作。2010年在莫斯科举办了来自世界21个国家的50位学者和政治家参加的"争取历史真相和如实反映时代事件"的国际学术会议。2012年5月，30个国家的同道参加了《真理报》庆典活动并交换了意见。两个月前在莫斯科我们同世界上11个共产党组织的战友就当代的迫切问题交换了看法。俄共相信左翼力量反对反共产主义的斗争将继续下去。

俄共将继续宣传苏维埃政权的成就，反对歪曲苏联历史，不能忘却我国英雄般历史中的重要日子。每年的五一节、11月7日和5月9日，我们的红旗将高高飘扬。过去4年我们成功举办了列宁诞辰140周年、斯大林诞辰130周年等庆祝活动。

党坚定不移地将反对人剥削人的社会阶级斗争同反对帝国主义全球化的民族解放斗争的任务结合起来。我们意识到国家贫困和衰退的严重程度，早在党的十大上就提出了"俄罗斯问题"。最尖锐的国家建构民族的问题威胁到我国几千年形成的多民族大家庭。俄共充分意识到这种危险，提出自己的倡议来反对社会在经济、社会和文化上的衰退。教育工作非常迫切。根据我党的倡议，设立了俄语日，在每年的6月6日普希金诞辰日来纪念这个日子。

2012年底，我们举行了"俄罗斯和谐"运动的成立大会。该运动将联合国家的爱国者开展文化教育工作来抵抗帝国主义全方位的扩张。要让越来越多的人认识到，任何道德价值对于资本来说都是格格不入的，而社会主义的拥护者、真正的爱国者以及信奉基督教、伊斯兰教或者佛教的许多人却看重它。出现了持不同观点的人形成合力的条件。如果俄罗斯劳动群众中有信仰的部分能积极加入到争取摆脱社会压迫、争取社会主义的斗争中来，那么俄罗斯的劳动群众就一定会赢。

俄共把建立人民爱国力量的联盟看做无产阶级的和非无产阶级的劳动群众的联合形式。2011年2月我党的青年组织召开了第五次代表大会，会上建立了列宁共产主义青年联盟。同年4月我党举行了社会运动"全俄妇女联盟——俄罗斯的希望"第三次代表大会。一年半以前，支持我党"人民教育法案"的全俄教育工作者前来参加我党组织的"教育协会代表会议"。在俄共的积极参与下，"战争之子"运动得以登记。社会主义学者协会和"支持军队、国防工业和军事科学"运动继续开展自己的活动。

俄共用各种方法宣传自己的观点。利用《真理报》和《苏维埃俄国报》，利用因特网进行宣传，每天更新俄共网站的内容，等等。

2. 团结队伍巩固党（组织问题）

我党的历史有同沙皇专制制度进行的地下斗争，有对世界上最大国家的统治，有处于反对派条件下的斗争。但是，对我党而言，列宁的原则仍十分重要，即"把组织问题同政治分开是不行的"。俄共目前有81个地区分部，2278个地方分部，13726个基层支部，党员人数共计15.8万。2009—2010年约有3万人入党。

目前俄共工人比例为12%，农村劳动者超过7%。也就是说无产者的比例还明显不足。这有其客观原因，因为近年是俄罗斯无产者的阶级成长时期。我国共有7300万雇佣工人，其中有4000万是工业、建筑、交通和农业部门的工人。

近20年来，当局控制的媒体在大众意识当中将俄共树立成"过时党"、"老年党"的形象。的确，退休人员占俄共党员总数的44%。他们中的许多人仍在工作。据国家统计局的乐观估计，到2040年，老年人将占居民总数的40%。对俄共来说，老年人拥有社会经验、生活智慧和优秀的文化传统。妇女党员占34.4%。加强妇女在党组织中的作用是我党组织和干部政策的最重要方向。30岁以下的人占10%。截止2013年1月1日，他们超过16000人。一些党的分部积极在大学生和青年学生中间开展工作。

总体上，目前要解决的重要问题是稳定党员的数量。新的中央委员会和党的各级分部都要为此切实地工作。

在各联邦主体有数十个地区一级或全俄范围的社会联合组织，这些都是俄共的同盟者。同这些联合组织的联系为充实党的队伍、扩充党的干部队伍提供了很好的机会。基层分部是党的基础。

完善干部政策是摆在党面前的任务。我们制定了挑选、培养、推荐党的干部的标准及监督党的领导干部工作的标准。党的垂直领导的工作有许多缺点，原因远非都是客观的。破坏列宁的领导干部工作原则，忽视普通党员的意见，削弱自我批评方法，这些都导致各级领导干部出现重大偏差。在莫斯科和圣彼得堡市、克拉斯诺亚尔斯克边疆区和车里雅宾斯克州组织中就出现了这种状况。为修正这种状况派出了中央和中央监察委员会主席团工作组，作出了艰难而必要的决定，即解散一系列地区委员会。在扭转局势的同时，工作组不得不同个别组织的派别活动发生冲突。进行了数月的辛苦工作，同大量普通党员交流，克服了一部分同志的动摇和偏见，使绝大多数党员团结在了党中央的立场上。新的中央委员会必须在新条件下进行工作，也就是说事件的进程迫使不断探索新方法，以批判的态度对待所取得的成绩。为此需要充满活力的新人，需要新鲜的、有突破性的思想。

根据党内总结和改选的结果，地区和地方党委第一书记的平均年龄在56—57岁之间。同上一届相比年轻了一岁。应十分追切地对待将年轻党员选拔到领导岗位的工作。党内确实存在故意压制胜任负责工作的年轻同志的情况，甚至到了将他们开除出党的地步，而一些受宠的人出于个人效忠被推举到了党的领导岗位。这些不健康的情况要坚决制止。必须加强中央委员会主席团和书记处对党的后备力量工作的关注。地区委员会第一书记必须负责将表现突出的年轻共产党员纳入干部后备队伍并建立同他们的联系。必须充分考虑到党内存在追逐名利的人和厚颜无耻之徒。在渗透着个人主义和发财诱惑的资产阶级社会，这种表现是免不了的。

俄共对青年敞开自己的大门。中央坚定不移地将强大的青年队伍吸收到党内，团结在自己周围。扩大青年在领导机关中的代表。俄共会积极探索青年工作的新形式，支持少先队运动。俄罗斯列宁共产主义青年联盟发挥着重要作用。"2012年共青团之夏"活动影响至全国，决定积极地将新鲜的年轻力量吸引到我们的队伍中来。不过，俄罗斯列宁共产主义青年联盟的影响仍不足，需要扩大。这十分重要，因为当前新自由主义、无政府主义等小资产阶级思想在青年中的影响很大。党和共青团组织将坚定地探索同大学生工会、青年爱国主义组织、文体组织建立联系的有效方式，如建立和扩大俄共体育俱乐部的活动。

3. 反对选举舞弊，对其他党的评价

与当局在选举运动中的舞弊行为等花招相反，过去的选举再一次证明了俄共是一支主要的反对派力量。在联邦选举中，党的支持者增加了数百万。我党的杜马党团数量几乎增加了两倍。

过去四年，俄共在地区选举中的平均得票率提高了17%—20%，在州一级选举中提高了23%。在2012年10月的选举中，俄共大大超过了"公正俄罗斯"党和自由民主党，所得票数超过了这两党的总和。俄共在市一级选举中的积极性也有提高。当局发明的参加州长选举的"过滤器"，提高了代表机构在地方自治机关中的作用。

我们利用各种政治斗争的可能性，包括议会斗争。参加各级选举，我们到选民中间去宣传我们的复兴俄罗斯的纲领。

我们不认为近期的所有选举是民主的和自由的。在这一过程中，执政党没有对问题进行有效的讨论，没有对纲领进行公开的辩论。即使拥有绝对的信息阵地，普京先生也不参加辩论，把自己隐藏在愿望良好却废话连篇的"纲领性文章"的后面。

俄罗斯的选举简直就是偷盗。在选举运动中，俄共就处于选举运动中心的那些迫切问题向社会提出建议。我们主张自然资源国有化、监督财政制度、实施新的社会政策、向累进所得税过渡、实现有保证的教育、建立可行的国家安全制度、同腐败作坚决斗争，这些都得到公民的支持。

对立越尖锐，俄共就比其他组织越明确地反对权威主义。今天，俄共正是对抗"政权党"这一虚伪、独裁和骗子机器的主要力量。在国家扭曲的政治空间里，有以统一俄罗斯党为首的"政权党"，有其帮凶自由民主党和公正俄罗斯党。为了填满政治空间还散落着不少往往是人为建立的小党。对于执政力量来说这些小党是二等仆从。执政力量的任务是模仿多党制，"剪走"俄共的选票。

最近的一些选举，虽然统一俄罗斯党取得的结果超过预期，但也是"有组织的"，当局十分清楚其影响力急剧下降已经是不争的事实。在复杂的局势下，执政集团试着改变策略，即改变面貌。普京的"人民阵线"应运而生。但其协调委员会的构成将其"卢布阵线"的性质显露无遗。

当局企图将自己想象成全社会利益的代表者，俄共则在进行旨在团结人民爱国力量的工作。党支持建立人民义勇军和"俄罗斯和谐"运动的倡议。人民义勇军的方案在杜马选举过程中成功实施，将支持者团结在俄共纲领的周围。"俄罗斯和谐"运动正在发展，其前景有赖于同各个爱国运动的积极合作。

4. 为了多数人的利益（议会工作）

俄罗斯有摆脱危机的各种办法，如：

——建立寡头资本的镇压的、公然的专政制度，进一步压迫人民群众；

——加速俄罗斯与外部力量参与的非一体化过程；

——左翼爱国力量通过和平方式利用资产阶级民主程序夺取政权；

——社会革命是不以阶级、政党和领袖意愿为转移的全民族危机的结果。

俄共的纲领是拯救国家的纲领，通过形成人民信任政府巩固俄罗斯向左转变。

拟定替代现有方针的国家政策方针是我党议会党团和垂直的议会系统的工作重心。目前，我党有6人担任国家杜马委员会的主席，11人担任第一副主席，22人担任副主席，还有两位担任杜马专门委员会的副主席。俄共党团在地区立法机关中的工作具有极大的积极性。已在70个联邦主体中拥有自己的党团。

我党在开展立法活动方面有不少成功案例。斯塔夫罗波尔的俄共议员通过了地区法《老战士法》，决定对老战士购买和修建住房给予资助。在沃罗涅日州，杜马通过了给已退休的农村文化工作者优惠支付市政设施费用的法律。我党在莫斯科、莫斯科州和列宁格勒州的代表成功通过了与胜利旗帜有关的倡议。就在2012年5月9日，在许多城市，胜利的红旗与俄罗斯国旗一起飘扬。这些经验值得推广。中央认为，党代表大会要支持俄共议员的任何倡议。共产党员应利用立法机关的讲坛宣传和解释我党的纲领，揭露当局反人民的政策。俄共党团应与选民建立经常性交流机制，应促进推动劳动人民争取新的政治和社会经济方针的运动。同时议员的活动应能提供经验，帮助培训有能力的管理干部。

俄共坚决主张全面修改国家的法律基础。党的一些重要建议已经立法，它们是：有关国有化，有关累进税率，有关国家战略计划，有关工业政策，有关扶持农业经济，有关创新活动原则，有关卫生保健，有关破产，有关市政公用事业改革，有关社会扶持"战争之子"，有关反腐败，有关追究非法致富，等等。制定了劳动法、土地法、森林和水资源法的替代方案。这些文件为真正的现代化，为经济的可持续发展，为提高居民的生活水平，为保证国家安全奠定了法律基础。

俄共准备为国家负责，真正意识到巩固俄罗斯的基础已经耗尽。国家有发展的资金，但却流入西方银行。有自然资源，却被挥霍浪费掉。有智力潜能，却毁于教育的破产和"人才流失"。我党准备结束寡头统治，在俄罗斯建立能给国家带来和平、可持续发展，给公民带来安全、富足和个人尊严的社会制度。

5. 国内外斗争目标

归根结蒂，任何社会组织及其同盟都是为了某个社会集团的利益。在自己的纲领性任务中，俄共将社会阶级斗争和民族解放斗争结合在一起。在目前形势下已经越来越明显：全民利益反映的只能是社会最广大阶级——工人和农民的利益。正是工人和农民同劳动知识分子一起是广义上的无产者。

俄罗斯是多民族的国家。民族及其文化的多样性是我们祖国的真正财富。但是，1990年代的反革命最尖锐的是民族问题。俄共是各民族友好的党。只有我党的政策能够使俄罗斯成为各民族的统一大家庭。俄共曾通过《俄共民族问题纲要》。新的中央委员会必须就此问题开展工作。

俄共坚信：俄罗斯民族问题的解决以及摆脱外部专制，恢复主权和独立，直接取决于劳动群众争取自由劳动、公平社会和真正民权，也即争取社会主义的斗争。党做了许多事，使劳动群众反对野蛮剥削和压迫的日益增长的抗议行动具有组织性和目的性，将经济要求和政治要求结合起来。主持这项工作的是弗·伊·卡申领导的全俄抗议行动司令部，该部有37个社会组织参与，它有可能对尖锐的社会政治问题及时作出反应。目前该部组织了一系列抗议活动，规模最大的是反对选举舞弊、低工资、微薄的养老金和补助金，反对生活必需品价格和费率上涨，反对在乌里扬诺夫斯克建立北约基地，反对俄罗斯加入世贸组织，捍卫教育和科学，等等。依靠党的同盟者以及党的中央和地方结构，中央委员决不会放过资本向俄罗斯劳动群众提出的任何一个挑战。在该部的倡议下，筹备和举行了两次劳动集体代表的代表大会。俄共主张建立自己的工会，加强抗议运动的力量。

有组织的斗争对劳动群众的意识产生巨大影响，也是争取恢复劳动人民权利及夺取权力的斗争的主要武器。

经济纲领和社会政策

俄共提出从经济衰退过渡到根本性发展，从"漏洞式经济"过渡到增长性经济。我党的新经济政策如下。

1. 实现工业核心领域的国有化，这是我党纲领的根本

在俄罗斯开采部门差不多有上万个企业，其中只有400家是国有企业。寡头的利润大大超过整个国家从自然资源中的所得，达400多倍。国有化会使巨大的财政（金融）资源集中在国家手中，并使之用于恢复生产潜能，解决其他种种问题。除原料部门外，国有化还涉及冶金、航空、机械制造、电力等经济基础部门。国家将摆脱"野蛮市场"的破坏性占领。恢复国家调节经济生活，制定金融、工业和农业政策的基本方向。国家预算收入增长并为民所用。

2. 我们本着"不停顿的现代化"的原则实施新工业化

国家的新工业化将依靠科学技术进步的先进成果，这涉及经济的所有部门，首先是电力、机床制造、仪器制造、机械制造、航空工业、汽车制造、轮船制造、化学工业。这些部门的产品应重新国产化，而不是依赖进口。煤、电、气的费率和价格将降低并严格调控。

3. 给农业以特别的关注

世界范围的粮食危机在增长。俄罗斯可以为克服这一危机起到特别作用。为此国家应扶持农村。向农业的拨款应占联邦预算支出的10%—15%。政府应保证恢复大规模的集体经济，重新为农业装备技术。

4. 将实施新财政政策

俄罗斯银行体系的基础是建立国有银行，包括外贸银行、储蓄银行、建设银行和农业银行，以此保证合理利用国家的财政资源和有效的货币周转。保留商业银行，以此保证服务于国家的经济和社会发展。

5. 改变税收体制

将实施公民累进所有税，免除贫困居民的此项税负。降低实体经济部门的营

业税。向高技术有竞争力的产品生产提供优惠，为科研、设计规划工作提供资金支持。

6. 国家保证有效促进科学与生产领域的合作

为了发挥国家的智力潜能，要加大向科技领域的拨款。国家付给科学家的工资应能保证他们享有有尊严的生活，应为他们的活动提供设备。要保证年轻的研究人员的住房等。硕博研究生的奖学金应增加3倍。鼓励专家出国学习和工作。

7. 全方位发展交通运输业

我们将使铁路重新国有化。新的高速公路将把全国连结起来。国家储备基金的资金大部分要用于国道和地方道路的建设。城市将建设快捷运输的新体系，包括地铁、轻轨和高速电车。将恢复被破坏的航空运输。航空工业也将增大投资。前景将是国家垄断该部门。国家将扶持航运公司和造船企业。

俄共建立的人民信任政府不再将石油天然气收入送给外国。这些资金将用来发展经济，使企业现代化，提高居民的购买力。

俄共纲领将保证克服贫困和社会衰退，建立公平的社会。

1. 国家保障公民的居住权

政府将重新负责公共住宅的建设。市政费用支出占家庭总收入的比例将不超过10%。

2. 建立新的劳动法和社会立法

现政府和统一俄罗斯党向社会保障大举进攻。俄共纲领建议：扩大公共设施网，保护妊娠妇女和儿童，让老年人安享晚年，关心残疾人。儿童补助金将符合抚养孩子的实际支出。结束学前教育机关匮乏的现状。对于多子女家庭应建立优惠体系。失业这一野蛮资本主义的标志将根除。

3. 为所有人提供优质教育

我党青年政策的基础是：自由享有优质教育，按专业技能提供工作，向年轻家庭提供住房。俄共将苏维埃政权的最伟大成果还给人民，即普通免费教育。不再关闭任何高等和中等学校。开始复兴职业技术教育。教师收入应保障教师享有有尊严的生活及其地位。教育投入应占国内生产总值的 10%。

4. 国民健康是国家的优先政策

优质的医疗服务,包括最复杂的手术都将免费提供。私人诊所只是国家健康保障体系的补充。医疗卫生领域的工资水平将高于国家的平均水平。将向穷人提供价格优惠的药品。

5. 文化发展是复兴俄罗斯的必要条件

党保证国家的文化繁荣。文化领域的预算支出在 3 年内将增长一倍。制定捍卫俄罗斯族和其他民族的语言和传统的纲领,保护历史纪念物,宣传苏联文化的杰出作品。电视和纪录影片将重新成为基本的道德价值观、爱国主义情感和公民责任感等教育的源泉。

译者单位:中央编译局俄罗斯研究中心

俄罗斯媒体评俄共建党二十年

李兴耕

2013年2月23—24日俄共举行第十五次代表大会,纪念建党20周年。俄罗斯媒体对俄共20年来的功过得失作了评论。现将几种不同观点综述如下。

俄共是坚决的反对党还是维持现状的党?

俄罗斯媒体报道,普京总统向俄共十五大发来了贺词,其中说:俄共是俄罗斯最老的政党之一,拥有自己的历史和传统、明确的意识形态立场、雄厚的人力和组织潜力,代表了数以百万计的选民利益,积极参与联邦议会、地区和地方权力机关的工作,始终不渝地关注重大社会问题,这令人钦佩。[①] 一些评论家认为,尽管俄共宣称对当局持坚决的反对党立场,久加诺夫在政治报告中谴责普京推行"波拿巴主义",但俄共实际上是一个主张维持现状的党,因此普京视俄共为一支重要的建设性政治力量,愿意与之展开对话与协作。

《独立报》评论员伊凡·罗金在《根纳季·久加诺夫庆祝俄共建党日》一文中写道:"俄共无可替代的领袖在总统的支持下保持了自己的权力。"大会一致批准了党中央的政治总结报告,再次选举久加诺夫为党主席,这表明,久加诺夫的地位仍然是不可动摇的。从普京致大会的贺词中可以看出,俄国家领导人不希望这个最老的反对党发生分裂。大会召开前,媒体上出现了一些预测,认为俄共

[①] 俄新网莫斯科2013年2月23日电。

领导人将遭到以原苏共中央政治局委员叶·利加乔夫为代表的党内反对派的反抗。反对派号召大会代表投票反对久加诺夫再任党主席。然而,所有这些计划和预测都落空了。

罗金认为,最近出现了俄共与执政当局逐渐接近的明显征兆。普京既然表示要与统一俄罗斯党保持距离,俄共便可以在对外政策方面比较容易地支持普京。例如,俄共议员在杜马中投票赞成普京提出的一些法案(如关于禁止美国人领养俄国儿童的"迪马·雅科夫列夫法案"),而当局也暂时停止打压俄共的行动。久加诺夫在十五大上宣布,要建立数以百计的"红色博客",对网络上的反共主义展开反击,突破信息封锁。反对派转向网络得到当局的全力支持,而那些想从网络转向街头示威的人则遭到限制和惩处。反对派与当局多年来的密切协作促使当局接过反对派提出的一些口号。譬如,"全俄人民阵线"现在已变成具有明显中左色彩的组织。俄共十五大通过的新党章规定实行党的垂直管理体制,使党中央的意图能够自上而下畅通无阻地得到贯彻。①

俄罗斯全球化与社会运动研究所所长鲍里斯·卡加尔利茨基在接受"真理报网站"(www.pravda.ru)记者采访时认为,自建党以来的20年间,俄共从国内的党员及杜马议员数量最多的党,变成了一个实际上在联邦范围内缺乏重大政治影响的组织。在1990年代中期,曾经有不少州长加入了俄共,1995年俄共在国家杜马中拥有最大的党团,在选举中的得票率比现在大约高一倍,在有些地区大约高两倍。而现在拥护俄共的选民数量在不断下降。俄共面临的另一个问题是党的老龄化。俄共自1993年重建以来,缺乏新生力量始终是该党最严重的问题。虽然俄共始终力图改变这种状况,实现党的年轻化。但是,在这一时期加入俄共的青年,后来有不少人离开了党。俄共成为一个老年人的党,而且越来越老龄化。即使在那些实现干部年轻化的地区,虽然有一些青年干部被提拔到领导岗位,但大量普通党员并不年轻。在二者之间存在一种不对称状态,完全缺乏中年党员。总的来看,俄共作为政治组织的确处于衰退之中。但是,不能把俄共的一

---

① http://ng.ru/politics/2013-02-25/3_zyuganov.html.

切问题都仅仅归罪于领导人的错误，因为客观形势的变化的确不利于俄共。在1990年代，俄罗斯统治集团还不能建立起一个能够有效地贯彻其政策的政党。到了2000年代，统一俄罗斯党成立，在很大程度上它被看做是苏共的继承者，夺走了许多曾经支持共产党的选民。于是形成了一种奇特的现象：俄共一方面失去了部分影响，另一方面却融入了2000年代建立起来的体制。卡加尔利茨基认为，俄共是一个"维持现状的党"（партия статус-кво）。俄共领导人对目前国内形成的格局以及党所处的地位绝对是满意的，希望继续保持这种局面的稳定。①

一些持激进左翼立场的政党和组织严厉批评俄共对当局的妥协政策。俄罗斯共产主义工人党中央第一书记维·秋尔金声称，在现今的俄共领导人中，没有一个人参加过1990年举行的俄罗斯联邦社会主义共和国共产党成立大会，也没有一个人在苏共二十八大上起来反对戈尔巴乔夫的路线。因此，与其说俄共是苏共的继承者，不如说它是戈尔巴乔夫路线的继承者。秋尔金批评俄共领导人采取顽固的右倾立场，打着共产主义幌子欺骗真诚信仰共产主义的群众。党内的民主遭到破坏，持不同意见的党员和组织被当做"新托洛茨基分子"和"反俄分子"遭到清洗。在秋尔金看来，俄共是在普京及其体制许可范围内进行活动的反对派，即所谓"陛下的反对派"。他说：俄共是"维持现状稳定的政党，是克里姆林宫最成功的杰作"。为了证明自己的这一看法，秋尔金援引了现任国家杜马副主席、统一俄罗斯党杜马党团领导人 В. А. 瓦西里耶夫2013年1月9日的一次谈话。瓦西里耶夫在谈话中称赞俄共主席久加诺夫抛弃了革命道路，转而采取维护国家稳定的和平方式。他说："我们在统一俄罗斯党以及杜马党团内部多次谈到，今天在场的弗拉基米尔·沃尔福维奇（指日里诺夫斯基）和根纳季·安德烈耶维奇（指久加诺夫）及其同事们在俄罗斯现代历史发展中发挥了非常重要的作用。他们没有让政治进程再次沿着革命道路走下去，而那种状况在我国现代史上曾经出现过。"②

---

① http://www.pravda.ru/politics/parties/cprf/13-02-2013/1144678-compartiya-1/
② http://www.rkrp-rpk.ru/content/view/8745/1/

《消息报》记者马克西姆·索科洛夫在评论俄共十五大的文章中认为,"尽管俄共一贯自称共产主义政党,实际上它是一个信奉极端保守主义和传统主义的政党。"①

俄共建党二十年是成功还是衰退?

俄罗斯地区优先规划研究所所长、政治学家尼古拉·米罗诺夫认为,俄共一方面利用苏联时期共产主义意识形态中合理的和传统的观点,另一方面主要依靠老年人的支持,争取到一批选民,在政治舞台上获得了稳固的地位,在1990年代成为对政府当局持反对派立场的重要力量,形成了"红色"杜马以及莫斯科周围的"红色腰带"。但是,进入21世纪以来,形势发生了不利于俄共的变化。俄共所宣扬的基本价值遭到冲击,被其他价值所取代。实际上,俄共面临一个抉择:朝着强国主义的爱国主义(国家主义)和保守主义的方向前进,还是朝着社会民主主义的方向前进,这意味着选择特定的群体作为自己的社会基础。久加诺夫在1996年发表的《俄罗斯——我的祖国("国家爱国主义"意识形态)》一书中宣称要把这两种方向结合起来。但是对于共产党人来说,实际上这是做不到的。在两种方向中选择任何一种都没有成功。俄共未能掌握爱国主义的主题,也没有转变成社会民主党。党的战略是保持1990年代形成的选民队伍,在政治体系中维持现状稳定。一方面,党缺乏进行内部革新的政策;另一方面,一些地方上的共产党人往往把企业家吸收入党,使他们获得了进入立法代议机构的机会,也就是把党的分支机构"让渡"给这些企业家,从而使党的共产主义性质受到伤害。这在2012年10月地方选举中表现得最为明显,俄共党内对这种做法展开了争论。一些选民虽然投了俄共的票,但并不意味着他们赞成俄共的主张,只是以此表达他们对本地区和国家现状的不满情绪。尼古拉·米罗诺夫认为,俄共存在的主要问题是"抛弃纲领的基本价值,意识形态与实际相脱节",没有实现党的思想和要求,在党的管理和体制方面缺乏活力。俄共建党20年来的成功是成

---

① http://izvestia.ru/news/545611.

为国内主要的反对党,但是,如果把目前的情况与 1990 年代中期相比,也可以说现今这一时期是"衰退"时期。①

2000—2010 年曾任俄共莫斯科市委第二书记、后来与久加诺夫分道扬镳的 В. И. 拉科耶夫于俄共十五大召开前夕在"莫斯科共产党人网站"上发表文章,认为这次大会是在俄共党内发生严重危机的背景下举行的。这种危机表现在党内斗争激化,对持不同意见者的压制加强,大批共产党员退党,这些都导致党的一系列地区分部遭到削弱,俄共的社会影响力下降,在最近一些地区选举及俄罗斯总统选举中的得票率减少。现在俄共党内公开谈论必须撤换党的最高领导人,首先是党主席久加诺夫。但是党的领导未必会听从普通党员的这些呼声。拉科耶夫谈到十五大对党章的修改时认为,如果这次大会批准对党章的修改,毫无疑问,就可以迅速解决俄共党内存在的各种冲突。新章程将紧紧捆住不同意、不支持俄共最高领导人的政策的所有党员的手脚,听凭这些领导人为所欲为。原先党章规定的一些民主原则将被删除。从前规定由中央委员会决定的许多问题,将转交到中央委员会主席团即久加诺夫的亲信手中。到那时,党的最高领导机关就可以直接处分不听话的共产党员。主席团可以把党内那些不听话的活动家清洗出党的各级机关。而按照原先党章的规定,例如,只有莫斯科市的俄共党员代表大会才有权作出开除本市党的活动家的决定。②

作者单位:中央编译局俄罗斯研究中心

---

① http://www.pravda.ru/politics/parties/cprf/13-02-2013/1144678-compartiya-1/
② http://comstol.info/2013/02/aktualnyj-kommentarij/5949.

俄罗斯《独立报》评选出年度五大事件

高晓惠 译

2013年年底，俄罗斯《独立报》（http://www.ng.ru）发布了该报评选出的本年度五大事件。下面将此逐一介绍。

一、总统大赦头号犯人霍多尔科夫斯基

2013年12月19日，普京总统举行了每年的例行记者会，其中最轰动的消息就是赦免霍多尔科夫斯基。但这是在正式记者会结束后在休息厅宣布的。第二天，霍多尔科夫斯基即获释并飞往德国。由此产生了以下问题：获释的情况，与普京的关系，未来计划。

有关大赦的全部细节都无从所知，而且在短期内也不会披露。但可以确认两种情况。第一，德方积极参与了此事；第二，俄罗斯当局接受了他要求赦免的请求。过去当局要求霍多尔科夫斯基承认自己有罪，后者不同意，这次这个要求取消了。无法准确回答释放霍多尔科夫斯基的原因，考虑到俄罗斯当局通常秘密通过决定，这就不奇怪了。普京本人的解释是，尤科斯前总裁关了10年，他母亲病了。无疑总统在可见的将来会披露其他动机。记者和政治学家认为，在索契冬奥会来临之际，普京是顾及自己的名声。

霍多尔科夫斯基本人在接受《新时代》杂志采访时谈到了这个问题。他认为，普京想整顿秩序，因此需要释放一个强大的信号来表明改变过去的游戏规则：或者将阿·谢尔久科夫关押10年，或者释放头号罪犯。另外，总统是向社会和世界传递他的地位足够稳固的信号。霍多尔科夫斯基保证，他不打算再经

商，不去争夺尤科斯的资产，不参加争夺权力的政治活动。

霍多尔科夫斯基的获释可能给俄罗斯反对派队伍带来分裂的因素。对于统治精英来说，霍多尔科夫斯基比像纳瓦利内那样的平民反对派领袖来得更舒服一些。对于部分抗议选民来说，霍多尔科夫斯基不用公开宣示什么就仍具吸引力，而对纳瓦利内的批评则有所增加。无论如何，从国内政治情形来看，它可能会使反对派队伍的状况变得复杂。

二、纳瓦利内参加莫斯科市长选举

莫斯科市长选举是政治季当中最有名的事件之一。激进反对派代表人物纳瓦利内在被判刑并被当庭逮捕而旋即获释之后成功参加了竞选，并在所在选区得到莫斯科人近三分之一的选票。此次竞选看来是俄罗斯历史上第一次未积极引入电视媒体和广告的运动，主要靠志愿者的积极参与。纳瓦利内的支持者在莫斯科各处布满宣传箱，利用下班后地铁高峰时段在地铁内外散发传单，利用社交网络进行宣传等。这些宣传很成功，即使不问政治的人也都知道了他的名字，更令人惊奇的是，他们把票投给了这位之前他们不认识的人。

当选市长索布亚宁谨慎地评价自己对手的表现。根据投票前几天的材料，他甚至不排除第二轮的可能。然而与此同时还有这样的奇怪现象：相当一部分激进反对派抛弃了纳瓦利内，指责他似乎与克里姆林宫勾结，否则的话他早就会因为其超高的政治积极性而被取消选举资格。

无论对纳瓦利内个人的态度如何，专家们开始谈论纳瓦利内因素。普遍认为，纳瓦利内虽然落后索布亚宁几乎20%，但他进行的竞选运动很成功，他的得票率被视为所有反对派的胜利。当然不仅是因为成功的宣传。没有其他右派自由反对派的代表参加选举，也是一个因素。如果"公民纲领"党的领袖普罗霍罗夫参加竞选，那么会拉走纳瓦利内的部分选票。

纳瓦利内是直接从基洛夫法庭参加选举的，在审判时被判处五年监禁。起初法官将他送进了监狱，但次日清晨，检察官就请求缓刑。事实上，纳瓦利内面临的问题是如何继续其政治前程。国家杜马曾通过所谓刑事过滤法——禁止被判刑的公民参加选举运动。纳瓦利内希望重新审核判决，他期望参加2014年莫斯科市杜马的选举运动。因此，政党政治的图景将变得越来越复杂，尽管当局企图用"可控民主"来为旧方法防腐。

三、乌克兰独立广场抗议活动

独联体的年度事件是乌克兰规模空前的独立广场抗议活动。大量的参加者抗议当局使法律成了官员专横、腐败、威权和寡头统治的遮羞布。但社会运动由于缺乏能够完成国家改革任务的政治领袖，结果没有达到自己的目标。总统亚努科维奇得到了来自俄罗斯和欧盟的让步。

2013年11月21日，尼·阿扎罗夫政府宣布，暂停签署加入欧盟和欧盟自由贸易区的协议。很快，在基辅独立广场就聚集了抗议人群，他们认为这样的决定是非法的。针对欧盟一体化无利可图的说法，社会提出了政府本身的职业性是否合格的问题。到11月24日，基辅中心地区已经聚集了约10万人，要求总统在维尔纽斯举行的"东部伙伴关系"峰会上签署拟议好的协议，以及敦促政府辞职。大学生们表现得最积极：他们在峰会闭幕前聚集在独立广场上。由于峰会期间文件没有签署，大失所望的年青人认为在2015年总统选举前不可能有任何改变，于是打算回学校上课。但是，11月30日夜，特警包围了广场并野蛮地驱赶大学生。次日乌克兰及西方电视新闻媒体的主要内容就是血腥镇压的画面。人们要求国家首脑惩罚镇压者。总统的沉默只给愤怒的人们火上浇油。12月1日，街上已经聚集了上十万人。激进派企图攻击总统办公大楼，当局下达命令，又发生了逮捕、监禁等。事件的性质开始变化。独立广场上的人们抗议非法行为，反对当局的专横，反对新的封建制，指责亚努科维奇对这种制度推波助澜。人们要求政治上接近欧盟，认为这是改变国家制度的唯一可能。看来人们不相信，乌克兰自己的政治家能独立地进行必要的民主改革。人们还记得尤先科不成功的试验。每周日，乌克兰中心地区都会聚集上百万人，而在平时示威者的静坐示威区也会有上万人。当局派出内务部队反击，于是更多的人聚集，抗议升级。

12月7日，局势发生了变化：亚努科维奇和普京签署了协议，因此乌克兰工业得到定货、贷款和廉价的天然气，国家经济从俄罗斯国家福利基金中得到了150亿美元的资助。乌克兰当局的地位在国内以及在同欧盟的谈判中得到了巩固。西方不能影响局势的发展。乌克兰社会也不具有提前更换政府的法律机制。因此，亚努科维奇辞职的问题同建立国家制度新体制问题一样，至少被推迟到2015年总统大选。抗议运动迎来了新年，独立广场上装饰着圣诞树，飘扬着乌克兰和欧盟国家的旗帜，但并没有迎来奇迹：把乌克兰变成欧洲国家在这个阶段已经不可能了。但乌克兰的局势仍然动荡，如何发展将拭目以待。

四、斯诺登事件

斯诺登，电脑天才，曾受雇美国中央情报局和国家安全局，30岁时明白不能再沉默了。他离开夏威夷舒适的家和20万年薪的工作，飞往香港。在香港他告诉记者们，他将曝光所收集到的文件，以揭露美国情报机关侵入美国公民以及其他国家人们的隐私，侵入政界和商界的活动。美国政府向在香港的斯诺登提出他既不能留在香港，也不能留在中国大陆的要求。于是他飞往莫斯科，在机场滞留一个多月后于8月1日获得在俄罗斯居留一年的临时难民身份。

外国媒体，实际上世界所有媒体，首先是英国《卫报》和美国《华盛顿邮报》都在关注这一事件。美国安全局局长基思·亚历山大将军估计，斯诺登可能得到5万到20万份文件。英国《卫报》主编推测，到12月初报纸只披露了1%的斯诺登情报。已公布的可能是斯诺登最想公布的东西：全世界遍布监听监视网，其中主要不是传统的情报机关，而是通讯网络的国家拦截系统，主要针对电话、手机和网络。这个网络的中心是美国国家安全局。与之合作的有：英国政府住宅通讯总部以及加拿大、澳大利亚和新西兰等国的类似机构。这是冷战初期建立的"五眼联盟"。这个联盟对全世界的事务无所不及。只一个美国国家安全局就得到50亿个电话号码，监听35个外国领导人的通话等。

斯诺登将自己的行为解释为履行公民义务，他解释说，将美国政府文件外泄给维基解密网站的布拉德利·曼宁是他的偶像。他表示不会把任何文件交给外国政府。然而，美国政府指控他为间谍，偷窃政府财产。如果审判斯诺登，这些指控可能被判处终身监禁，甚至死刑。

斯诺登的行为在全世界得到广泛反响，导致公众坚决要求限制情报机关对私人生活的干预。显然，21世纪初的历史不能不提到这样一些名字：朱利安·阿桑奇、布拉德利·曼宁、爱德华·斯诺登。

五、俄罗斯科学院改革

2013年6月28日，俄政府向杜马提交"俄罗斯科学院改组和修改俄联邦一些法律条文的法律草案"。9月18日，这个法律草案在杜马通过三读。9月27日，普京签署该法律。

该法涉及的科学院系统的改革主要有两项：（1）俄罗斯医学科学院、俄罗斯农业科学院等自本法生效之日起并入俄罗斯科学院；（2）上述各院所属组织转归联邦政府授权的联邦执行权力机关管理，对原属上述组织的联邦财产实施所有者的管理职能和全权。改革倡议者的主要目的是将科学院领导权与科研经费分配权剥离，严格监督联合科学院大宗资产的使用。

来自科学院系统的大量尖锐批评主要集中在三个方面：（1）剥夺科学院在选择科研方向上的独立性；（2）国家官员从来不能有效地管理科学院财产，他们的唯一目的是"没收"科学院财产，首先是不动产和土地；（3）秘密抛开科学院系统进行科学院改革的程序令人气愤。10月31日，普京接见科学院院长和国家科学组织局领导人表示："需要重新建立大科学院……但至少，在一年时间内不作任何可能导致巨大损失的决定。"

译者单位：中央编译局俄罗斯研究中心

现代世界条件下的俄罗斯多样化

——2013 年第十届"瓦尔代"论坛

王秋文

2013 年 9 月 16—19 日第十届"瓦尔代"论坛在俄罗斯诺夫哥罗德州瓦尔代市举办,主题是"现代世界条件下的俄罗斯多样化"。俄罗斯媒体报道,与会专家将对俄罗斯当前的国内进程和面临的外部挑战进行分析讨论,试图制定俄罗斯的国家理念,预测俄罗斯的未来发展。近年来,"瓦尔代"论坛的规模不断扩大,政治影响也在不断加强,引起了国际社会的普遍关注。

一、"瓦尔代"论坛的由来和发展

"瓦尔代"论坛也称"瓦尔代"会议或"瓦尔代"国际辩论俱乐部,成立于 2004 年,至今已有 10 年的历史。创办单位有俄罗斯新闻社、俄罗斯外交与国防政策委员会等。名称来源于首次举行会议的地点——俄罗斯诺夫哥罗德州瓦尔代市。成立的目的是为了加强和发展俄罗斯同外国学者、政治家和记者的对话,加强对俄罗斯和世界所发生的政治、经济和社会进程的科学分析。"瓦尔代"俱乐部自成立以来,每年举行一次论坛,讨论俄罗斯发展过程中的一个热点问题。2004 年论坛的主题是:世纪之交的俄罗斯:希望和现实;2005 年:俄罗斯——政治万花筒;2006 年:21 世纪的全球能源:俄罗斯的作用和地位;2007 年:俄罗斯在十字路口上:道路选择和寻找同一性;2008 年:21 世纪初的世界地缘政治革命.俄罗斯的作用;2009 年:俄罗斯与西方:回顾与展望;2010 年:俄罗斯:历史与未来发展;2011 年:2011—2012 选举与俄罗斯的未来.未来 5—8 年的发展方案;2012 年:今天创造未来:俄罗斯经济发展前景;2013 年:现代世界条件下的俄罗斯多样化。10年来共有40多个国家的代表参加了论坛，不断扩大了在俄罗斯国内外的政治影响。不仅成为国际社会了解俄罗斯的一个平台，也成为俄罗斯塑造其国家形象的重要手段。

二、2013年"瓦尔代"论坛概况

2013年是"瓦尔代"俱乐部成立10周年，参加2013年"瓦尔代"论坛的共有200多名俄罗斯国内外的专家政要。这是10年来参加人数最多、规模最大的一次会议。2013年"瓦尔代"论坛安排了莫斯科市长索比亚宁的演讲、俄总统办公厅主任伊万诺夫和副主任沃罗金、外交部长拉夫罗夫以及国防部长绍伊古的专场见面会，以及法国前总统菲永、德国前外交部长根舍、意大利前总理与前欧盟委员会主席和美国尼克松中心主任塞姆斯的报告以及各种专场讨论会。最具影响的普京见面会在19日举行。普京2013年的沟通方式更加开放，是在全体大会上与所有与会者见面，发表演说，并现场回答与会者的提问，与俄罗斯国内反对派代表直接对话。俄罗斯国内参加论坛的包括不同政治派别的各界人士，既有自由主义者也有保守主义者。论坛人数的大幅增加，确保了论坛观点最大限度的多元化。

三、2013年"瓦尔代"论坛观点

2013年论坛的主题是"现代世界条件下的俄罗斯多样化"。与之前的会议主题相比，本届论坛主题以内涵丰富而著称，更宽泛也更具人文性。俄罗斯外交与国防政策委员会主席团主席、俄罗斯高等经济学院世界经济与国际政治系主任谢尔盖·卡拉加诺夫表示，专家们将在俱乐部工作期间探讨一些像"我们是谁、我们想成为什么样的人和世界希望我们成为什么样的人"等问题。实际上就是要讨论俄罗斯社会转型中的民族身份认同问题；讨论当代俄罗斯的国际地位问题。"瓦尔代"论坛的组织者们希望能在几年内构建一个形成并提出民族思想和全新身份认同的社会，并向政府提出一些新建议。

1. 转型时期的俄罗斯需要"身份认同"

"身份认同"是俄罗斯目前的现实问题。形成社会认同是一个十分艰难的过程。俄罗斯作为一个居于东西方文明结合点的大国，有着与欧美经典政治明显的差别：各种政治流派虽然强调各自的差异，但相互间始终你中有我、我中有你。这是俄罗斯发展中的一个难题。心理学上，"认同"是人的最后一道自我防线。当今世界是多元的，在多元文化的交汇中，原有的"认同"很可能会被消化掉。怎样适应不断变化的环境，是2013年"瓦尔代"论坛的主题。信任感是转型社会最重要但也是最缺乏的，这是俄罗斯目前的难题。俄罗斯亟需找到一个最佳的主流价值观使全体公民凝聚到一起。虽然一次瓦尔代会议未必能解决这样的问题，但至少能引起对这个问题的关注。

实际上，俄罗斯社会转型中的民族思想和身份认同问题，一直是俄罗斯社会转型中的一个普遍的社会问题，也是其他转型国家要共同面对的。

（1）关于民族身份认同问题

早在论坛召开前夕，应"瓦尔代"俱乐部的请求，全俄社会舆论调查中心专为2013年"瓦尔代"10周年论坛进行了一项名为"当代俄罗斯的身份认同：维度、挑战与答案"的大型民意调查，探讨俄罗斯的多样化与俄罗斯的身份认同之间的关系。调查结果显示，多数俄罗斯人认为自己的首要身份是"俄罗斯人"，并把自己定义为"爱国主义者"。可见，当今俄罗斯多数人依然信奉爱国主义。

关于如何界定"俄罗斯人"的问题，35%的受访者回答：在俄罗斯长大、受俄罗斯文化熏陶的人是"俄罗斯人"，16%的人认为：流淌着俄罗斯的血的人被视为"俄罗斯人"，14%的人认为讲俄语的人是"俄罗斯人"，11%的人认为：诚实的为了俄罗斯的福祉奉献的人都可以被称为"俄罗斯人"，6%的人认为：尊崇俄罗斯东正教及其传统的人算是"俄罗斯人"，5%的人认为：在俄境内生活的人都算"俄罗斯人"。而对于"您是否感到自己是俄罗斯爱国主义者"的问题，认为自己是"爱国主义者"的俄罗斯人超过受访者的80%。其中，37%的受访者选择了"毫无疑问地感觉到"自己是"爱国主义者",44%的人是"更多地感觉到"。而在"是否对自己属于某一群体感到自豪"的问题中,63%的受访者为自己是"俄罗斯人"感到自豪;还有59%的人为自己属于某一民族而骄傲。

(2) 关于俄罗斯的"国家定位"

中国学者盛世良有句名言:俄罗斯人一直以"最欧洲化的亚洲人"自傲,同时又深以"最亚洲化的欧洲人"自卑。许多研究俄罗斯问题的学者都认为,俄罗斯从不愿承认自己是亚洲国家,向来以欧洲国家自居。普京也曾表示:俄罗斯是个欧洲国家,信奉的是基督教。实际上,一个大部分是亚洲土地面积的国家,非要把自己归为欧洲国家,怎能不纠结呢?历史上几乎所有哲学家都认同,俄罗斯是极可能从一个极端快速跃到另一个极端的民族。这也是俄罗斯很难为自己找到明确的"身份认同"的原因之一。尽管如此,普京任职以来,从讲究实用主义出发,从其第二个任期开始就极力倡导"欧亚主义"。实际上,俄罗斯历来就是欧亚之间的桥梁,这才是俄罗斯的本质。

因此,俄罗斯对外的"身份认同",就是重筑欧亚联盟。论坛第二天专门举行了关于"欧亚的未来"的专场讨论。参加论坛的专家认为,缺少乌克兰的参与,由俄罗斯主导的欧亚统一经济空间和欧亚经济联盟谈不上真正意义上的完整。俄罗斯当前的"欧亚选择",是采取各种方式推动原苏联政治空间范围内新独立国家的一体化进程,这必将对这些国家产生重要影响。目前看来,先从经济上开始联盟的做法是正确的,关税同盟的正面作用超出了预期。未来依照普京的构想,整个机制将进一步升级为"欧亚经济联盟"。未来俄罗斯重筑欧亚联盟之路是否顺畅,值得关注。

2. 多极化世界已经来临,智力竞争日渐突出

论坛认为当代世界已进入多极世界,全球化进程不可逆转。无论哪个国家,哪怕是最强大的国家,也无法完全掌控所有进程,其他势力中心的作用正在逐步上升。法国国际关系研究所所长蒂埃里·德蒙布里亚尔认为:国家认同的理念只能在全球化"游戏"框架下进行重新审议。俄罗斯外交与国防政策委员会主席

团主席费奥多尔·卢基扬诺夫认为,叙利亚及其周边局势在很大程度上成为转折点。他认为,叙利亚危机也许是'冷战'时期和德国统一以来最大的外交难题,而且是一个有着开放性结局的难题。俄罗斯在叙利亚危机中取得的耀眼的外交成绩,更增加了俄罗斯彰显其国际地位的信心。

(1) 没有俄罗斯的世界是不完整的

卢基扬诺夫在《全球政治中的俄罗斯》杂志上发表了题为《不可替代的大国》一文,将普京在2013年"瓦尔代"论坛上的演讲主旨评价为:没有俄罗斯的世界是不完整的。普京在本届"瓦尔代"全体大会的见面会上指出目前某些国家试图恢复单极世界模式。普京表示:我们看到试图以某种方式恢复单极、统一世界模式、淡化国际法和国家主权制度的做法。主权国家不需要那种单极世界,俄罗斯支持集体制定决议,而不是出于个别国家或者一部分国家的利益作决定。

卢基扬诺夫指出,普京在论坛演讲中提到:惟有俄罗斯参与重大国际问题的解决,才能塑造稳定的国际秩序。如果用美国人的用语表达,普京其实是宣布俄罗斯是一个"不可替代的大国"。俄罗斯不会谋求"例外论",但俄罗斯却会永远谋求全球命运决策圆桌的一席之地。俄罗斯的不可替代性以及俄罗斯在国际舞台上发挥重要作用的能力,不仅由外部,更是由国内因素决定的。

(2) 俄罗斯在全球竞争中不能没有民主自决

普京指出,目前全球的政治军事局势正在恶化,世界会变得更加残酷。每个国家都被不确定性包围,竞争的范围和层次越来越多元化,即使有军事优势也无法事事如意。而技术智力领域的竞争决定着国家的全球影响力。俄罗斯不仅要在军事、技术、经济上强大起来,更重要的是提升人的品质、社会的品质和精神道德的品质。因此,俄罗斯的社会发展不能没有精神、文化和民主方面的自决。否则俄罗斯将无法应对内外挑战,无法在全球竞争局势下取得成功。本届论坛的所有讨论殊途同归。普京提出:人才是俄罗斯未来的主要力量。这被认为是普京提出的一种新的发展哲学。

四、对"瓦尔代"模式的评价

据俄罗斯媒体报道,获邀参加 2013 年"瓦尔代"论坛的,有 7 位中国专家,大部分仍是以英美专家为主的西方学者。他们都对"瓦尔代"模式给予了高度评价。

1. 论坛是彰显国家软实力的最高形式

通过"瓦尔代"论坛,不仅可以深入了解俄罗斯的发展态势,而且可以接触到俄罗斯的高层官员和专家学者,获悉其主流政略方向及其今后的发展趋势。"瓦尔代"论坛使俄罗斯把自己推向整个世界的平台,向全球宣传国家的风貌形象,被认为是显示软实力的最高形式。随着中国社会的不断发展,要加强在国际上的话语权,也需进一步加强国际交往。

2. 论坛善用国家精英层也被高度肯定

俄罗斯和中国这样的发展中国家,社会分化不如欧洲北美清晰,精英阶层的作用影响很大。"瓦尔代"论坛聚集各方精英,讨论国家发展问题,引起各方关注,效果明显。

3. 普京与反对派的正式对话是"历史性的"

在 19 日的全体大会上,普京与反对派代表雷日科夫首次正式对话,被认为是一次"历史性的"对话。鉴于目前俄罗斯的政治局势,这的确是一个巨大的挑战,俄罗斯表现出了接纳不同意见的姿态,因此有学者认为,俄罗斯今后或将鼓励政党间的竞争。

"瓦尔代"论坛是交流的平台,通过这个平台,俄罗斯国内外政要学者真诚交流,使俄罗斯政治家和学者了解到国外学者的真实想法,既有助于制定本国的内外政策,也有助于推动俄罗斯重新塑造其国际形象。

总之,"瓦尔代"论坛是俄罗斯向世界表明其开放程度,善于倾听各种不同声音和意见的有效姿态。至于论坛能否促进或者说能在多大程度上促进俄罗斯制定国家政策,论坛有没有达成共识,能否成为未来战略发展的基础,可能看法并不一致。但实际上这其实已经不是最重要的了,重要的是论坛所展示的过程。

资料来源:

① http://rusnews/actual/waerdai_2013/index.

② http://rusnews/eguoxinwen/eluosi_duiwai.

③ http://rusnews.cn/ezhongguanxi/ezhong.

作者单位:中央编译局俄罗斯研究中心

社会经济透视

俄罗斯经济发展的特点与前景

徐向梅

一、俄罗斯经济发展的几个阶段

从1991年末苏联解体至今俄罗斯的经济发展可以划分为以下几个阶段。

1. 全面衰退阶段（1991—1999）

这段时期俄罗斯经济出现剧烈而深度的衰退，只有1997年出现止跌趋势，又被接踵而至的大危机所打断。直到1999年，由于危机治理特别是危机后油价上涨以及卢布贬值带动的进口替代效应，经济开始走出"跌跌不休"的噩梦。

2. 恢复和恢复性增长阶段（1999—2008）

从1999年开始恢复增长，历经十年，保持了GDP年平均增长速度在7%左右，危机前的2007年更达到8.5%，俄罗斯成为世界上增长最快的国家之一。10年的高增长，使俄罗斯经济恢复，居民收入提高，国家实力大幅提升，从2000年的第18位重新回到世界十大经济体之列，国际地位发生显著变化。

3. 危机和后危机阶段（2008—2011）

全球性的经济金融危机始于2007年，俄罗斯经济受到重创在2008年下半年和2009年表现明显，2008年第一季度GDP增长9.2%，第二季度7.9%，第三季度6.4%，第四季度则负增长1.3%，全年增长5.2%。进入2009年，经济形势进一步恶化，全年GDP降幅达到7.8%。

4. 增长衰减期（2011—至今）

2010年从第一季度起止跌回升，全年增长4.5%，2011年4.3%，2012年3.4%。2012年尽管全年增长依然有3.4%，但是呈逐渐递减趋势，第四季度增长只有2.1%。2013年俄罗斯经济增速继续放缓，经济发展部也不断下调其增长预期。经济发展部2013年1—10月份监测报告显示，本期内GDP较2012年同期增长1.4%，主要经济指标除实际工资仍有较大增长，达到5.5%，也比上年（9.0%）回落很多，其他几乎增速全面放缓，其中工业生产与上年同期持平，固定资本投资下降1.6%，零售贸易额增幅下降显著，出口额同比也出现下滑。

二、近期俄罗斯经济发展的成绩和主要问题

在世界经济增速放缓，欧元区持续萧条的背景下，俄罗斯经济还是保持了增长。而且不只有增长，还实现了较大的贸易顺差——2012年1953亿美元，2013年头10个月1470亿美元。2013年头10个月联邦预算盈余6087.2亿卢布，占GDP的1.1%。政府继续保有5242.84亿美元的国际储备基金。一般发达经济体的国债都超过GDP的110%，而俄罗斯国债2012年只占GDP10.5%。2012年失业率5.7%，2013年10月份是5.5%，是20年来少见的低指标。工资加速增长，居民实际可支配货币收入2011年增0.4%，2012年4.2%，2013年头10个月名义人均月工资达到29100卢布。2012年GDP总量超2万亿美元，人均达到14000美元。贫困人口继续下降，2012年约1690万人。

当然，俄罗斯经济不只是有以上的成绩，也存在明显的问题。经济尽管仍在增长，但是增速不到危机前10年间平均增速的一半，且还在递减。工业生产2013年初出现2009年以来的首次下降，尽管全年基本持平。投资、消费和出口都出现负增长或增幅大幅下滑，固定资产投资依然靠国家拨款。经济的能源依赖性没有减弱，燃料能源产品出口依然占到出口产品的70%还多。

三、怎么看十几年来俄罗斯的经济增长

1. 横看

通过考察 2009 年前的发展数据进行比较。我们可以看到独联体国家和以金砖四国为代表的新兴市场国家经济增长速度普遍而且是大大高于发达市场国家，但是在独联体 12 个国家中，多数国家都高于俄罗斯的增长速度，即便在其中能源净出口 5 国中俄罗斯也达不到平均水平，甚至比能源净进口国的亚美尼亚、白俄罗斯、格鲁吉亚的指标还低。在 2007 俄罗斯高增长年份，其工业生产增长 6.3%，独联体增速最高的是阿塞拜疆：24%，乌兹别克斯坦是 11.9%，乌克兰是 10.2%，最低的是摩尔多瓦：-2.7%，俄罗斯在其中也是属于中等偏下的。计算出口增长指数，俄罗斯在独联体国家中则是倒数几名。工业生产和出口增长俄罗斯都达不到独联体国家的平均值[①]。

从危机后恢复增长的情况看，俄罗斯依然属于独联体国家中中等偏下的。2012 年也刚好达到独联体国家 GDP 增长的平均值 3.4%。

2. 纵看

俄罗斯经济学家 Д. 索罗金作过统计，如果按照从 1990 年以来的经济衰退或增长，以及对未来几年预测的高增长速度，那么 2007 年俄罗斯的国内生产总值只相当于 1989 年的 102%，只是恢复到解体前。如果说到具体经济部门的恢复和增长情况则尤为不乐观。到 2007 年，采掘业基本恢复到解体前水平，加工工业只达到 81.8%，代表一个国家工业发展水平的机器制造业只相当于 1991 年的 58.7%，农业相当于 3/4，投资 56.6%。2007 年以后的数据我没有去收集，但是考虑到这几年处于危机和恢复阶段，指标并不会有太大的改善。

横向和纵向的比较结果，我们可以对 20 年来俄罗斯经济的发展状况有个更清晰的认识，它不像想象的那么令人振奋。

3. 从俄罗斯经济发展的结构来看

前几年我对这个问题进行了比较详细的拆解，今天再讲这个问题，我更新了

部分数据,有些依然引用前几年的数据,考虑到俄罗斯这两年并没有实质性的结构调整,所以前些年的数据也依然是有说服力的。

积极的变化是三产比例趋于合理。根据俄联邦统计局公布的数据归纳计算,从2004至2007年,俄罗斯一、二、三产业增加值占GDP的比例分别稳定在4.9%—6%、36.5%—38.2%和56.4%—58.4%之间[②],三产比例较转轨之初发生了很大变化,正趋向合理,尽管从产业结构高级化水平上俄罗斯与美、日和欧盟国家相比还有不小的距离。在此期间三产的就业人数也发生了相应的转移。

消极的方面,一是产业内部特别是在第二产业内部结构方面,俄罗斯的重重轻轻的状况还是没有得到改善。苏联解体的1991年,采掘工业占15.5%,加工工业占84.5%,其中食品工业占11.7%,轻工业占6.8%。[③] 按照世界银行公布的数据,2007年俄采掘工业占到工业产值的22.8%,加工工业占66.3%,水、电、气部门占10.9%[④]。在加工工业中,食品工业占工业总产值的11.3%,轻工业占0.7%。

二是从对GDP增长贡献度的角度分析,俄罗斯经济依然不能摆脱能源依赖。从俄经济发展部年度监测报告提供的数据计算得出,从2002到2012年,在俄GDP构成中,采掘工业从占比5.89%上升到9.27%,加工工业从15.19%下降到12.93%。如果从出口收入在GDP占比的角度测算,2012年仅油气出口这项就占到GDP的18%。如果考虑到该行业对其他产业的辐射作用,那么这个比例将更高。

可见,转轨以来,尽管经济结构调整一直是俄政府致力追求的目标,但采掘工业比重上升,加工工业比重下降,重、轻工业结构失衡没有得到矫正,工业的能源原材料化趋势依旧明显。

四、俄罗斯经济发展前景

2013年年初,梅德韦杰夫政府批准《2018年前俄联邦政府活动的基本方针》,要求未来中期必须保证走上稳定经济增长(不低于5个点)的轨道上来,进行技术现代化和基础设施现代化，社会和国家机构的现代化，形成有竞争力的有效的经济。但是目标只是目标。俄经济发展部多次下调其经济增长预期，2013年12月初公布的当年增长预期只有1.4%，2014年2.5%，2015年2.8%。

从外部来讲，俄罗斯经济面临比较严峻的挑战，世界经济的不稳定和不确定性依然明显，而世界能源平衡也面临着新的变局。

从国内看，一方面依然面临着能源经济脆弱性所带来的高风险。俄经济政策方案和年度以及未来三年的预算都是按照石油价格预测来制定的。从预算收入构成来看，如果排除石油天然气收入以及由这项收入提留形成的储备基金和国家福利基金的管理收入，那么联邦预算的非石油天然气赤字则高达GDP的10.5%（通常认为安全水平是4.7%）。

另一方面，前面我们介绍目前俄罗斯经济所处的这个增长衰减期时讲到，2013年经济的各项主要指标，特别是通常所说的拉动经济的三个杠杆：投资、消费和出口增长都出现较大幅度的下降，甚至出现负增长。显见增长动力不足。

更严重的是，作为典型的能源依赖型经济，俄罗斯经济的增长衰减是在国际能源产品价格高企的背景下，2012年国际乌拉尔石油每桶均价超过110美元，2013年头十个月也接近110美元。这比2007年俄罗斯经济高增长时的油价还要高30多美元。似乎是真的印证了俄当局自己的话：先前的能源原材料出口模式下经济增长的趋势实际上已经耗尽了。这样看来，如果不实施积极的有针对性的经济政策，目前的低速增长状态就可能呈现长期性。普京总统在刚刚发布的2013年度国情咨文中也承认，俄经济放缓的主要原因具有内部性。

或许可以这么说，俄罗斯经济渡过了衰退和恢复性增长阶段，正在进入一个常态发展阶段，而由于其经济本身存在的结构性问题，21世纪头些年特别是危机前几年的增长速度难以再现，且这期间不排除受到国际和国内一些危机现象的冲击和影响出现大的波动的可能。俄政府近年反复强调的转变发展模式、创新经济过去是，今后看仍然是一个漫长而艰巨的任务。加大力度从制度环境上改变，增加俄罗斯对外部和内部的吸引力可能是可行的办法。

资料来源：

① Материалы статкомитета СНГ. Общество и экономика. 2008. 3 – 4. С. 257.

② Федеральная служба государственной статистики. Номинальный объем произведенного ВВП.

③ Материалы статкомитета СНГ. Общество и экономика. 2008. 3 – 4. С. 273；许新：《叶利钦时代的俄罗斯》（经济卷），北京：人民出版社 2001 年版。

④ 如果按照俄联邦经济发展部公布的数据计算，结构不合理的程度更为严重。

作者单位：中央编译局俄罗斯研究中心

俄罗斯经济又陷困窘

冯玉军

近日，俄罗斯主管经济的高官更替频繁。俄央行第一副行长阿列克谢·乌留卡耶夫被任命为俄经济发展部部长，原部长安德烈·别洛乌索夫转任俄总统经济问题助理，前总统经济问题助理埃莉维拉·纳比乌琳娜成为俄央行首位女行长。

与此同时，普京总统也召集多次经济工作会议，斥责联邦和地方政府在完成其2012年就职当天下达的促进经济增长、提高居民收入、创造就业机会的"五月命令"方面工作不力。

这一切的背后，是俄经济增速持续下滑的窘境和政府提振经济乏力的无奈。而更深层的根源，是国际能源市场历史性变革对俄造成的巨大冲击，以及俄经济结构难以转型所带来的战略压力。

俄经济增速从2012年下半年开始放缓并延续至今。2013年1月到5月，俄经济增速仅为1.8%，而2012年上半年为4.5%。俄经济发展部将2013年经济增速预期下调至2.4%。IMF也将2013年、2014年俄经济增长预期下调至2.5%和3.25%，比此前预期分别下降0.9和0.55个百分点。

尽管有俄官员称经济下滑是卢布坚挺、利率上升和内需下降所致，但根本原因还是俄畸形的经济结构及其难以掩盖的脆弱性。

长期以来，俄经济发展严重依赖油气出口，油气出口在俄财政收入中所占比重达一半以上，这种经济结构导致俄经济严重受制于外部经济环境。2013年第一季度，俄出口天然气数量同比下降60%，出口收入锐减58%；石油出口量同比虽只下降0.38%，但由于油价远低于2012年同期，因此石油出口收入同比减少54.5%。在欧盟经济疲软、页岩气革命以及全球液化天然气产能迅速提高的影响下，俄天然气出口价格及总量双双下降的趋势将具有中长期性质，这对于俄罗斯来说不啻是一场噩梦。

2010年，普京曾提出"2010—2020年俄军事装备更新计划"，力图通过7700亿美元的国家订货带动军工综合体的整体振兴。然而，由于资金缺乏、设备老化、人才流失等因素影响，这一雄心勃勃的计划也被迫推迟，这也突出反映出当下俄罗斯经济的困窘。

更为严峻的是，以下一系列难题决定了俄经济短期内难以走出困窘。

首先，油气出口收入减少直接冲击俄经济发展和政治稳定，政府面临着"保增长"还是"保稳定"的双重难题。近来，俄联邦和地方政府因财政收入下降而无法兑现提高工资和退休金的承诺。俄国家杜马地区政策委员会主席哈里托诺夫透露，各联邦主体2013年用于提高工资的资金缺口超过1400亿卢布（约合43.8亿美元）。为完成普京下达的"五月命令"，地方政府不得不挪用项目投资甚至办理财政和银行贷款。2013年1月至5月，俄投资增速为零，这进一步导致了投资缩水，甚至可能进一步拖累经济增长。

尽管普京总统在圣彼得堡经济论坛上宣布将投入435亿美元的养老基金用于升级莫斯科至符拉迪沃斯托克的西伯利亚大铁路、修建莫斯科至喀山的高速铁路、修建环绕莫斯科的超高速公路三大项目以刺激投资，但俄诸多经济学家却认为，该计划将让养老基金冒不必要的风险，且不会促成多大的增长。前财政部长库德林甚至称，"我宁可让这些基础设施项目到市场上去销售自己的债券，也不必把养老基金卷进来，因为目前养老基金最需要得到保障。"

其次，投资环境未有明显改善，资本持续外流。2012年，俄资本外流总额为541亿美元，2013年第一季度外流258亿美元，预计全年仍将超过500亿美元。

第三，创新发展知易行难。尽管金融危机以来，俄政府明确意识到经济结构转型的必要，并将节能环保、核技术、航天通信、生物医疗、战略信息技术作为发展创新型经济的五大战略方向，但对能源出口的过渡依赖却使其陷入了一种

"怪圈"：油价高企时没有推进结构改革的强烈意愿和有效举措；油价下跌时想搞创新发展却又有心无力。

在刚刚结束的圣彼得堡经济论坛上，普京总统强调，政府的首要任务是为经济增长创造条件，包括推广先进技术、搞活投资融资、建立高附加值产业、促进中小企业发展。然而他同时也指出，"没有什么可以挥动一下就改变现状的魔杖"。那么，俄罗斯经济将走向何方？我们拭目以待。

作者单位：中国现代国际关系研究院俄罗斯研究所

俄罗斯私有化的新进展

郭晓琼

2010 年 11 月 27 日，普京总理签署政府令，批准了《2011—2013 年前联邦资产私有化计划及私有化的主要方向》（简称《计划》）。根据该计划，私有化的主要对象包括：不行使国家职能的国有独资公司、2004 年 8 月 4 日第 1009 号总统令规定的战略性企业名录以外的国有独资公司和国有股份公司的部分股份。《计划》还提出了俄罗斯外贸银行、俄罗斯储蓄银行、俄罗斯石油公司等 10 家超大型国有企业的股份出售计划。

一、私有化的落实情况

2011 年，实施私有化的企业有 319 家，包括出售俄罗斯外贸银行 10% 的股份；收益达 1210 亿卢布，其中出售外贸银行股份所得就达 957 亿卢布。

2012 年 9 月 17 日，俄罗斯储蓄银行的私有化正式启动。俄罗斯中央银行宣布出售其在俄罗斯储蓄银行的部分股权，出售的股权占储蓄银行股权的 7.58%，约为 17.13 亿普通股，私有化总收入为 1593 亿卢布。

到 2012 年 11 月 29 日，私有化收益为 2230 亿卢布，与计划中的 3000 亿卢布尚有差距。目前的市场行情不利于卖家，来自国际资本方面的竞争压力很大，但俄罗斯不会为完成计划而急于出售国有资产，而是会等待良好的市场行情、采用专业的手段对国有资产进行私有化。

综上所述，现阶段私有化正在按《计划》逐步推进，但在 10 家超大型国企中，只有俄罗斯外贸银行和俄罗斯储蓄银行分别出售了 10% 和 7.58% 的国有股份，其他公司的私有化计划均尚未落实，按照计划，在3年内私有化总收入应为1万亿卢布，目前2年已经过去，私有化计划仅完成了约3500亿卢布。

二、俄政府内部关于私有化的不同意见

针对私有化问题，俄罗斯高层和政府内部一直存有争议。梅德韦杰夫力主坚决进行私有化，并要求扩大私有化规模。2010年6月18日，梅德韦杰夫总统签署了《关于修改战略性企业和战略性股份公司名录的命令》，将战略性企业的数量减少至41家。他还曾明确表示，在一些大型企业中国家参股的比重不仅要减少到50%，而且应当降低到控股水平以下，甚至为零。俄罗斯经济发展部也主张加快推行私有化，前经济发展部部长纳比乌林娜多次提出私人资本的引入更有利于发挥市场对资源配置的基础性效应，培育竞争机制，提高公司治理的效率。

俄罗斯石油公司总裁、前任副总理谢钦的观点则与经济发展部存在很大分歧。他强调，对于能源等关乎国家利益的战略行业应掌握在国家手中，这有利于国家集中调动经济资源，提高俄罗斯在大型项目中的国际竞争力，确保经济稳步增长。俄罗斯央行行长谢尔盖·伊格纳季耶夫也提出，俄罗斯储备银行7.58%的国有股份出售之后，两三年内没有必要再减持储蓄银行中的国有股份。

普京对待私有化问题的态度较为谨慎，在他任总理时曾多次表示支持梅德韦杰夫总统的私有化计划，说俄罗斯不打算搞"国家资本主义"。2012年6月22日，普京重掌大权后，在圣彼得堡国际经济论坛上再次提出，俄罗斯政府不会放弃私有化计划。但他也不主张过快推进私有化进程，要求政府根据国际市场行情调整私有化步骤，选择有利的时机和条件出售国有资产。这样不但能获得更多的经济收入，也可以避免"贱卖"国有资产引发的民众批评。而单就能源行业私有化的问题，普京的态度则与谢钦更为接近。

三、私有化过程中的主要困难

1. 尚未出台私有化行业战略

对于私有化的对象和具体操作以及从目前的由国有资产管理署的行政管理过

渡到形成国有资产的管理机制等问题，都需要从国有资产管理的角度，站在行业和部门整体发展的高度进行规划。但俄政府到目前为止，除了私有化的总体计划，尚未出台任何私有化方面的行业发展战略。

2. 出售资产与出售企业之间存在重大差别

出售国有资产的主要目的就是单纯获得资金，国有资产只要出售给出价合适的买家即可，并不关心买家购入资产后的经营情况。而出售企业则要在出售之前进行大量的准备工作，寻找真正关心企业未来发展的战略合作者和战略投资者，确保企业（企业的股份）出售之后，买家会对企业继续投资，并致力于公司治理、管理体制改革等方面的工作。以往大多数的私有化项目仍是以出售资产为主，如何寻找适合企业未来发展的战略合作者和战略投资者是私有化进程中面临的一项巨大挑战。

3. 企业的管理者对私有化形成阻力

企业的所有者和管理者在利益方面存在分歧，管理者害怕因企业所有权的变化使其丧失或部分丧失对企业的管理控制权，因此成为私有化过程中的阻力。在现代商船公司和俄罗斯铁路公司的私有化过程中均遭到了来自管理者方面的阻挠，由于俄政府没有解决此类冲突的经验，目前仍在同管理者进行谈判和协商。

4. 私有化之后的跟踪管理

尽管私有化的对象是不行使国家职能、也不在战略性行业名录中的企业，但像俄罗斯铁路公司、俄罗斯石油公司、俄罗斯储蓄银行等超大型企业，对行业的发展乃至国民经济的整体发展具有重要的战略意义。俄罗斯政府必须对这类企业股份出售后的经营状况进行跟踪，并逐步形成相应的监管机制。

四、几点思考

1. 私有化并不意味着降低国家对经济的控制力

首先，私有化的对象大多为竞争行业中的国有独资公司和股份公司，不包括战略性行业中的国企，因此，国家对战略性行业的掌控不会因私有化产生丝毫动摇。其次，从10家超大型企业的私有化计划看，完成私有化之后，国家在这些特大型企业中的持股比例维持在50%加1股或75%加1股，也就是说，国家仍掌握绝对控股权。此外，国家在一些重要的企业中还持有"金股"，即对企业的重大决策拥有一票否决权。再次，就算私有化计划全部落实，价值1万亿卢布的私有化收入还不到2010年国有企业固定资产投资的1/19。因此，私有化计划的实施不足以影响国家对经济的调控能力。

2. 私有化的规模尚不足以改变所有制结构

随着《2011—2013年及2015年前联邦资产私有化计划》的高调出台，俄罗斯和我国有些学者认为近期的私有化是1990年代私有化结束之后的"第二波私有化浪潮"或"新一轮私有化"。实际上，1990年代大规模私有化之后，俄罗斯的私有化转为以"个案"的方式进行，私有化的进程从未停止，根据1997年《关于俄罗斯国有资产和地方资产私有化法令》，政府每年都会出台当年的私有化计划，从企业数看，国有企业的数量也在持续下降。现阶段的私有化无论从目标、性质、规模和执行情况看，均无法与1990年代的大规模私有化相提并论，目前的私有化仍然是个案私有化的延续，是在已形成的混合所有制结构的基础上进行的微调，对俄罗斯的所有制结构并没有产生实质性的影响。此外，私有化是政府调节经济的常规手段，因此也不能将其看成俄罗斯转变经济政策的标志。可以说"第二波私有化浪潮"、"新一轮私有化"等提法过分夸大了现阶段私有化的规模。

3. "私有化"还是"国有化"

2004年以来，俄罗斯国有经济成分大幅度扩张，可以说，从那时起到目前为止，俄罗斯的"私有化"和"国有化"一直在同时进行。在一些竞争性行业中，正在推行着私有化，但在战略性行业中，国有经济成分仍在扩张。比如，2012年5月21日，普京签署总统令，将俄罗斯石油公司和统一能源系统联邦电网公司列入战略企业名单，包括任命董事会成员在内的一系列公司重大问题的决定权将需要同总统办公厅协商，这就意味着将俄罗斯石油公司置于私有化计划之外。此外，普京还任命谢钦担任俄罗斯石油公司总裁，谢钦上任之后，一直致力于整合国内石油资产，2013年还兼并了英国秋明石油公司50%的股份，俄罗斯石油公司将成为一个集境内外、上下游、管道、电力于一体的全球最大的能源巨头，其业务规模和政治影响力甚至超过天然气工业公司。

4. 私有化的推进遵循市场原则，不急于求成

虽然俄罗斯政府制定了私有化的计划，也提出了每年完成私有化收益的指标，但从实际落实的情况看，俄政府在私有化的推进过程中并不急于求成，不做"赔本买卖"，而是等待有利的市场行情。因为在有利于卖方的市场行情下，采用公开竞价获得企业股份的投资者因买入股份的价格较高，很难在短期内获利，因此他们购买国有资产的目的并不是看重眼前利益，而是真正关心企业长远发展，致力于提高企业经营效率。国有资产只有出售给这样的买家，才能保证企业获得继续发展的投资，最终达到私有化计划中提高企业创新积极性和管理水平的目的。

5. 私有化更注重以公正、公开的方式进行

为了避免国有资产落入"内部人"手中导致价格被明显低估以及避免有权者动用国家资金购买国有资产使其"私有化"而造成的国有资产流失，俄政府更注重私有化的公开和公正性，加强了对私有化流程的监管。作为国有资产出售的卖方，经济发展部（或央行）会将企业出售、聘用或解聘投资顾问、出售价格等相关信息在公开出版物和政府网站上公布。信息公开披露有利于规避私有化过程中的腐败和寻租行为，从而增强投资者的信心。

6. 对外资参与重要行业的私有化仍存戒备之心

尽管，在圣彼得堡国际经济论坛上，普京和第一副总理舒瓦洛夫均表示欢迎外国大型投资者参与俄罗斯私有化进程，但事实上俄政府对外资进入重要行业的态度仍比较戒备。比如，2012年11月29日的政府工作会议之后，舒瓦洛夫在新闻发布会上提到，暂不对"集装箱物流"公司实行私有化，主要原因是目前立陶宛等国的资本对俄罗斯铁路运输行业的兴趣浓厚，俄政府希望该部门的国有资产出售给本国投资者，而不是通过私有化使控股权落入外国资本手中。

作者单位：中国社会科学院俄罗斯东欧中亚研究所

俄罗斯养老保障制度的改革与发展

童 伟

促使俄罗斯对养老保障制度进行改革的最主要原因，与世界上其他发达国家一样主要源于人口危机。人口危机加重了每一个劳动者的养老负担，也使俄罗斯在养老保障方面的财政危机不断加剧。据俄国家统计局预测，2031 年俄罗斯的人口危机将达到高峰，届时劳动年龄人口 7650 万人[①]，老年人口 4007 万人，两者之间的比例将由 2010 年的 2.8∶1 下降到 1.9∶1，老年抚养系数则由 36% 提高到 53%，升幅高达 47.2%。[②] 日益临近的人口危机迫使俄罗斯不断优化养老保障机制。

一、俄养老保障制度改革的历程

近 20 年来，俄罗斯对养老保障制度进行了一系列改革，通过逐步扩大养老保险覆盖范围、建立养老保险基金、提高养老保险统筹层次、健全基本养老金增长机制、鼓励非国有养老保险机构发展，实现了养老保障制度由国家统包向以保险为原则、以市场调节与国家调控相结合的新型养老保障制度的过渡。

1. 20 世纪 90 年代养老保障制度改革

俄罗斯独立伊始，于 1990 年和 1991 年通过了《国家养老金法案》和《退休养老基金法》，这些法律法规的颁布为俄罗斯养老保障制度改革的启动奠定了法

---

① 俄罗斯适龄劳动人口是指 16—59 岁的男性和 16—54 岁的女性。

② Предположительная численность населения РФ до 2030 года, Росстат, 2010.

律基础。

《退休养老基金法》确立了俄罗斯养老保障制度建立的基本方向，即俄罗斯应从由国家预算拨款的养老保障制度逐步过渡到与市场经济原则相适应，由国家、企业和个人共同负担的养老保障制度。其核心思想为：（1）养老保险与国家预算脱钩，建立国家预算外养老基金；（2）提高养老金最低标准；（3）养老金由国家、企业和个人三方共同负担；（4）改革养老金发放方法，将养老金划分为两个部分：一部分按平均收入或最低生活保障线的一定比例发放，所有人员一视同仁，另一部分与领取者的工龄和收入水平挂钩，区别对待。

2. 2002 年养老保障制度改革

2002 年，依据"2010 年前国家发展战略"，俄罗斯将养老保障制度改革的目标确定为：提高退休金的实际数额，建立有效机制保障养老金不受各种因素损害；促进养老体系财务平衡；打破平均主义，强化不同保险缴费之间的差异；强化养老金与当前工资水平及养老保险费率之间的联系；增强养老保险缴费意愿；预防俄罗斯人口老化带来的养老保障危机。

根据这一目标，俄罗斯将养老金分割为三个组成部分，即基本养老金、养老保险金和养老储蓄金。基本养老金是由政府统一发放给低收入退休人员，使其免于贫困的基本生活保障金，与工龄及退休前的工资收入无关。基本养老金由联邦预算承担；养老保险金来源于企业缴纳的养老保险缴费，养老保险缴费存入每位职工在国家预算外养老基金的个人账户。职工退休后领取的养老金总额取决于个人账户上资金的多少；养老储蓄金同样来源于企业缴纳的养老保险缴费，但养老储蓄金可以进行投资，以扩大基金收益，实现保值增值。

3. 金融危机后的养老保障制度改革

为进一步促进保险事业的发展，2010 年俄罗斯采取了一系列促进养老保障制度完善的措施：（1）取消统一社会税，重新开征社会保障费；（2）提高养老保险费率，减少养老保险赤字；（3）将基本养老金并入养老保险金，并与工作年限挂钩；（4）取消不同类型投保人之间不公平的差别保险费率；（5）取消累退税率，确定最高收费限额；（6）给未达到地区最低生活保障水平的贫困老龄人口提供额外的物质补助；（7）重新核算养老金，弥补 2002 年前退休、特别是 1991 年前苏联时期退休人员因市场经济改革遭受的损失；（8）提高养老金发放标准。

通过上述改革，2010 年，俄罗斯养老金发放水平得以大幅度提高，比 2007 年提高了 2.4 倍，平均养老金与平均工资之间的比率关系则由 2007 年的 22.9% 提高到 2010 年的 35.4%，提高了 54.6%。

二、俄养老保障制度存在的问题

俄罗斯养老保障制度的一系列改革完善了养老保障体系，改善了老年人口福利待遇，使俄罗斯老年人口的生活水平有了较大幅度提高。但同时，在俄罗斯养老保障制度中，也还有不少问题依然存在，例如财政负担沉重，支出可持续化难以保障；养老保障支出效益低下；人口老龄化危机依旧等。

1. 联邦财政负担沉重

重新核算养老金、提高养老金支付水平、提供额外物质补助、弥补养老基金赤字，使 2007—2010 年俄罗斯联邦政府用于养老保障的财政支出大幅度上升，占 GDP 的比重由 1.5% 上升到 5.2%，提高了近 2 倍。

2011 年，俄罗斯养老保险费率由 20% 提高到 26%，保险费率的提高增强了养老基金的财务独立自主性，使联邦政府用于养老保障的财政支出出现了一定幅度的下降，占 GDP 的比重下降到 4.3%。虽然如此，联邦预算依然是俄罗斯养老保险支出中最重要的资金来源，约占到整个养老保险支出的一半，比 2007 年提高了近 1 倍。这一规模已远高于世界上绝大多数国家，是发达国家平均水平的 2.3 倍，是新兴市场经济国家平均水平的 2.1 倍。

2. 养老保障支出效益低下

俄罗斯的养老保险费率水平和国家预算补贴规模在世界各国中居于前列，但俄罗斯养老金的替代率在世界各国中却居于中下游水平。2010 年，俄罗斯平均养老金与平均工资之间的比率第一次创纪录地达到 35%，但这一替代率仍远远低于发达国家强制养老金的替代率，仅为发达国家和新兴市场经济国家平均水平的 2/3，经济合作与发展组织国家平均水平的 60%。

同时，俄罗斯养老金的支出负担却高出绝大多数国家。从养老金支出占 GDP 的比重来看，2010 年为 8.2%，如果再加上货币化养老补贴，则俄罗斯各项养老保障支出占 GDP 的比重接近 9%。同期，经济合作与发展组织国家养老保障支出占 GDP 的比重为 8.3%，发达国家养老保障支出平均占 8.4%，新兴市场经济国家养老保障支出平均占 6.0%，这些国家的养老保障支出水平均低于俄罗斯。

衡量养老金支出负担的另一个指标是养老保险费率。2010 年，经济合作与发展组织国家的养老保险平均费率为 21%，发达国家和新兴市场经济国家的养老保险平均费率与此相近，分别为 20.2% 和 22.1%。2010 年前，俄罗斯养老保险费率不算太高，仅为 20%，但 2011 年后则提高到 26%。居于高位的养老保险费率与居于末位的养老金替代率表明，俄罗斯养老保障支出的效率明显低于世界上绝大多数国家，亟待提高。

3. 人口老龄化危机加剧养老金支出负担

据俄罗斯国家统计局测算，如果希望将目前的养老金替代率保持下去，2010—2050 年间，俄罗斯应每年提高养老保险费率 1 个百分点，但提高费率不仅会增加税收负担，还会严重降低俄罗斯经济的投资吸引力；或是增加联邦预算拨款，使联邦预算养老保障拨款占 GDP 的比重每 5 年提高 1 个百分点，即在 40 年间将养老保障拨款占 GDP 的比重提高 8 个百分点，达到 13%，这是不可想象也是完全超出经济许可范围的。[1]

4. 养老基金赤字严重

为降低税负，2005 年俄罗斯将养老基金费率由 28% 下降到 20%，免征额由年收入 10 万卢布提高到 28 万卢布。税率的大幅度下降以及免征额的大幅度提高，使俄罗斯养老基金收入锐减，养老基金出现赤字。2010 年俄罗斯养老基金赤字达到 1.3 万亿卢布，约为当年 GDP 的 2.9%。

---

[1] Гурвич, принципы новой пенсионной реформы, Вопросы экономики, 2011, 4.

2011年养老保险费率提高到26%，俄罗斯养老基金赤字开始下降，降至GDP的1.8%。在今后若干年间俄罗斯养老基金的赤字规模还将继续下降，但却不会消失。到2050年，俄罗斯养老基金的赤字规模预计仍将超过GDP的1.2%。

三、俄养老保障制度改革的发展趋势

通过上述分析可发现，俄罗斯多年来实施的养老保障制度改革，既未能解决人口老龄化带来的养老保障危机，也未能有效提高养老保障的实际支出效益。在核心问题未得到根本解决的情况下，大幅提高养老金支出水平的举措使俄联邦预算负担不断加重，养老基金脆弱性不断加剧。

为此，俄罗斯将养老保障制度改革的未来框架确定为：（1）**提高养老保障支出效益**，重新分列基本养老金和养老保险金，制定不同的征管规则和指数化增长系数。（2）**改善劳动年龄人口与退休待养者之间的数量关系**，适当提高退休年龄，延长养老金领取工作年限，减少养老金领取者的数量，减轻联邦预算财政负担。（3）**以制度抑制养老基金赤字的扩大**，根据养老保险的类型、层次及目标对其进行分类，使每一类养老金得到充足的资金来源。（4）**加大国家支持力度**，鼓励协同缴费系统发展，建立准自愿养老保险体系，满足中产阶级养老保障需求。

作者单位：中央财经大学

俄罗斯国家发展的某些社会问题*

瓦·德·维诺格拉多夫 著　李宏梅 译

今天，俄罗斯国家与社会的社会政治稳定发展问题无论在理论层面还是在实践层面都具有现实意义。俄罗斯虽然看似历史悠久，但仍在寻找自己的发展道路。20世纪80—90年代发生的剧烈而草率的社会政治变革促使人们一再提出下述问题：在保持社会与国家稳定发展的同时，该朝哪个方向前进。尽管原加盟共和国走上了自主的发展道路，但俄罗斯仍然是个多民族、多宗教信仰的强国。在科学文献中出现民族文明同一性[①]这一概念并非偶然，而且这一概念的使用相当频繁。

与此同时，应当考虑到种族民族、宗教信仰、文化、地域、年龄和基因组成因素，将其纳入社会与国家的社会政治发展进程中，从而确定、形成，并且非常重要的是在实践中、在日常生活中运用形成和发展民族文明同一性的那些价值标准。

一般来说，形成同一性的主体是政党和政治精英、各种社会组织、代表广泛

---

* 编者按：2013年10月11—12日，由中央编译局俄罗斯研究中心与俄罗斯圣彼得堡大学联合主办的"第十一届中俄经济社会发展比较论坛"在圣彼得堡大学举行，本届论坛的主题是：中国与俄罗斯：社会发展与生态文明。两国学者就此主题广泛发表了自己的意见和看法，这里译介了3篇俄罗斯学者的发言，以飨读者。

① 民族文化同一体是指自身与既具有民族特点又具有文化特点或者介于二者之间的某种共同性相一致或相关。它表现为一定的社会文化价值和行为规范体系。在其形成过程中，起主要作用的是国家的历史和文化、传统、宗教（См.：Политическая идентичность и политика иден - тичности．В двух томах．Т．2，М．，2012，С．115.）。

社会阶层和居民组织利益的团体。当今,俄罗斯社会的社会结构组成具有极大的不确定性。令人尤为担忧的,正如社会学家所指出的,是过分的社会不平等现象,这种不平等现象体现在"价值观世界观方面","从对个人社会状况的不满"转到"对总体社会关系新体系的不满"。①

始于20世纪90年代的社会分化现象丝毫没有减轻,而且不正常。社会"顶层"的收入超出"底层"20—22倍。根据一些社会学统计结果,富人与穷人之间的人均收入差距达到30多倍。并且,这个差距不但没有缩小,反而有增大的趋势。②

调查研究的结果只能确认并没有形成民族文明同一性,而是出现了社会阶层的深度分化,形成了"两个俄罗斯社会"、"两个俄罗斯国家"。绝大多数居民不能接受实际上已经在社会中形成的社会不平等这种模式本身。

不得不指出下列令人不悦却又完全合理的事实:20世纪90年代在"民主当道的大旗下我们得到的不是现代国家,而是陷于氏族和众多半封建采邑之间的滑稽战之中。不是正义与自由的社会,而是自命为精英的任意妄为",他们公开无视普通人的利益。③ 同时,传统俄罗斯社会特有的价值标准被有意歪曲或被遗忘。中产阶级的主流作用,中产阶级的价值观、取向和本质属性,这都是我们大家熟知的提法。遗憾的是,中产阶级在俄罗斯社会的社会结构中仅占居民总数的1/5(14%)。并且,研究人员公正地指出,问题不仅在于数量,更在于我国中产阶级的质量。中产阶级中相当大一部分人的价值观、思维方式和行为方式与得到肯定的公民同一性通常所具有的东西不太吻合。持有这些观点的人主要是国家公职人员和官僚,以及往往不惜任何代价投机的商人。④

在发达国家,高等技术专业人员、技术知识分子和人文知识分子、中小商人

---

① Двадцать лет реформ глазами россиян. М.,ИС РАН,2011 г.;а также:социальное неравенство и публичная политика. М.,2007 г.,C.119,230.

② См.:Вехи российской социологии. 1950 – 2000 гг. СП6,2010,C.133.

③ Путин В. В. Демократия и качество государства. // Коммерсант,2012,6 февраля.

④ Идентичность и социально - политические изменения в XXI в. Т. 2,М.,2012,C.290 – 291.

是"现代化的发动机"。① 由此得出如下结论:在这个意义上,在俄罗斯,真正现代化的"发动机"与其说是发达国家那样的中产阶级,不如说是在俄罗斯社会中自视为中产阶级的那部分人,不过由于物质状况和政治上的"压抑",他们大多数算不上是中产阶级。正是这70%—80%潜在的社会共同体能够而且应该成为新俄罗斯同一性的核心……肩负国家的社会政治复兴使命的那部分政治阶级指靠的正是他们。②

所有这些结论和建议,当然应当考虑俄罗斯政权机关的实际政策。

俄罗斯国家发展的欧亚方案,在多数专家看来,是有优势的,因为俄罗斯的社会文化和政治发展过去和现在都深受欧亚价值体系的影响。最近多次的民意测验表明该提法占了上风。③

至于社会发展的纯西欧模式及其在俄罗斯的推行,社会学调查的结果显示相当不容乐观。在俄罗斯社会机械地复制该模式的尝试不会有任何积极的结果,因为俄罗斯社会发展中的传统价值观、理念、方式、历史和文化特点完全具有独立性和稳定性。

这方面颇具说服力的理由和论据是近些年中国或印度稳定而成功的发展特色。一些俄罗斯研究人员完全正确地指出,联结这些国家的基础决非自由主义和民主,而是中国的儒家哲学和变革的共产主义意识形态或者印度的印度教(与其他宗教一起)。此外,引起研究人员极大兴趣的是"威权和半威权制度无论在中国还是在印度都为这两个世界大国稳定而快速的发展奠定了基础"。④

对于理解这些进程尤为重要的是下面的论题:"'开明的威权主义'因素是传统社会与现代社会之间特有的折中,它起着重要的联结作用",它没有让复杂的政治民族社会解体,没有让生活在不同历史阶段的各个阶层的代表各自为政。

---

① Идентичность и социально - политические изменения в XXI в. Т. 2,М. ,2012,С. 290 – 291.

② Идентичность и социально - политические изменения в XXI в. Т. 2,М. ,2012,С. 290 – 291.

③ Данные Левада -центра , 2011 (эл. ресурс)

④ Политическая идентичность и политика идентичности . Т. 2,М. ,2012 г. ,С. 117. ; Юрлов Ф. От колониальной зависимости к растущей великой державе. － Азия и Африка сегодня. 2007,№9,С. 4 – 11.

中国和印度问题专家得出了相当难以置信的结论:"僵硬的"亚洲社会文化和政治体系在当今全球化和区域化的情况下,以及在危机和动荡中,在某些方面比西方国家和俄罗斯的相应体系更灵活更成功。①

这些事例再次证明:俄罗斯不宜直接复制别国成功进行经济、社会和政治发展的现成模式,应当发展并采用传统和现代并举的观念、理念、价值观,同时考虑到我国地处东西方之间,横跨欧亚,有自己的历史发展道路这一历史优势。②近些年的社会调查也证实了俄罗斯国家在道路选择上的上述倾向。

鉴于自己以往的历史和当今的要求,在保持自己的社会政治发展道路的同时,俄罗斯完全能够更好地借鉴和运用别国经济、社会和技术领域的创新性因素。

译者单位:中央编译局俄罗斯研究中心

---

① Идентичность и социально - политические изменения в XXI в. Т. 2,М.,2012,С.117.
② Идентичность и социально - политические изменения в XXI в. Т. 2,М.,2012,С.117.

俄罗斯国家环保政策及其实施

B. H. 莫夫昌 著 戟炳惠 译

俄罗斯的环保政策由来已久。早在17、18世纪之交,彼得一世就禁止砍伐珍贵木材并划出禁伐林。苏俄一开始就颁布了环保方面的法律,1917—1920年间出版了250多份环保领域的指导性文件。列宁积极地参加了这项工作,如参与起草《北冰洋、白海的渔场和兽林保护法》、《森林基本法》等法律草案。负责自然资源保护和合理使用的国家机构体系得以建立。1918年成立了捕捞业和渔业管理总局,1919年成立了水资源保护中央委员会。

科学机构与社会组织对于国家环保政策的制定起着很大的作用。如学者参加了1921年自然保护临时委员会的工作以及1925年国家跨部门(其中有科学院和俄国地理协会)自然保护委员会的创建。这些活动不仅促进了环保领域国家调节体系的形成,而且为旨在保护森林、水资源和居民健康的环保法律的颁布提供了依据。20世纪20、30年代,国家重要文件所使用的质量标准得到确定。这些年的工作是为生物资源的利用和再生产提供科学根据,这些在国家级文件和法规中都有所体现。科学技术在国家环保政策制定的过程中扮演着越来越重要的作用。1955年,苏联科学院主席团下设环境保护及协调该领域科学研究的跨部门委员会。这在很大程度上促进了1960年《俄罗斯联邦环境保护法》的起草工作。该法把环境保护工作列为一项国家任务。

当前,俄罗斯学者们积极参与国家环保(生态)政策的制定以及相关国家战略文件的讨论和实施,其中包括《2020战略:新的经济增长模式—新的社会政策》。例如,关于2020年前俄罗斯社会经济战略的迫切问题的专家工作结果中期报告指出，应重视由环境保护和生态安全保障方面引起的公民健康保护这一重要问题。60%的居民生活在约占国家领土面积15%的土地上，环境质量不尽人意，这直接影响着人口指数。俄罗斯15—60岁年龄段的死亡率在欧洲国家中居第二位（乌克兰第一），2009年1000人中有269人死亡，而相应地，挪威、意大利和瑞士为67人、59人和58人。专家认为，制定环保政策的当务之急是建立现代环保标准体系，以替代建立在有害物质最高允许浓度的卫生、渔业标准以及新标准体系基础上的环境影响标准体系。《俄罗斯联邦生态学说》早就指出了完善环保领域规范性法律保障和法律应用的必要性。《学说》确定了环保领域长期统一施行的国家政策的目的、方向、任务和原则，强调自然系统的保护和恢复是国家和社会活动的优先方向之一。

若生态环境没有实质性的改善，则不可能有积极的基本社会变革——这是《2030年前俄罗斯联邦生态政策纲要》的核心。根据《纲要》，俄罗斯联邦生态政策的战略目标是保护自然生态系统，维护其完整性及促进社会可持续发展的生命保障功能，提高生活质量，改善居民健康和人口状况，保障国家生态安全。必须强调，2030年前生态政策的重要目的是建立环境保护和居民生态安全保障的科学基础，其中包括分析和修正现存的生态标准和人类对环境可容许的影响指数及其基于地域—气候、生态因素对环境的开发指数。

谈及国家生态政策实施的科学密集型方向，应注意俄罗斯现有的围绕工业区、经济等活动主体和卫生防护区的设置。按照俄罗斯联邦法第7号《环境保护法》第52条，卫生防护区的建立旨在保护人类的生活条件和动植物等生物的生长环境。但是，确定卫生防护区规模的标准是空气、自然水域的质量是否有利于人类，而整个自然界和生态系统组成部分的生态状况却完全不予考虑。一般说来，卫生防护区的规模应保证大气污染（化学的、物理的、生物的）逐渐减少，直至达到已定卫生标准。其他一些环保措施也存在着不足，如对自然环境影响的评估、对自然环境状况等关注不够。

俄罗斯学者为了解工业项目对卫生防护区内外自然环境的实际影响进行了实地调研。调研对象为一个非大型开采、加工花岗石的采矿企业，采用生态评估自然系统状态的物理—化学和生物方法。这使得企业活动对卫生防护区内外土壤、植物功能状态的不利影响都能显现出来。最后的结论是，从环保的角度来看，即使是对于危害级别为二级的非大型企业来说，现存卫生防护区的规模设置方法也是没有效果的。尽管俄罗斯联邦的法律（1999 年 5 月 4 日的俄罗斯联邦法第 96 号《空气保护法》，试用至 2005 年 12 月 31 日）规定，不仅要设置卫生质量标准，还要设置生态（生态系统的）质量标准，但是，直至今天这些标准仍没有实施。

在俄罗斯学者看来，制定、科学论证和实施经济领域的生态系统标准规范化，是环境保护和居民生态安全保障的优先任务。此问题的成功解决很大程度上取决于在这一方向进行探索的研究团队的积极性。

译者单位：中央编译局俄罗斯研究中心

俄罗斯生态补偿制度的问题与趋势

E. B. 瓦赫鲁舍娃 著 肖德强 译

俄罗斯环境状况的特点是存在各种各样的生态问题，比如对森林的破坏、污水污染、大气污染、核污染，以及国内存有三百亿吨几乎未经加工的废物等等。根据官方统计的数字，将近15%的国土遭受到污染之害，并且有135个城市受到严重或非常严重的污染。

解决这类问题的关键在于，要制订自然资源利用和环境保护方面的法律法规，以及要让环境监测部门发挥有效的作用。

目前俄罗斯的生态政策主要还是偏重运用行政手段：对有害废弃物征收排放费、对破坏生态环境的企业进行行政处罚，并责成其对所造成的环境污染做出补偿。

随着俄罗斯向市场经济过渡，国家在环境保护问题上采用了欧洲的理念，即"由污染源进行赔偿"的做法。因此，从1991年开始俄罗斯便推行生态补偿的做法，这已被公认为是俄罗斯生态政策在经济层面的主要措施。所谓生态补偿就是对使用自然资源支付费用，从国家角度来说，其主要意义在于，通过这种付费方式促使纳税人进行"正面的"生态行为。

这种生态费是向自然资源的使用者征收的。征收的依据是2002年1月10日通过的7-Ф3号《俄罗斯联邦环境保护法》，在2002年简化了预算外环保基金制度后，生态费成为一种财政工具而不再是联邦税费的一种。

现行生态补偿制度存在的主要问题是：

（1）2000年取消环保基金后，有害废物排放费被列入联邦预算，但联邦预算的条例中没有规定所征收的生态费用于何处，因此，这项收入就有可能被毫无限制地用于跟生态保护没有任何关系的领域。目前，从事环境保护工作的企业只能通过实施联邦生态工程才能获得国家的财政经费。

（2）目前正在实施的生态费征收指数化的做法没有考虑到实际的通货膨胀程度，因此征收标准过低。由此导致的结果是：征收的生态费不足以抵消将自然资源维持在一个良好状态所需要的费用。

（3）旨在提供各种服务（咨询、医疗、法律、广告、审计等等）的非生产性企业，尽管其业务活动不涉及环境损害，但仍然不得不交纳同其他企业同等标准的生态费。结果导致生态费成为此类企业的一项不必要的支出。

与此同时，尽管俄罗斯现行的生态政策存在不少问题，但还是可以提出一些未来会得到联邦政府采纳的潜在措施。

解决前面所提到的问题，国家已经采取了一些措施：宣布2013年为环境保护年，2012年底提出举行一系列活动，如2013年12月召开第四届全国环境保护大会，全俄森林保护研讨会等等。

缺乏相应的法律基础这一问题可以参照如德国、瑞典、法国等国家的做法加以解决，首先要制订出《俄罗斯联邦生态法》。与此同时，还要通过一些法律，对环保活动、生态经济管理和资金来源作出具体规定，比如生态鉴定法、生态税费法、环保企业经营法等等。此外，为了达到法律上的协调一致，还应该重新修订预算法。恢复国家预算外环保基金；征收来的生态费最好能纳入这类基金。此项措施将会严格资金的专项使用，并确保资金分配和使用过程中的生态和经济效益。

如果国家不重新承认生态费是一项税费并且恢复国家环保基金，那么，根据俄罗斯预算法，对所征收的生态费的专项使用原则将无法实施。这样一来，现行的生态补偿制度需要做出极大的修正和完善，才能起到未来经济生态化调节器的作用。

译者单位：中央编译局俄罗斯研究中心

社会经济透视 ▶▶▶

中俄经贸关系发展的特点和影响因素

徐向梅

2013年3月22—24日，中国国家主席习近平上任后首访俄罗斯，从而在两个国家甚至国际范围内引发有关两国关系特别是两国元首着重强调的务实合作关系的关注。中俄经贸关系目前到底发展到什么程度，存在什么样的问题和制约，前景如何呢？

一、中俄经贸关系发展的主要特点

苏联解体初期，俄罗斯伴随着市场化转轨出现大幅度经济衰退，居民生活必需的粮食、食品、轻工业产品及日用消费品严重匮乏，中国对俄出口便以这类产品为主，机械设备只占10%左右。俄向中国出口钢材、化肥、木材、电站设备、车辆机械设备、军工产品以及生产用的原材料和半成品，但石油贸易量不大。1993年中俄双边贸易额达到76.8亿美元。由于秩序混乱、调控不力，特别是中国方面缺乏对出口商品质量的监管，大量假冒伪劣商品进入俄罗斯市场，损害了俄罗斯人对中国商人和中国商品的信心。加之俄罗斯由于自身经济不景气，其总体外贸额较前出现大幅下降，所以，尽管中俄政治关系发展良好，解决了长期困扰的边界问题，构筑了战略协作伙伴关系，但是经贸往来却过于冷淡，双边贸易额在90年代中后期徘徊不前甚至下降，1999年只有57.2亿美元。①

---

① 陆南泉：《中俄经贸关系现状与前景》，北京：中国社会科学出版社2011年版，第115—145页。

2000 年以后，俄罗斯本国政局稳定，经济走上恢复和增长的轨道，中国经历 20 余年的改革开放，经济持续快速增长。2001 年签订的《中俄睦邻友好合作条约》为双方经贸关系的发展奠定了稳固的政治基础。实际上，中俄政府间自 1997 年就签署了一系列有关经贸合作的纲要和协定，比如：《1997—2000 年贸易协定》（1997），《2001—2005 年贸易协定》（2000），《关于 2010 年前中俄经贸合作纲要备忘录》（2005），《中俄投资合作规划纲要》（2009），还有其他一些涉及税收、口岸合作、农业经济技术合作、能源开发等具体领域的合作协议以及地区合作规划纲要。中俄经贸合作发展进入了新时期。

2000 年中俄双边贸易额 80 亿美元，2005 年达到 291 亿美元，2012 年达到 881.6 亿美元。除 2009 年受金融危机影响贸易额较前年下滑，其余年份年均增速都达到了两位数，其中很多年份保持了 30%—40% 的增长，2007 年较上年增长了 44.3%。[①] 从 2010 年起，中国已连续 3 年成为俄罗斯第一大贸易伙伴。

不过尽管中俄经贸在 2000 年代增长迅速，但总量还是太小。以 2012 年 881.6 亿美元的最大值来看，同期中国与欧盟的贸易额为 5460.4 亿美元，与美国 4846.9 亿美元，与日本 3294.5 亿美元，与韩国 2563.3 亿美元。加上中国香港和台湾地区，俄罗斯只能算中国第十大贸易伙伴。

在中国对俄出口商品中，2005 年机电和高新技术产品分别占了 24.81% 和 7.48%，服装、轻纺材料及制品和鞋类占到 55.52%。2012 年机电和高新技术产品占比上升到 65.36%，自动数据处理设备及部件占 5.99%，新增汽车及其零部件出口占比 5.15%，服装、轻纺材料及制品和鞋类则下降到 23.65%。由此可见，中国对俄出口商品的结构呈逐渐优化趋势，机电和高新技术等高附加值产品占比大幅提高，劳动密集型产品比重显著下降。

在中国从俄进口的商品中，2005 年原油占 31.21%，钢材占 9.91%，铁矿砂及精矿占 2.62%，也就是说，能源和原材料产品占了 43.74%，机电和高新技术产品占比只有 3.85%。2012 年中国从俄罗斯进口品中仅原油和成品油占比就达

[①] 《金砖国家联合统计手册》（2013）。

到 60.38%①，机电和高新技术产品比例则进一步下降。此外，近些年双方农产品的相互进出口始终保持了一定比例。② 由于在天然气价格方面存在分歧，俄向中国供应天然气的谈判还在进行中。从上述数据可见，尽管俄政府层面近年不停地呼吁优化其出口结构，渴望提高对华机电和技术创新类产品出口比重，但看起来鲜有成效。

随着贸易往来的增多，中俄两国的金融合作也取得显著进步。从 1993 年中国银行率先在俄罗斯开立分行，随后中俄多家银行在两国互设代表处或分行。从 2003 年试点在中国黑龙江省黑河市和俄罗斯阿穆尔州布拉戈维申斯克市允许两国间边境贸易采用本币结算，双方多家银行建立了账户代理行关系。目前，两国间边贸本币结算地域已经从黑龙江扩大到吉林、内蒙古和新疆等省份，俄罗斯方面也从阿穆尔州扩展到多个联邦主体。2011 年 6 月两国央行签订新的双边本币结算协定后，中俄本币结算从边境贸易扩大到了一般贸易。2012 年中俄贸易本币结算额达到 4%。2011 年底卢布和人民币相继在对方国家部分银行网点挂牌交易，实现了卢布和人民币直接可兑换。

最近一些年，两国领导人在高层互访中多次强调要深化能源合作，在高新科技、相互投资以及基建设施领域加强合作。不过这些项目推进起来并不容易。最成功的技术合作项目应该说是 1997 年签订合同、1999 年开工建设、2007 年投入使用的田湾核电站项目，这也是中俄两国最大的技术合作项目，目前双方已开始推进二期工程的合作。为了实现上下游一体化、让俄罗斯石油公司分享产业链利益，2006 年 3 月中国石油天然气集团公司与俄罗斯石油公司签订原则协议，拟在中国天津建设年加工能力 1000 万吨的大炼油厂。最近两年中俄两国一直在探讨合作研制重型直升机和宽体客机的项目。中国边界省份与俄罗斯的地区合作逐步加深。黑龙江省目前在俄远东地区辟有 15 个产业园区，涉及工业、农业、林业等很多领域。2009 年两国元首批准《中华人民共和国东北地区与俄罗斯联邦远

---

① 此为中国海关总署提供的数据，按俄国家统计局的数据还更高些，为 63.23%。
② 这一部分数据来源于《金砖国家联合统计手册》（2013），经整理计算得出。

东及东西伯利亚地区合作规划纲要（2009—2018）》，这次习近平主席访俄双方再次强调要具体落实该规划纲要。

中俄两国相互间的直接投资发展不很理想。俄对华投资十多年来没有进展，2000年是0.2亿美元，2011年和2012年都是0.3亿美元。中国对俄投资从2004年的0.8亿美元增长到2011年的7.2亿美元[①]。从2004年至今，中俄之间累计相互投资40多亿美元，中国在俄外国直接投资国家中排名第11位，俄罗斯在中国外国直接投资国家和地区（包括中国香港和台湾）中排名第13位。2011年6月普京总统访华期间中国投资有限责任公司同俄罗斯直接投资基金签署备忘录共同成立中俄投资基金管理公司，基金目标募集规模20—40亿美元，计划向俄罗斯、独联体和中国的物流、农业、工业生产、日用品生产行业投资。目前中俄投资基金已完成首个交易项目，向俄第二大林业公司俄罗斯森林产品公司注资，帮助该公司向中国出口木材。

总体来讲，中俄双边贸易近年增长迅速，中国对俄出口结构明显优化。高新技术和大项目合作在热议中，有望向前推进。相互间的投资发展尚不尽如人意，中俄投资公司的成立和发展值得期待。

二、影响中俄经贸关系发展的几个重要因素

目前中俄经贸发展一方面应看到已经取得的成绩和积极发展的良好势头，另一方面也应注意到存在的一些制约因素。

第一，两国经贸关系的发展取决于双方各自的经济发展阶段和贸易水平。中国目前经济总量已跃升世界第二位，2009—2010年外贸总额连续三年世界第二，2012年更首超美国跃居世界第一。881.6亿美元的中俄双边贸易额对中国来讲确显微薄，特别是相比中欧、中美、中日来讲，应该说中国发展对俄贸易的潜力巨大。从俄罗斯来讲，尽管近年经济增长迅速，但总量上2012年GDP刚刚超过2

[①] 《金砖国家联合统计手册》(2013)，其中来源于中国商务部的数据与俄国家统计局的数据出入很大，可能是统计口径不同，此处采用中方数据。

万亿美元，外贸总额 8600 多亿美元①，中俄贸易已占到其外贸总额的 10% 多，且中国已经连续三年成为其最大贸易伙伴。因此说，从俄罗斯方面，囿于经济和外贸发展水平，对中国贸易的增长速度可能受到一定制约。这是不可不考虑的因素。

第二，中俄双边贸易结构的不平衡导致俄罗斯一方难以消除戒心。中国对俄出口结构呈逐渐优化的趋势，而俄对华出口结构非但没有向他们所希望的方向优化，能源和原材料出口的趋向反而更加明显。这是一个难以解决的问题。一方面，中国处于快速工业化阶段，对能源和原材料日益扩大的需求是发展的必须。从中国每年对国际市场原油产品的需求来看，俄罗斯从来都不是中国最大的供油国，以 2012 年中国从俄罗斯进口原油 2432.94 万吨这一近年来最大值来看，也只占了当年中国进口原油的 8.98%，俄在伊朗由于核问题受到制裁从而减少了供应量的情况下排到中国供油国的第三位。另一方面，从俄罗斯方面，其本国经济就是以能源和原材料为根基和导向的，尽管近些年俄政府不断倡导创新经济，但是能源和原材料出口占比不降反升，2012 年其石油天然气产品的出口占总出口额的 66.1%②。如果俄罗斯经济短期内无法实现自身的结构调整，其对华贸易结构也难以迅速实现优化。但是基于对成为中国原料附庸的担忧，俄罗斯一方在与中国合作方面总是有所防备，这也不可避免地制约了双方的深入合作。

第三，中俄两国都处于转型时期，存在制度不健全、行政掣肘和腐败、营商环境欠佳等问题，这些也阻碍了双方投资者的脚步。根据 2011 年世界银行发布的《全球营商环境报告》，俄罗斯在 183 个国家中排名第 120 位，中国排第 91 位。俄总统普京目前加大力度整顿本国的投资环境，提出目标要在 2020 年前将排名从第 120 位提升到第 20 位。如果目标能实现，那国际资金就不是流入而将是涌入俄罗斯。

---

① 俄经济发展部 2012 年经济监测报告。
② 俄经济发展部 2012 年经济监测报告。

此外，还有交通运输等基础设施方面的制约、两国文化和居民心理方面的因素等等都会对中俄经贸合作构成影响。

中俄两国互为陆上最大邻国，又都处于转型发展和快速增长的发展时期，经济互补性很强，两国间的贸易合作是双方经济发展的内在而迫切的需求，潜力巨大，前景广阔。我们目前应该做的是想方设法突破和超越制约发展的因素，使中俄经贸合作真正越过藩篱，跃上新的台阶。

作者单位：中央编译局俄罗斯研究中心

社会经济透视 >>>

俄罗斯大型企业高管的巨额收入问题

孙凌齐 译

国家杜马代表安德烈·鲁坚科在 2012 年 11 月 21 日杜马全体会议上代表"公正俄罗斯党"党团就社会经济、政治等问题作了 5 分种的发言,发言主要针对俄罗斯大型企业高管的巨额收入问题。翻译如下。

今天促使我走上讲台的不仅是媒体公布的俄罗斯大型企业高管的工资和红利收入,还有列入今天会议议程第二项的俄罗斯央行行长所要作的报告《2013 年国家金融信贷政策的主要方向》。

在《福布斯》杂志公布的俄罗斯大型企业 25 位收入最高的总经理排行榜中包括俄罗斯银行的一些高管。令人惊讶的是,国有企业和国家参股企业的头头们在这个名单中独占鳌头。占第一位的是外贸银行董事会主席安德烈·科斯京——9.6 亿卢布,接下来是俄罗斯天然气工业公司董事会主席阿列克谢·米勒——7.8 亿卢布,俄罗斯石油公司总裁伊戈尔·谢钦——7.8 亿卢布,第四位是储蓄银行董事会主席戈尔曼·格列夫——6.4 亿卢布,第五位是莫斯科银行董事会主席米哈伊尔·库佐夫廖夫——4.8 亿卢布。

《福布斯》专家断定,这些俄罗斯经理的大部分收入不是来自俄罗斯公司的正式工资和红利,而是来自境外企业,国外资金。比如,科斯京先生的部分收入就来自塞浦路斯,他开办的几家子银行中有一家银行就设在那里。外贸银行新闻处驳斥了这个消息,但在两年时间里,外贸银行的创办人,包括其中的一些高管获得了 25 亿卢布的红利。俄罗斯的经理们力求获得国际最大企业老总那样的高收入。比如，世界最大银行摩根大通银行（其资金比外贸银行多数十倍，达420亿美元）老总的收入为4200万美元，比最富有的俄罗斯同行的收入高40%。然而，该美国银行的利润超过外贸银行6倍——达190亿美元，而外贸银行仅30亿。

尤其需要指出的是，莫斯科银行董事会主席库佐夫廖夫（外贸银行塞浦路斯子银行 RSB LTD 的经理之一）获得的红利。2011—2012年 ACB 储蓄保险公司向莫斯科银行提供了年息为0.51的10年期贷款2950亿卢布，用于整顿被博罗金、卢日科夫的经理们破坏了的莫斯科银行。俄罗斯央行以贷款的形式向 ACB 储蓄保险公司提供了用于该目的的资金。外贸银行还向莫斯科银行法定资本补充注入1000亿卢布。在融资利率和通胀率均为8%的情况下，近4000亿卢布的国家投资是有成效的。同时得到改善的银行老总的收入也超出俄罗斯联邦其他银行，包括私人银行老总的收入。所有这些都是在高贷款利率和低存款利率的背景下出现的。

2011年，普京会见储蓄银行董事会主席戈尔曼·格列夫。会见中谈到自然人存款的利率问题。格列夫向储蓄银行的客户，也包括普京作出承诺，在一年内保证存款的年利息达6.5%。对此，普京笑着说："你们就是一群骗子。"这太低了。根据俄罗斯联邦统计局的资料，平均统计退休金为9000卢布。按照专家的计算，国有企业或国家参股企业老总的年均收入从300亿到450亿卢布不等，相当于40万人的年退休金，而科斯京先生的收入相当于9000俄罗斯退休者的收入。

公正俄罗斯党始终主张对俄罗斯大型企业在国外的子公司采取严厉措施。超过70%的俄罗斯生产性资产都属于在境外注册的企业，现在这对任何人都已不是秘密。境外企业的所有者可以不承担任何社会经济责任，逃避俄罗斯税收，把资本转移到国外。

我们党团主张通过一部对转移到国外的资本征税20%的法令。我们看到，居民的收入差距达到极限。同高级官员、俄罗斯国有企业老总的收入相比，我们绝大多数居民的收入、退休金和补助太少了。我们党团始终主张制定所得税累进税率。应该向富豪们征更多的税。向他们征的税应该进入俄罗斯预算。我们应该通过这样一部法律，以便让这些人为俄罗斯公民做事，而不是为某些寡头集团服务。

译者单位：中央编译局俄罗斯研究中心

《俄罗斯报》评选俄罗斯经济年度五大事件

高晓惠 译

一、帮助乌克兰

俄罗斯向乌克兰提供150亿美元贷款,将天然气价格从每立方米410美元降低到268美元。俄罗斯领导人的这个姿态可以称做最慷慨,也是最出乎意料的。因此,俄乌两国关系迅速升温。有专家担心基辅"无论如何将会面向欧盟"。针对这一担心,俄罗斯前第一副总理伊舒瓦罗夫在接受"Росcии–24"电视台记者采访时说,如果出现某种信号,莫斯科可以要求尽快还贷。

二、给银行注入健康

大约半年内,超过20家俄罗斯银行,包括积极作零售的"Пушкино"和"Мастер – банк"银行被取消营业执照。央行坚决驳斥了存在有任何"该枪毙"的名单和收回营业执照的打算。部分储户来得及将钱从非国有小银行中取出。专家认为,或许有些匆忙。但他们确认,从整体上看,银行体系是稳定的,让有问题的银行退出市场只会对它有利。

三、将养老金分级

2013年最后一周通过有关争议中的养老改革的一揽子法律。现在将用分级取代卢布结算,此外,将对退休年龄、工龄、生育、服役等情况进行修改。养老基金许诺在向居民解释新公式的所有细节时花费2000万卢布,但仍存在问题。

迄今，许多人对暂停支付养老积累款项以及在 2014 年内将之转入分配体系而感到不解。

四、冻结税率

2014 年不会提高对自然垄断服务的定价，不仅针对工业企业。列入幸福人群的居民人数暂时没有下降。作出这样的决定并不容易：因为垄断企业到最后都在企图说服政府放弃税率限制，威胁说将大规模减少投资计划。这个措施能否促使经济增长，现在将拭目以待。

五、格鲁吉亚葡萄酒回来了

俄罗斯禁止进口格鲁吉亚葡萄酒、矿泉水和其他农产品的禁令在实施 7 年后被取消了。但俄罗斯人看来会经不住这种放开。俄罗斯保护消费者权益监督局将继续守护俄罗斯公民的健康。

资料来源：

http：//www.rg.ru/2013/12/30/sobitia－site.html

译者单位：中央编译局俄罗斯研究中心

全球化背景下的中俄青年

王秋文

由中央编译局俄罗斯研究中心、中国青年政治学院和俄罗斯圣彼得堡大学联合主办的第十届中俄经济社会发展比较论坛"全球化背景下的中俄青年"于2012年10月在北京召开,来自俄罗斯多家科研单位、国内知名高校的专家学者参加论坛。现将论坛主要内容简要介绍如下。

一、关注全球化背景下的青年发展

随着全球化程度的加深,当今世界正处于大发展、大变革时期,经济全球化和世界多极化并行发展,在全球化成为不可逆转趋势的历史语境和时代背景下,青年被越来越深地裹挟进全球化的信息传播和社会变迁的进程之中。国际社会中的各种因素对青年的影响越来越大,青年群体的价值取向、思维方式、行为方式、利益诉求以及青年事务的诸多方面都发生了深刻变化。全球化背景下的青年发展和青年参与已经现实地构成了全球化的一部分。研究和关注全球化背景下的青年发展,具有重要的现实意义。

二、全球化时代青年行为方式的变化

随着全球化程度的加深,国内与国际两个局面的互动更为紧密频繁,导致了国内问题的"国际化"以及国际问题的"国内化"。其中,网络、留学、城市化、工业化、跨国的非政府组织以及娱乐、消费等活动,成为影响青年行为方式的机制和路径,并引起一系列结构性变化和行为方式的变化:价值多元与诉求多样；理想主义与世俗意识；国家意识与自我认同；独立性与从众性；公益意识与家庭依附性；组织性与自组织性等。

青年是社会的希望，但也是脆弱的群体；青年的交往方式发生着根本的改变，但获得社会认同依然是他们的基本需求；青年的自主性不断提高，但形成有效的组织还有很大的空间；青年的组织化过程，也是国家政治社会化的过程。每个民族，每个社会都对青年寄予希望，但是青年是在客观的现实中成长的，是被制度塑造的。他们所承担的使命是上一代乃至几代人传承下来的，而其权利的实现又是以对下一代人的责任为前提的。青年问题不仅关乎这一代，更关乎未来的一代乃至数代人。

三、新媒体时代的青年发展和参与

青年是新媒体广泛应用的主力军。新媒体时代具有开放性、及时性、互动性、平等性、聚合性等特点，符合青年个性的需求，凸现了当代青年发展和参与的新地位和新特征：由社会边缘向中心聚集；更加自觉主动；全方位的发展。同时，新媒体也使青年的发展与参与面临挑战：面临社会失范，必须重新构建网络媒体上的社会规范；互为手段和目的，呈现出矛盾性的表现，社会性发展不足；青年主体社会化中的认同危机，对权威认知的偏离；内在疏离感和孤独感；人际交往障碍等。社会要积极掌握并运用新媒体演变的逻辑；培育并提高青年的媒介素质、媒介素养；培养新媒体的舆论领袖；加强监管和防控。

四、全球经济转型体系中的青年就业

全球性经济危机给世界经济发展带来阴影，也影响到就业，首先是青年就业。有专家认为全世界的就业在最近15—20年来并没有呈现增长趋势，却仍然带来严重后果，首先是社会局势紧张，越来越多的青年参加各种各样的抗议活动，向社会展示自己的严重问题，首先是就业问题。2000—2011年青年在世界就业人员中的比例下降到28%。青年就业率低直接影响到社会冲突的缓解，这在俄罗斯同样存在。因此，必须创造条件解决青年失业问题。推行合理的政策，

争取持续发展；创造条件吸引投资，为青年创业提供条件；使青年有更多机会接受教育，包括继续教育和高等教育，特别要重视中等职业教育；积极开拓全球性的劳动市场；发展社会保障体系，缓解青年就业问题。

五、青少年消费观的国际比较

消费观对消费心理、消费行为起着直接的指导作用，它既是文化、民族、经济发展的产物，也是社会现实的反映。中国青少年庞大的人口消费能力和潜力是巨大的，这是由中国经济发展、家庭收入提高、城市化趋势加快所产生的。全球化、市场化、工业化、信息化以及少子化都对中国青少年的消费行为产生着影响；大城市青少年的消费行为具有示范效应；中国独生子女一代的青少年在与世界发达国家青少年消费行为相趋同的同时由于受到中国传统的家庭文化和经济发展阶段的制约，其消费行为既是守成的，也是开放的。大城市青年消费观念行为之间还存在明显的传统与现代、东西方并存的现象。

六、社会变迁中的青年发展变化

青年的特征和时代发展密切相关。社会变革使青年发展面临新挑战：经济体制变化带来深层利益矛盾；社会结构变化使多元的复杂的自组织日趋活跃；利益格局的调整使物质文化发展和不断增长的物质文化需求的矛盾尖锐；人的自由发展的需求强烈和社会发展的矛盾。当代中国青年主体价值观的特点，既有对传统主流价值观的继承：爱国、奉献、责任，又有时代性的自信、和解、交流、平等。中国的青年问题相对复杂，一方面带有发达国家的问题，另一方面又带有发展中国家的问题，呈现多元化的特点。

七、重塑社会转型中的公民认同

全球化背景下，在中俄这样的转型国家中，影响青年一代的有两个最重要的因素：一是全球化的影响；二是社会转型的影响。全球化背景下的社会转型进程已经深刻地影响到转型国家中包括公民性、爱国性、公民认同等重要的问题。

俄罗斯当代青年人没有经历苏联时代，他们是在公民认同缺失的时期中成长起来的，对国家的命运没有太多感受，也没有共同的社会历史记忆，缺少共同的文化价值和政治文化理念。更由于一定时期内个人主义泛滥，更关注权利，而少谈义务和责任。因此，当代俄罗斯青年的公民认同出现了一定的内在矛盾性。公民认同的变化是由许多的主观和客观因素决定的。重塑俄罗斯青年的公民认同是一个复杂的过程，其中，历史记忆是产生凝聚力的重要因素。

八、多元现代性与后物质主义价值观

当中国进入现代化起飞阶段，从匮乏型社会向富裕型社会迈进，社会成员的需求层次呈现出逐渐提高的趋势，在精神层面上则正在发生一种急剧而深刻的变化，这在中国青年身上最先表现出来。

后物质主义价值观的表现——更高层次的心理需求开始凸显，并成为支配其社会行动的重要驱动力。从着重追求个人生存层面，逐渐向着重追求个人发展层面，再到向着重追求个人幸福的目标迁移。在社会维度上的特征：强烈的社会参与动机；热心公益；公共服务意识；对不同价值观的宽容；自觉的环保意识。个体维度上的特征：强调个性的价值；珍爱生命的意识；开放的心态；直率的情感表露方式；广泛的非功利的兴趣爱好；积极的休闲态度。

后物质主义价值观的出现，是中国社会发展处于复合时空状态的一种表征，表明了全球化背景下处于多元现代性场景中的中国社会文化及其成员社会心理变迁模式的复杂性，青年则是这种复杂性的风向标。

九、青年国家态度与全球态度的关系

全球化背景下传统价值观是否面临挑战和冲击，理论上可以推出两种结果：一是全球意识增强会导致国家意识衰弱；二是国家意识在全球化的挑战下基本要素仍在，但是结构中的某些要素发生变化，形成更加开放、更加理性的新型爱国主义。全球意识和爱国主义，或者国家意识可能处于一种和谐共生的状态。

调查显示：青少年对国家认同、爱国主义意识的强烈并不意味着全球意识和全球认同的否定，国家态度和全球意识之间并不是此消彼涨、无法相融的关系，而是一种在共生与结构中并存的关系，既有共生，也有冲突的地方。总的来看，当代青年的爱国主义基本是理性、开放和包容的。

论坛还讨论了当代青年的政治观、社会化、公共外交以及女性研究等问题。全球化使青年的思想意识发生了很大变化，青年价值观的培养对社会发展具有重要意义。青年工作的现代化，必须研究青年成长的新规律、新特点，既要有人生观价值观的教育，也要有开放平等的对话。

作者单位：中央编译局俄罗斯研究中心

中东欧与中亚观察

新民粹主义：中东欧政治现象的解读

徐 刚

新民粹主义是冷战结束后，特别是进入新世纪后中东欧地区出现的一种突出的政治现象。在过去的十多年里，新民粹主义政党在中东欧多国政坛十分活跃甚至上台执政，在欧洲议会选举中也有不俗的表现，成为一股较强的政治力量。那么，什么是新民粹主义？它在中东欧地区的表现以及兴起的原因是什么？新民粹主义与中东欧地区的转型又存在怎样的关联？

一、民粹主义与新民粹主义

自19世纪后期至今，民粹主义（Populism）主要经历了三次浪潮：（1）19世纪末在美国、俄国以及东欧出现的第一代民粹主义；（2）20世纪60—70年代全球兴起的第二代民粹主义，尤以拉美的民粹主义复兴为甚；（3）20世纪80年代，尤其是90年代以来在欧洲和北美复兴的第三代民粹主义。冷战结束后欧洲出现的"新民粹主义"（Neo-Populism）即属于此，它与世界政治转型的第三波浪潮正好相叠合。

民粹主义本身是一个语境依赖很强的概念，至今也没有一个明确的定义。从政治层面看，它可以被看做是一种社会政治思潮、一种社会运动、一种政策策略或者一种政治心态。虽然民粹主义的内涵过于宽泛、模糊不定，但其核心内容是一致的，即以民意的真实代表自居。换言之，民粹主义是政治生态的民意反应，是民众与他者的对立。民粹主义已经成为理解全球化进程中国家政治生活的一个重要视角。有学者指出，"只有像'民粹主义'这样模糊和内涵不清楚的概念才能让人认识到世界很多地方发生的急剧政治转变。'民粹主义'比现在流行的任何其他概念都更好地抓住了自由民主在当今遭遇的挑战的本质。"①

那么，欧洲新民粹主义究竟是怎样一种政治现象呢？英国政治学者保罗·塔格特（Paul Taggart）认为它至少有三种表现形式："一是像2000年燃料抗议运动或反全球化运动之类的社会动员；二是欧盟的各种政治力量所表现出的欧洲怀疑主义（Euroscepticism）；三是欧洲右翼民粹主义政党。"② 进一步说，欧洲新民粹主义具有以下特征。第一，新民粹主义在显示极端的同时保持了对民主的肯定，它们不是反对民主而是反对自由主义；第二，新民粹主义不再主张作为人民的精英带领人民取得政治成果，而是主张反对精英政治；第三，对欧洲一体化进程的质疑与忧虑成为新民粹主义兴起的一个催化剂，也是其中的一个重要内容；第四，新民粹主义成为一个泛欧洲的现象，它首先出现在西欧，但不限于西欧并广泛存在于中东欧国家；第五，新民粹主义是具有相似性和同时性的现象聚合，是一个地区不同国家社会生态的表征，它"不是一个单独的政党或者运动，而是在同一时期不同国家出现的具有一些相同主题特征的一系列不同的政党形态"③。

因此，我们不能套用民粹主义的传统解释来分析欧洲新民粹主义，或者简单地将其视为是一种现象的"复活"或"回归"，否则将阻碍人们对欧洲新民粹主义的全面认识。

二、中东欧与西欧新民粹主义的比较

第一，与西欧新民粹主义相同，中东欧新民粹主义也反对腐败的精英统治，质疑与反对欧洲一体化甚至全球化进程。不同的是，它们宣扬极端民族主义、排外主义以及种族主义思想的程度不一样，中东欧新民粹主义在这些方面的诉求较

---

① Ivan Krastev, "The populist moment," http://www.eurozine.com/articles/2007-09-18-krastev-en.html.

② Paul Taggart, "Populism and Representative Politics in Contemporary Europe," Journal of Political Ideologies, Vol. 9, No. 3, October 2004, p. 285.

③ [英]保罗·塔格特：《民粹主义》，长春：吉林人民出版社2005年版，第98页。

弱，强调"去共产主义遗产"下的社会公正与平等，相反西欧新民粹主义则强调民族和种族之间的差异，反对外来移民，主张排外主义。①

第二，与西欧新民粹主义多为右翼民粹主义不同，中东欧新民粹主义并非右翼的专利。多数中东欧新民粹主义政党是成立不久的政党，它们正是凭借意识形态的模糊性"左右逢源"，在大选中获得"意外的成功"，所以很难将它们归类于或等同于右翼民粹主义政党。有的民粹主义政党还是左翼力量，如斯洛伐克的方向—社会民主党（Direction-Social Democracy）和保加利亚欧洲发展公民党（Citizens for European Development of Bulgaria）等。当然，中东欧国家也有一些极端强硬的右翼民粹主义政党，如保加利亚的"阿塔卡"联盟（ATAKA）、匈牙利的尤比克党（JOBBIK）以及斯洛伐克民族党（SNS）等。

第三，与西欧新民粹主义政党有比较清晰的自我界限不同，中东欧新民粹主义政党在竞选过程中，为迎合选民的口味，任意采用自由主义政党、社会民主党、民族主义政党的政策。过去的经验表明，中东欧新民粹主义政党可以与左翼社会民主党合作，如西美昂二世国民运动（National Movement Simeon the Second）在2005年与保加利亚社会党共同组成联合政府；也可以和右翼政党合作，如罗马尼亚民主党和国家自由党在2004年组成选举联盟；还可以另起炉灶，挑战左、右政党，如波兰法律与公正党（Party of Law and Justice）单独参加2005年的议会大选，一度组建少数派政府，继而又与民粹主义政党自卫党（Self-Defence of the Republic of Poland）和波兰家庭联盟（the League of Polish Families）组成联合政府。

因此，观察中东欧的新民粹主义必须注意到中东欧独特的政治环境，超越传统左右政治谱系的思维，将其纳入到中东欧地区的转型过程中加以讨论，这样才不至于发生偏差。

---

① Isabelle Rousseau, "Is populism in Western Europe and Central Eastern Europe the same thing?" January 9, 2012, http://www.nouvelle-europe.eu/node/1394.

三、中东欧新民粹主义兴起及其原因

20世纪90年代,中东欧新民粹主义政党的力量比较弱小,只在斯洛伐克和匈牙利有一定的影响。进入21世纪,尤其是一些中东欧国家相继加入欧盟后,新民粹主义政党在多国政坛十分活跃甚至上台执政,在欧洲议会选举中也占据一定的席位。除了上述曾经执政的新民粹主义政党外,2009年保加利亚欧洲发展公民党击败了曾三度执政的社会党,2010年匈牙利青年民主主义者联盟—匈牙利公民联盟(Fidesz-Hungarian Civic Union)在选举中一党独大,2012年斯洛伐克方向—社会民主党实现了自2006年议会大选后的三连胜。

可见,新民粹主义已经成为中东欧政党政治的一种选择,这种现象是社会转型中出现的诸种问题在政治领域的反应。首先,"入盟后综合症"加剧了民众对欧盟的怀疑,为新民粹主义的滋生提供了土壤。"入盟后综合症"表现为政局波动、经济问题频现、社会冲突多发等。其次,传统左、右政党政策"枯竭"以及形象受损,使民众产生厌倦和反感,再加上腐败问题严重,使选民失去信心,转而支持新民粹主义政党。最后,社会生态的变化特别是大众传媒引发的社会交往方式的变化,使得传统的组织化的程序和等级化的机制逐渐被广播、电视、网络、报纸等便利、直接、富有个性化的方式所取代,而新民粹主义领袖们不失时机地抓住并有效利用了这些变化。

结　语

中东欧新民粹主义政党的活跃期能持续多久是一个未知数,预测其未来实属不易,它"对现代化和社会进步来说,或许是福音,但更可能是祸害"[1]。不过,可以肯定的是,这种现象的出现是整个社会发展的系统反应。纵观过去几十年的历史,处于转型期的国家容易滋生民粹主义,比如20世纪80年代末90年代初的拉丁美洲,东欧剧变后尤其是进入21世纪的中东欧地区,等等。

---

[1] 俞可平:《权利政治与公益政治》,北京:社会科学文献出版社2005年版,第281页。

总的来说，政治、经济以及社会系统的联接共同影响着转型国家的民主进程。在转型国家，不管何种政治势力获得政权，它们都只能遵守民主的规范与原则，在民主体制内运转，并在经济上有所作为，否则其合法性将会受到侵蚀，新民粹主义政党也不例外。

作者单位：中国社会科学院俄罗斯东欧中亚研究所

捷克总统选举有望引发新气象

马细谱

2013年1月,捷克举行了历史上第一次全民总统直选。代表左翼的泽曼成为捷克历史上首任直选总统。他的当选有可能改善捷克与欧盟的关系,拉近捷克同俄罗斯的距离,趋向于重视发展对华友好合作关系,并有可能开始突破2009年以来中东欧右翼一统天下的格局。人们期待捷克总统选举引发的新气象对欧盟和中东欧国家产生某种积极的影响。

2013年3月8日,捷克共和国第一位由全国公民直接投票选举产生的总统米洛什·泽曼宣誓就职,成为捷克独立后的第三位总统。泽曼在其就职典礼上说,他的主要目标是稳定捷克的政治局势,同各党派、工会和社会团体进行对话;在欧洲债务危机情况下努力实现经济增长;打击黑社会组织及其新纳粹主义分子。新总统还强调说,总统属于全体捷克公民,不隶属于任何政治党派,总统办公机构应该成为各政党和组织进行对话的中立的平台。他准备通过收入和财产公示的法律打击黑社会的"教父",同时会更多地关怀那些为捷克社会作出贡献的人群。

据此前捷克方面的统计,这次共有9名总统候选人参加了竞选(其中有3名女性候选人)。在1月11日和12日两天进行的投票中,没有人获得超过半数的选票而直接当选,但前任总理米洛什·泽曼和现任外长卡雷尔·施瓦岑贝格的得票率分别为24.22%和23.40%,以微弱差距排在前两位。于是,他们两人进入了第二轮总统选举。选前曾一度被看好的前中右翼政党代表扬·费舍尔(自2009年4月至2010年7月曾任临时政府总理)仅获得16.36%选票,位居第三。

1月26日,捷克总统选举第二轮投票结果揭晓,泽曼以54.8%的得票率胜出，当选为捷克新总统。泽曼也成为捷克历史上第一位由全体公民直接投票选出的总统。另一位候选人施瓦岑贝格的得票率为 45.19%。第二轮总统选举的投票率约为 59.11%，略低于第一轮 60.56% 的投票率。总的来说，此次捷克总统选举，选民的积极性在近年中东欧国家选举中是比较高的。在选举前，泽曼的支持率一直稳居榜首，大部分捷克政论家和分析人士预测泽曼有可能获胜。

泽曼，生于 1944 年 9 月，现年 69 岁，资深政治家，毕业于布拉格经济大学国民经济计划专业，1968 年加入捷克斯洛伐克共产党，后因对共产党人持批评态度，被开除出党。1989 年之后，泽曼加入社会民主党，1990 年至 1992 年担任联邦议会议员，1996 年至 1998 年当选众议院议长，1993 年至 2002 年当选捷克社会民主党主席，其间，在 1998 年至 2002 年出任捷克左翼政府总理，2010 年当选公民权利党主席，其后担任该党名誉主席。从 2002 年起，泽曼开始长期生活在农村。此次他是以无党派独立人士身份参加选举。他反对现政府在经济金融危机情况下所实施的财政紧缩政策、提高税收以及养老金改革，而主张社会市场经济，进行更多投资，以促进经济增长。泽曼离异后与第二任妻子有两个子女。

现任外长施瓦岑贝格是捷克右翼保守派的代表，生于 1937 年，是奥匈帝国名门贵族后代，长期生活在奥地利和德国，新闻记者和出版商，同时兼有外国国籍，1984 年曾任赫尔辛基国际人权委员会主席，1990 年任哈维尔总统办公室主任和顾问，2004 年当选为捷克参议院议员，2007 年 1 月起任外交部长。他的经济政策主张同泽曼正好相反，支持现政府实施财政紧缩政策，主张自由市场经济，把压缩财政赤字和维持金融稳定作为财政政策的核心。他和妻子离婚后又复婚，有两个儿子和一个女儿。

此次捷克总统选举具有如下几个特点：

第一，这是捷克选民第一次直接选举总统，泽曼也是捷克政坛上的第一位左翼"草根总统"。历史上，捷克是一个议会制国家，总统是国家元首和武装力量的最高统帅，任期 5 年，最多可以连任两届。此前，捷克总统是由众议院和参议院的议员投票选举产生，获得超过半数的选票即可当选。2012 年 2 月，捷克议会通过了宪法修正案和新的总统选举法，决定跟其他中东欧国家一样，实行一人一票的全民直接投票选举总统制度。议员们认为,直接选举可以减少人们对选举中腐败现象的质疑。尽管捷克总统没有像美国、法国总统那样拥有广泛的权力,但他可以任命或解除总理以及其他政府成员职务,有权批准或者否决议会通过的法律。总统还有权选择中央银行货币政策委员会的成员、任命法官和授予军队将军军衔等。泽曼本人堪称"草根阶级的代表",他承诺除了秘书和司机外,不会往总统府塞进任何自己的人,从而树立了清廉执政的形象。

第二,泽曼在对待欧盟的态度上,将比克劳斯更加理智和成熟。捷克卸任总统瓦茨拉夫·克劳斯在捷克发生社会制度转轨23年来一直处于政治舞台的前沿,从2003年接任瓦茨拉夫·哈维尔已经两任。克劳斯在任期间,是著名的民粹主义者和欧盟一体化的反对者。2009年他拒绝签署欧盟普遍接受的《里斯本条约》,被不少欧洲国家指控为"麻烦制造者"。在克劳斯的干预下,捷克成为欧盟27个成员国中最后一个签署该条约的国家。他甚至拒绝在总统府悬挂欧盟旗帜。与克劳斯相比,泽曼属于"挺欧派",他支持欧盟一体化,赞同欧洲共同防御政策,赞成捷克未来引入欧元。人们预测,泽曼上台后从姿态上会更加亲近欧盟,会积极支持和响应欧盟的各项主张和号召,并努力改善捷克与欧盟的关系。

泽曼当选捷克总统,受到欧美主流媒体的关注和一定认可。西方媒体认为他是"狡猾的务实主义者"。德国政府在泽曼当选后第一时间表态,称将与泽曼总统领导下的捷克继续保持友好关系。美国《纽约时报》称他为"欧洲一体化的公开拥护者"。欧盟委员会主席巴罗佐、欧洲议会主席舒尔茨等欧盟高级领导人在泽曼竞选获胜后或发来贺电贺函,或在媒体上公开表态,支持他当选总统。捷克媒体预测,克劳斯卸任后,欧盟旗帜将再度飘扬在总统府。

第三,泽曼担任总统后有望拉近与俄罗斯的距离,同时发展对华友好关系。泽曼善于在大国夹缝中求生存,外交上更趋圆滑和务实。他主张与美国保持良好关系,但又不疏于与俄罗斯发展亲近关系,与周边邻国和睦相处。据称,泽曼的核心集团成员与俄罗斯保持着密切的商业关系。布拉格查尔斯特大学分析员约瑟夫认为,"当选后,泽曼很可能成为与俄罗斯拉近关系的倡导者"。

泽曼的对华姿态相比右翼政客明显友好。他曾于1999年12月访华,与当时的中国最高领导人举行会谈。期间，中捷两国政府共同发表了联合公报。访华期间，他表示高度重视发展对华友好合作关系，重视中国在国际上的地位，把推进对华友好合作关系看做是"历届捷克政府的政治责任"。他曾在多个场合重申坚持一个中国原则，希望加强同中国在经贸领域的互利合作。此次总统竞选中，泽曼在选前与施瓦岑贝格的电视辩论中明确表态，如果胜选，不会作为国家元首同达赖喇嘛会面。由此可见，他可能是捷克历任总统中对华姿态最为友好的一个。

第四，泽曼获胜，表明捷克中左翼政治力量有所上升，但其与中右翼政治势力的较量将继续相互掣肘。国际分析人士认为，施瓦岑贝格是捷克的"贵族大佬"，拥有私人城堡和豪宅，与日益腐败的官僚作风关系密切，其支持者多为商人和大城市年轻人。他落选是因为在近年的欧债危机背景下支持政府实施财政紧缩政策，搜括纳税人的钱财，将沉重的赋税转嫁给普通百姓。而泽曼的政策正好与他相反，在竞选中反对财政紧缩，不赞成提高税收，不愿以损害低收入人群利益为代价改革养老金制度，反对让老百姓勒紧裤腰带度日。在竞选中，中左翼和中右翼的治国理念已明显表露出来，捷克多数民众倾向于赞同泽曼的思想。

捷克前总统克劳斯认为，此次总统选举是右翼的失败，特别是他领导的公民民主党的惨败（现政府主要由公民民主党成员组成），是左翼的胜利。

捷克现政府仍然分属中左和中右两派，从某种程度上说，在代表中左翼的社会民主党"失势"多年后，泽曼的当选也反映了民众对中右翼现政府的不满和"态度宣示"。以捷克摩拉维亚共产党为代表的中左翼一直是捷克议会的参政党和执政党之一。捷克政坛出现左翼总统，还有可能开始突破2009年以来中东欧右翼一统天下的格局。人们期待捷克总统选举的新气象有可能产生某种积极的影响。这种间接或直接的影响或已有所表现。

2月19日，保加利亚全国各地爆发数万人游行示威活动，抗议外资电力公司的垄断行为和高价电费，呼吁政府将电力公司国有化。抗议者要求总理辞职，并与警察发生冲突，导致多人受伤和被逮捕。总理博伊科·鲍里索夫迫于压力在2月20日宣布辞职，保加利亚处于无政府状态。保加利亚现政府是在2009年7月举行的议会选举后成立的右翼强势政府，任期为4年，目前距离下一届议会大选只有4个多月时间。保加利亚是欧洲最为贫穷的国家之一，其民众在诸多方面对政府不满，包括电费太高、能源垄断、生活水平低下和腐败问题等。5月12日，保加利亚提前举行议会选举。舆论看好的左翼的保加利亚社会党尽管得票只是位居第二，但是该党米哈伊尔·米科夫当选为新一届议会议长。而且由于得票第一的中右翼欧洲发展公民党得票未过半数，而其他进入议会的政党亦不愿与其联合组阁，因此最后还是由左翼党推出的奥雷沙尔基纲领性政府获得支持。

2月27日，斯洛文尼亚代表中左翼的"正面斯洛文尼亚"党（2011年成立）的阿伦卡·布拉图舍克在对中右翼保守派政府的不信任投票中以55票（议会总共90个席位）获胜，成为该国转轨以来的首位总理。42岁的布拉图舍克被外界认为是在斯洛文尼亚经历深刻的金融和政治动荡之际，肩负起重振国家经济和恢复人们对国家机器信任重担的"女强人"。布拉图舍克表示，她的政府将健全斯洛文尼亚银行，自己解决财政金融问题，不需要采取国际救援措施，尽管斯洛文尼亚的银行负债高达70亿欧元，占国内生产总值的20%，但斯洛文尼亚的债务水平低于欧盟的平均水平（60%）。

捷克中左翼对中右翼防线的突破能否引发其他中东欧国家中左翼力量再度崛起，尚待进一步观察。目前中东欧国家的中右翼势力依然强大，各国继续呈现中左翼和中右翼政党交替执政现象。

作者单位：中国社会科学院世界历史研究所

对匈牙利第四次修宪的一点思考

贺 婷

2013年3月11日,匈牙利议会通过宪法第四次修正案。这是自2012年1月1日匈牙利宪法生效以来修改内容最多的一个修正案。前三次修宪涉及宪法过渡性条款、央行以及土地产权。此次修宪于2013年2月8日提议,共14条,涉及此前被宪法法院认定为违宪的一些过渡性条款,其中引起争议的内容包括:宣布宪法法院基于旧宪法所作的决议无效;全国法院行政管理局主席有权改变案件的审判地点;缩小家庭的概念,家庭只能建立在异性婚姻和父母子女关系之上;宗教组织的官方认可需得到议会2/3以上投票认同;竞选期间政党只能在公共媒体上作宣传;无家可归者在公共场所生活将可能被起诉;获得国家奖学金的大学生必须承诺毕业后在国内工作若干年,等等。

宪法第四次修正案引起国内外一片反对。匈牙利国内主要反对党在反对修宪问题上结成统一阵线。前总理、新近成立的"共同2014"党主席鲍伊瑙伊呼吁各反对派在具体问题上搁置争议,立即开始就抗议修宪、捍卫宪政等重要问题展开协商。社会党主席麦什泰尔哈兹和民主联盟副主席莫尔纳尔·乔包都响应倡议,表示参加协商。一些较小的左派和自由派政党及组织也表达了参加协商的意愿。基本权利专员萨博·马太,于4月23日将第四修正案诉诸宪法法院审查。鉴于总统已经签署法案,这是撤销该法案的唯一法律途径。

国际上对这一修正案的反响也很大。4月12日,欧盟委员会主席巴罗佐亲笔致信匈牙利总理欧尔班,表示欧委会对匈牙利第四次修改宪法是否符合欧盟法律存在严重忧虑,并强调,如果最终确认匈牙利修宪违背欧盟法律,欧委会将采取必要步骤，对匈牙利启动新的违背义务程序。令欧委会特别忧虑的问题包括：根据修改后的宪法，如果由于国内和国际法院的决定，匈牙利出现支付义务（如罚款），政府可用税收支付，而不必动用国家预算；全国法院行政管理局主席有权改变案件的审判地点；对政治竞争、竞选和政党广告宣传进行限制。针对匈牙利的修宪问题，巴罗佐要求匈牙利与欧洲议会展开政治对话。欧洲议会将于6月讨论通过有关匈牙利落实基本权利状况的披露性报告。威尼斯委员会也与欧委会紧密合作，将于6月15—16日就匈牙利修宪提出报告，希望匈牙利政府注意报告的意见。

4月12日，欧尔班接信当天就立即回信给巴罗佐。他强调，匈牙利政府和议会坚定信守欧洲准则和价值，并向巴罗佐保证，匈牙利政府将在各方面与欧委会合作，以消除疑虑。他已建议采取立法步骤，解决令欧委会忧虑的问题。

这次事件似曾相识，几乎是两年前宪法出台后国内外反应的翻版。

匈牙利现行宪法是两年前在欧尔班所领导的议会第一大党青民盟的力推下仓促出台的。2011年3月14日，执政的青民盟—基民党联合提交了名为"匈牙利基本法"的新宪法议案。3月22—25日和28日，议会对其进行了初步讨论，4月1和4日议会又进行了详细讨论。4月18日，议会以262票赞成、44票反对的投票结果通过新宪法。

这部宪法的出台在欧盟内引起广泛争议。5月，威尼斯委员会派专家前往匈牙利，对其制宪过程和宪法内容进行详尽调查。7月5日，欧洲议会以331票赞成、274票反对和54票弃权通过谴责匈牙利宪法的决议，呼吁匈牙利政府修改新宪法并在制订重要法律时遵守欧洲准则。决议指出，欧盟建立在民主和法治、尊重基本权利和自由的价值观基础上，这对包括匈牙利在内的欧盟成员国均有约束力。虽然制宪是各成员国的权限，但成员国的宪法不得违反构成欧盟基础的民主价值和自由权利。决议表示赞同威尼斯委员会对匈牙利新宪法提出的批评，即制订新宪法的过程缺乏透明度，时间过于仓促，没有吸收反对党和社会组织参加，在有关新宪法的问题上没有形成"政治和社会共识"。

然而，欧洲议会的决议并没有阻碍匈牙利新宪法的出台。12月30日，匈牙利通过了与新宪法相配套的一系列基本法。在新宪法生效后的短短一年多内，相继通过了四个宪法修正案。

2013年，再次面对威尼斯委员会的调查，欧尔班表现得十分淡定。他表示：要平静地看待威尼斯委员会在司法领域的调查。一方面，匈牙利的立宪情况完全符合欧洲标准；另一方面，威尼斯委员会"不能凌驾于议会之上"。

欧尔班表现如此淡定不是没有理由的。2008年金融危机爆发后，欧洲多国银行业受波及，随后欧元区多个国家深陷主权债务危机，至今仍未走出困境，欧盟因此失去了曾经代表繁荣和优越的光环。对欧尔班而言，自顾不暇的欧盟似乎给他提供了一个自抬身价的机会。不论欧盟将在这次审查中发现什么，它都很难对匈牙利作出诸如剥夺其投票权或是将其踢出欧盟的决定，因为这类决定对欧洲一体化具有相当危险的破坏性，尤其在欧元区债务危机仍未明显缓解的关键时刻。所以，欧尔班才敢于多次置欧盟意见于不顾，对包括宪法在内的多项法律作出调整。

尽管欧尔班一次次挑战欧盟，但退出欧盟并不是高明的选择。匈牙利国际法学者指出，退出欧盟的问题，首先是经济问题，其次是政治问题，最后才是法律问题。自欧洲共同体存在以来，还没有一个国家想退出欧盟。英国虽多次提出这个话题，但主要是为了安抚欧洲怀疑论者。欧尔班即使提出这个问题，可能也只是为了争夺极右选民。虽然根据欧盟条约，任何成员国都有权退出，但退出欧盟不是一件简单的事，要在两年内与代表成员国的理事会进行谈判，就几千项问题达成协议。况且，入盟10年来，匈牙利虽然放弃了一部分主权，但获得了稳定和发展的机遇，每年可获得欧盟15000亿福林的资金援助。退出欧盟，就不能再享受欧盟成员国应得的援助和其他好处，将成为欧洲政治上和经济上的弃儿，在国际关系中的地位也将下降。当然，鉴于欧盟目前的困境，匈牙利与其他已入盟的中东欧国家一样，对欧盟的态度五味杂陈，一方面受益于欧盟所带来的资金等方面的利益；另一方面又不愿被拉入危机的泥潭。既要在欧盟内通过讨价还价获取所需的利益，又要适当地与其保持距离。

已经是第二次担任总理的欧尔班有着较为丰富的从政经验，他还有法律专业的背景，对匈牙利法律体系的一系列动作正是基于他对法律的了解。在先后控制了总统和议会议长等重要职位，破坏了三权分立的制衡局面后，对宪法的修改是巩固青民盟在议会、政府中绝对地位的最重要环节。被宪法法院否决的条款以修正案的形式加入到宪法中，意味着没有任何机构或个人可以阻挠青民盟的意志，几乎所有权力部门都在它的掌控之中。这就为即将到来的2014年匈牙利议会选举作好了铺垫。据一项2013年4月的调查显示，即使欧尔班的一些做法在国内外招致不满，青民盟的支持率仍有25%，而其最大的对手——社会党的支持率仅有13%，只有反对党联合或是赢得绝大多数中间选民，才有可能获得超过青民盟的票数。而无论青民盟能否胜出，下一任政府恐怕都很难像欧尔班一样动摇宪法。

  从匈牙利新宪法出台到第四次修宪，青民盟一次次将自己的意愿写进宪法。在欧盟这样一个崇尚民主和法治的组织内，匈牙利执政党没有经过与其他党派的协商，便可在合法程序下，凭借自己掌握的议会2/3多数席位，达到一己之目的，这似乎有将狭隘的党派利益凌驾在民主制度之上的危险。这种现象令人惊讶，也发人深思。

作者单位：中国社会科学院俄罗斯东欧中亚研究所

从反对派到执政党

——青年民主主义者联盟—匈牙利公民联盟的发展

高 歌

青年民主主义者联盟—匈牙利公民联盟自 2010 年上台执政以来，推出一系列违背民主制度和市场经济原则的政策，颇为引人关注。青民盟—匈牙利公民联盟从何而来？又走过了怎样的道路呢？

一、1988—1990 年：青年知识分子的反对派组织

20 世纪 80 年代末，匈牙利经济状况恶化，社会矛盾加剧，反对派组织纷纷涌现。1988 年，以大学生和研究生为主的青年知识分子成立青年民主主义者联盟。首先，青民盟是一个反对派组织，反共反社会主义、倡导民主和市场经济是它最主要的诉求。它与其他反对派组织一道向匈牙利社会主义工人党和社会主义制度发起攻势，迫使社会主义工人党放弃领导地位，实行多党制，并参加了社会主义工人党与反对派组织及社会团体的圆桌会议。其次，青民盟是一个青年组织，要求其成员年龄在 35 岁以下。青年、尤其是高校学生没有工作和家庭牵累，有更多的时间和精力，更富有冒险精神，是反对派运动的一支重要力量。青民盟便建立在他们的基础之上。再次，青民盟十分反感苏联在国际主义旗号下对匈牙利主权的干涉，主张维护国家认同和民族自决，保障民族利益。

二、1990—1998 年：寻求定位的反对党

在 1990 年和 1994 年的国会选举中，青民盟的成绩并不理想，分别获得 21 和 20 个国会席位，仅占席位总数的 5.44% 和 5.18%，是国会最小的反对

党。① 1990—1998 年，青民盟对国家政治生活的影响有限，却经历了自身最为关键的发展。

第一，由体制外反对派组织转变为体制内政党。1990 年选举后，青民盟多少延续了体制外的抗议行为。1993 年欧尔班就任青民盟主席后，青民盟完全放弃了抗议行为，开始致力于通过议会斗争谋取政权。

第二，由中派的自由党转变为中右的保守党。1990—1994 年民主论坛执政时期，青民盟主张自由主义，反对民主论坛政府的保守主义、民族主义政策和宗教倾向，并于 1992 年加入自由党国际。1994 年社会党与自由民主主义者联盟联合执政后，青民盟的政治立场逐渐由自由转为保守，成为教会和民族利益的支持者。1995 年青民盟合并了主张民族主义的右翼小党——匈牙利公民党，改名为青民盟—匈牙利公民党，一些仍坚持自由主义观点的青民盟成员退党并加入自民盟。

第三，扩大政治基础，加强政党联合，争取上台执政。青民盟取消了对其成员 35 岁以下的年龄限制，以求吸收更多的人加入。青民盟还注重通过联合其他政党加强力量和影响，它先是寻求与自民盟结盟，在自民盟参加社会党为首的政府后，又提出与民主论坛和基督教民主人民党联合的问题。1995 年，青民盟—匈牙利公民党与民主论坛签署两党合作协议，并与从基督教民主人民党分裂出来的基督教民主联盟签署了相同的协议。1998 年国会选举时，青民盟—匈牙利公民党与民主论坛和基督教民主联盟联合参选，并在第二轮投票前，得到独立小农党、真理和生活党的大力支持，从而孤立了社会党，赢得了选举胜利。

三、1998—2002 年：关注民族利益的执政党

青民盟—匈牙利公民党之所以能在 1998 年选举前与民主论坛和基督教民主联盟结盟并得到独立小农党、真理和生活党的支持，在选举后能与民主论坛和独

---

① 参见匈牙利国家选举办公室网站：http：//www.valasztas.hu，下文有关国会选举结果的数据均参见此网站。

立小农党联合组阁，在很大程度上是因为它们在某些问题上存在共识。这也从一个侧面表明青民盟—匈牙利公民党在右转的道路上越走越远。2000年，青民盟—匈牙利公民党终止了自由党国际的成员资格，加入欧洲人民党。

关注民族利益便是青民盟—匈牙利公民党与民主论坛、独立小农党等中右和右翼政党的一个重要共识。青民盟—匈牙利公民党领导的联合政府执政期间，支持境外匈牙利族人的教育、科研等活动，与境外匈族人机构开展对话和接触。2001年6月，匈牙利国会通过《境外匈牙利族人地位法》，宣称匈牙利政府将向周边接壤国家的非本国公民的匈牙利族人提供各种优惠和补贴。尽管该法引起其邻国、特别是斯洛伐克和罗马尼亚的不满和指责，但青民盟—匈牙利公民党领导人态度强硬，该法于2002年1月1日开始实施。[1]

四、2002—2010年：与执政党抗衡的反对党

虽然在2002年和2006年国会选举中，青民盟—匈牙利公民党[2]连续失利，但与1990—1998年相比，其力量和影响大增，是可与主要执政党社会党抗衡的反对党。在2004年欧洲议会选举中，青民盟—匈牙利公民联盟获12个席位，超过社会党的9席，名列第一；在2009年欧洲议会选举中，青民盟—匈牙利公民联盟和基督教民主人民党竞选联盟更以14席的成绩远超社会党的4席，再次名列第一。[3] 2005年，青民盟—匈牙利公民联盟和民主论坛提名的候选人绍约姆·拉斯洛当选总统。2006年，青民盟—匈牙利公民联盟取得地方选举的胜利。

除了在各类选举中抗衡社会党外，青民盟—匈牙利公民联盟还抓住时机，向社会党发起进攻。2006年秋，总理久尔恰尼·费伦茨在社会党代表大会上的发言录音[4]被曝光，引发民众抗议。青民盟—匈牙利公民联盟积极支持并参与其

---

[1] 2002年5月社会党政府上台后，努力缓和与斯洛伐克和罗马尼亚的关系，匈牙利与两国的紧张关系得到一定缓解。随着2004年5月匈牙利和斯洛伐克加入欧盟，《境外匈牙利族人地位法》失效。

[2] 2003年改称青民盟—匈牙利公民联盟。

[3] 参见欧洲议会网站，http://www.europarl.europa.eu。

[4] 在发言中，久尔恰尼承认在过去近两年时间里为赢得国会选举，向选民隐瞒了国家发展现状。

中，举行示威集会和火炬游行，要求久尔恰尼和社会党政府下台。2007年初，青民盟—匈牙利公民联盟继续组织示威活动，号召民众推翻政府。2007年秋，针对政府的医疗改革计划，青民盟—匈牙利公民联盟征集民众签名，要求就取消医院挂号费和住院费等问题进行全民公决。年底，一些工会组织发动了自1990年代初以来最大规模的罢工，反对医疗改革，青民盟—匈牙利公民联盟表示支持。2008年初，青民盟—匈牙利公民联盟发起的全民公决举行，医院挂号费和住院费被取消，医疗改革陷入困境，社会党政府改组，支持率下降。2008年秋以来，国际金融危机席卷而来，匈牙利遭受重创，货币贬值，股市下跌，工业生产急剧下降。青民盟—匈牙利公民联盟以政府采取的应对措施不力为由，多次要求政府辞职并提前举行国会选举。

五、2010年至今：饱受非议的执政党

2010年，青民盟—匈牙利公民联盟和基督教民主人民党竞选联盟在国会选举中大获全胜，以263个席位占据国会2/3多数，成为自匈牙利制度剧变以来拥有国会席位最多的执政党。凭借这一绝对优势，青民盟—匈牙利公民联盟可以不受掣肘地通过法律，贯彻自己的政策主张。

自青民盟—匈牙利公民联盟执政以来，匈牙利国会已经通过了一系列颇受非议的法律。其中，《国籍法修正案》给予生活在国外的匈牙利族人匈牙利国籍；《媒体法》规定由青民盟—匈牙利公民联盟成员组成全国媒体及通讯委员会，对媒体实施监督，对媒体的违法行为处以重罚；《基本法》去掉了国名中"共和国"的字样，将基督教作为匈牙利历史和文明的基础，限制宪法法院权限；《中央银行法》将央行副行长的提名权由行长转到总理手中，危及央行的独立性。虽然在欧盟和国际货币基金组织的压力下，匈牙利国会对《媒体法》和《中央银行法》做了一些修改，但青民盟—匈牙利公民联盟的"集中化和民粹主义政策"[①] 没有根本性变化。如果按照EIU的预测，在2014年国会选举中，青民盟

---

① EIU Country Report Hungary, September 2013, http://www.eiu.com.

—匈牙利公民联盟虽然支持率将有所降低，但仍会获胜，并有可能与极右翼民族主义政党尤比克—为了更好的匈牙利运动联合执政的话①，那么，青民盟—匈牙利公民联盟的政策导向恐怕不会改变，并将继续遭到匈牙利国内外、尤其是西方国家和组织的非议。

从反对派到执政党，从自由党到保守党，从默默无闻的小党到主导国家大政方针的大党，短短20多年间，青民盟—匈牙利公民联盟的发展令人瞩目。这种发展显然与匈牙利的政治体制状况密切相关。一方面，在多党竞争体制下，赢得选举、上台执政是政党的第一要务，青民盟—匈牙利公民联盟也不例外。为此，它放弃体制外的抗议行为，寻求明确定位，扩大政治基础，加强政党联合。另一方面，随着青民盟—匈牙利公民联盟的不断壮大，匈牙利逐步形成青民盟—匈牙利公民联盟与社会党势均力敌的两党政治格局，近年来又出现青民盟—匈牙利公民联盟一党独大的倾向。更为重要的是，青民盟—匈牙利公民联盟能够以"保守"、"民族"、"民粹"定位赢得广大选民支持，成为匈牙利制度剧变以来力量最为强大的执政党，虽饱受非议，仍有望连续执政。近看，这得益于国际金融危机冲击引起匈牙利国内对过度开放的反感以及在此基础上民族主义情绪的高涨，远看则与匈牙利历史上的领土收复主义、霍尔蒂独裁统治乃至模仿德国法西斯制度、加入德意日三国同盟及其背后蕴含的深厚历史传统和社会基础不无关系。个中缘由，发人深思。

作者单位：中国社会科学院俄罗斯东欧中亚研究所

---

① EIU Country Report Hungary, September 2013, http://www.eiu.com.

20年后捷克与斯洛伐克各界对联邦解体的反思

姜 琍

从2012年下半年起，捷克与斯洛伐克的政府部门、新闻媒体和科研教育机构举办了一系列的研讨会、专家学者访谈和社会调查等活动，以重新审视20年前捷克斯洛伐克联邦解体的原因和影响。两国政治精英、学者和民众从不同的角度谈了自己的看法。

政治精英的看法

20年前捷克斯洛伐克联邦解体进程的决策者和参与者认为，联邦解体有利于两个民族的发展及相互关系的改善。1992—1998年任捷克总理、2003—2013年任捷克总统的克劳斯认为，联邦解体对捷克与斯洛伐克两个共和国都有利，而且可能对斯洛伐克更有利，原因是20年来捷克国内生产总值增长了50%，而斯洛伐克增长了100%。他还表示，1992年下半年他之所以竭力促使联邦解体进程快速且有序，旨在避免国家的政治和经济形势出现动荡，以及欧盟特别是德国的外部干预。

1992—1994年和1994—1998年两度担任斯洛伐克总理的梅恰尔认为，捷克斯洛伐克国家的存在和解体有着深刻的历史原因，斯洛伐克人长期为不平等地位感到委屈。联邦解体对斯洛伐克人有积极的意义，不仅使其可以自主决定命运，也使其国际地位上升。

1992年和1994年两度当选斯洛伐克国民议会议长、从2004年至今担任斯洛伐克总统的伊万·卡什帕洛维奇认为，如今捷克人与斯洛伐克人之间的关系比联邦解体前更好，因为现在是平等的伙伴关系。

20年前反对捷克斯洛伐克联邦解体的政治精英，有的依然为联邦解体感到惋惜，有的则改变了初衷。1990—1992年担任捷克共和国总理、如今为捷克议会参议院副主席的彼得·皮特哈特曾积极捍卫捷克人与斯洛伐克人共同国家的存在，20年后他坚持认为联邦解体是个错误。他表示，尽管联邦国家不一定能成功保留下来，但问题是当权者并没有尽最大的可能去挽救。他还认为，联邦解体不合法。在1992年议会大选中没有任何一个捷克或斯洛伐克的政党在选举纲领中提及联邦解体，但在大选一个月后获胜党的领导人就开始围绕联邦解体问题进行谈判，并很快签署关于联邦解体的政治协议。

1991—1992年担任斯洛伐克共和国总理的杨·恰尔诺古尔斯基在20年前反对联邦快速解体。他认为，斯洛伐克没有做好独立的准备，他建议待到捷克斯洛伐克加入欧盟时再实施联邦解体。20年后，他认为联邦解体的结果很好，民族共和国独立促进了斯洛伐克民族意识的发展和民族自信心的增强。

捷克与斯洛伐克的现任总理一致认为，联邦解体是当时紧张、不可持续形势下必然的解决方式。捷克总理内恰斯表示，20年前双方政治精英就联邦解体达成一致的做法非常好，如果举行全民公决，不会带来任何积极的影响，反而会导致政治危机延长和两个民族关系激化。斯洛伐克总理菲措认为，联邦解体后捷斯两国非常接近，特别是在加入欧盟和北约以后。

学者的看法

1. 联邦解体是最好的解决方式吗？

持赞同观点的学者占多数。他们认为，联邦和平解体是对两个民族的贡献，也是整个世界的范例。如果没有平静和文明的分离，捷克人与斯洛伐克人之间的关系不会像现在这么好。如今，两国在欧盟框架内拥有特殊友好关系，一国公民在第二国访问、工作、学习和经商几乎就像在自己国家一样便利，而且两个民族获得拥有政治主权的感觉。联邦解体使捷克人与斯洛伐克人实现了自己关于未来发展的设想，他们可以按照各自的情况实行不同的经济和社会政策。

持否定观点的学者们认为，在多数民众缺乏联邦解体意愿的情况下政治精英迅速放弃了维持共同国家的努力，是1989年政局剧变后最愚蠢和最没必要发生的事情之一。联邦解体带来了一系列的消极影响，如领土面积缩小，国际声望、地缘政治地位和经济竞争力下降，军事力量减弱等。联邦解体还使两个民族失去了互相丰富文化的机会，以及培育相互依存和团结互助精神的空间。

也有一些学者认为，尽管联邦解体不是最好的解决方式，而且相当一部分民众以苦涩、惶惑的心情接受这一事实，但在特定时期似乎不可避免，是一种实用主义的做法。

2. 联邦解体的原因、背景和启示

1989年政局剧变后，捷克人与斯洛伐克人没有形成强烈的捷克斯洛伐克意识，因此两个民族难以联合成一个新的共同的政治民族。1990年议会大选中产生的新的国家领导人，需要在很短的时间内变革政治体制、向市场经济转型和探索捷斯双方均可以接受的国家权力安排模式。由于他们缺乏民主经验、政治技巧和耐心，关于国家权力安排的谈判始终没有实质性进展。在1992年议会大选中政治立场倾向不同的两个政党分别在捷克与斯洛伐克获胜，它们关于共同国家存在形式和未来发展的设想不可调和，加之两党领导人克劳斯和梅恰尔均具有不易妥协的性格，这一切导致共同国家快速走向解体。

斯洛伐克学者还谈到，1989年以后斯洛伐克人意识到，在与匈牙利关系问题上他们已经不能依靠捷克人的支持，捷克斯洛伐克国家已不再是斯洛伐克的安全保障。

部分捷克学者表示，1918年捷克斯洛伐克共和国的建立对捷克人意味着民族发展达到顶峰，对斯洛伐克人则意味着走向完全自决的中间步骤。1993年斯洛伐克共和国的独立才最终满足了斯洛伐克人对独立自主的渴求。而捷克人从来没能足够意识到斯洛伐克人在这方面的强烈愿望。

捷克斯洛伐克联邦国家解体可以给世人三方面的启示：第一，作为利益联盟的捷克斯洛伐克国家解体，欧洲一体化应从中吸取教训，要注意保持各个民族国家的利益与联盟整体利益之间的平衡。第二，如果民众对于自己选举出来的执政当局失去信任，国家就难以为继。第三，民族分离可以采取文明与和平的方式，同时尽可能保持民族间的睦邻友好关系。

3. 为什么捷克与斯洛伐克可以实现"天鹅绒分离"？

原因有六个方面：第一，在共处一国期间，捷克人与斯洛伐克人之间有误解和成见，但不存在仇恨。第二，捷克与斯洛伐克之间历来就有明确划定的边界线，没有争议。第三，政治疆界与民族分布较为一致，不存在跨界民族问题。第四，联邦较为强大的构成单位捷克没有维持共同国家的强烈意愿。第五，由于捷克与斯洛伐克的政治精英努力通过谈判快速解决联邦解体事宜，避免了外部角色的干预。第六，在联邦解体前，双方签署了一系列合作协议，力图使联邦解体带来的消极影响降到最低。

民众的看法

1. 对没有进行全民公决的看法

不能在全民公决中决定国家命运的消极经验被载入捷克人与斯洛伐克人的集体记忆，至今两国仍各有70%的民众认为没有通过全民公决的联邦解体方式不正确。仅有20%的民众持相反观点。随着时间的推移，捷克人越来越感到联邦解体的合法性有问题，联邦解体通过两个政治家、两个政党的政治协议实现，却没有举行全民公决，这对许多人来说一直如鲠在喉。60%的斯洛伐克人将联邦解体的责任归咎于政治精英，只有极少数人意识到民众没有通过相应的集体抗议阻止联邦解体也有责任。

2. 对联邦解体的态度

20年前有1/3的捷克人与斯洛伐克人支持联邦解体。尽管当时有一些斯洛伐克人对通过和平谈判方式获得国家独立感到欣喜若狂，但多数人对民族共和国的独立持怀疑态度，尤其担心联邦解体使斯洛伐克的经济和社会形势更为严峻。与斯洛伐克人相比，捷克人对于国家独立反应更为冷淡，抱着听天由命的态度。20年后，65%的斯洛伐克人接受了联邦解体的事实，但仍有一半捷克人反对联邦解体。

3. 对联邦解体影响的看法

43%的捷克人与斯洛伐克人均认为,联邦解体既有积极影响也有消极影响。积极影响主要表现为主权、独立和自由。捷克人对他们的经济发展形势和经济政策较为满意。斯洛伐克人则为获得国际承认、欧盟和其他国际组织的成员国资格而自豪。捷克人认为,联邦解体带来的最大损失是国家领土的缩小和人口的减少。斯洛伐克人则认为联邦解体的最大负面影响是经济方面的损失,即工业生产和经济竞争力下降、就业机会减少、生活水平降低。

4. 对哪个民族应付主要责任的看法

在斯洛伐克,47%的人认为在联邦解体问题上两个民族负有同等责任,18%的人认为捷克人负主要责任,23%的人认为斯洛伐克人负主要责任。在捷克,38%的人认为在联邦解体问题上两个民族负有同等责任,38%的人认为斯洛伐克人负主要责任,11%的人认为捷克人负主要责任。

5. 对捷克人与斯洛伐克人关系的看法

过去在联邦框架内捷克人与斯洛伐克人看到更多的是对方的缺点,如今看到更多的是对方的优点。26%的捷克人与20%的斯洛伐克人认为,目前捷斯关系比联邦解体前更好。49%的捷克人与51%的斯洛伐克人认为,目前捷斯关系与联邦解体前相比差不多。17%的捷克人与19%的斯洛伐克人认为,目前捷斯关系比联邦解体前更差。84%的捷克人与88%的斯洛伐克人都认为,捷斯关系应该比两国与其他邻国的关系更近。

作者单位:中国社会科学院俄罗斯东欧中亚研究所

独立 20 年来捷克与斯洛伐克社会发展的异同

姜 琍

1992 年 12 月 31 日,最后一个原社会主义联邦制国家捷克斯洛伐克步苏联与南斯拉夫的后尘宣告解体,在欧洲的政治版图上随之出现了两个新的民族国家——捷克共和国与斯洛伐克共和国。独立 20 年来,捷克与斯洛伐克在向西方民主制度和市场经济转型、融入欧洲一体化进程和身份认同等方面既有相似之处又存在差异。

一、向西方民主制度和市场经济转型

联邦解体后,原联邦国家的政治、经济和文化中心布拉格成为捷克的首都,那里已建有各种政府机构,集中了各领域的专家,加之捷克在历史上曾经长期拥有独立国家地位,故几乎一切从零开始的斯洛伐克面临更为艰巨的建国任务,其转型进程也就更为曲折。

捷克与斯洛伐克独立后继承了联邦时期的三权分立原则、比例代表制和议会民主制的惯常制度,从而为政治多元化创造了条件。捷克的政治转型先期较为顺利,这得益于民主传统、种族同质性程度高和发育良好的公民社会。随着 20 世纪 90 年代下半叶左、右翼政治力量对比趋于平衡,捷克和摩拉维亚共产党长期被其他议会党孤立,在众议院选举中获胜的政党难以组建构成同质且在议会占有多数的执政联盟,政府的稳定及其运作成效受到影响。近几年来,鉴于执政党与反对党以及执政联盟内部争斗激烈,腐败现象横生,民众对国内的政治形势非常悲观。

斯洛伐克在政治转型的前期波折连连，被西方国家批评为威胁整个欧洲大陆稳定与民主的国家。随着社会各界民主意识增强，政治精英更能利用欧洲一体化的发展机遇促进国内政治、经济和社会发展，以及外部引导和制约力加大，1998年政府更迭后斯洛伐克的政治转型取得显著进步，逐渐实现了民主的巩固。如今，斯洛伐克的政局比捷克更为稳定，但与捷克一样面临腐败这一严重社会问题的挑战。

在经济方面，捷克中右翼政府延续联邦时期的激进转型战略，积极推进私有化进程，大力限制国家在经济生活中的地位。1994—1995年，捷克成为中东欧国家从中央计划经济向市场经济转型的典范。由于宏观经济稳定而没有伴随有效的制度化建设和配套的结构性改革，不久后经济陷入衰退。1998年议会大选后，强调社会市场经济和福利国家的中左翼政党捷克社会民主党上台执政，它通过扩大公共消费的方式实现了恢复经济增长的目标。受国内政治形势的影响，捷克经济改革的步伐缓慢。尽管它受国际金融危机的冲击较小，但在欧元区债务危机的影响下经济陷入新一轮衰退。

斯洛伐克独立之初面临严峻的经济和社会形势，它放慢了私有化速度。1995—1998年中左翼政府实施新的经济转型战略，注重社会目标和国家责任，强调经济快速增长。因经济增长建立在政府和家庭消费激增，而不是制度创新和结构改造的基础之上，很快就出现了财政赤字增加和国际收支失衡。1998—2006年，两届中右翼政府采取新的私有化战略，积极吸引外资，同时进行结构性改革和推行紧缩性政策，致使斯洛伐克的经济增长速度超过中欧邻国。2009年1月1日，斯洛伐克加入欧元区，成为中东欧地区继斯洛文尼亚后第二个加入欧元区的国家。在欧元区债务危机背景下，斯洛伐克经济依然保持了增长的势头。

如今，捷克与斯洛伐克都成为高度开放的经济体，对外贸易和外国直接投资对其经济发展有着举足轻重的作用，其国内经济形势在很大程度上受到欧盟外部环境的影响。在捷克、斯洛伐克与西方发达国家的经济差距有所缩小的同时，捷克与斯洛伐克之间的经济差距也明显缩小。虽然斯洛伐克的经济增长速度超过捷克，但它在就业率、工资水平和商品生产的多样化等方面明显落后于捷克。

二、融入欧洲一体化进程

1989年政局剧变后,捷克斯洛伐克联邦的政治精英把"回归欧洲"作为其外交政策的优先目标。独立后,受新的地缘政治形势和政治精英决策的影响,两国融入欧洲一体化进程的路径显现出差异。

转型初期的成功表现、"和平伙伴关系计划"框架内的军事合作,以及与美国的密切关系,促使捷克加入北约的进程相对快速和顺利。1999年3月,捷克正式加入北约。

在入盟问题上,捷克没能像其中右翼政治精英最初设想的那样先于中欧邻国加入。随着入盟道路上的困难不断增多,以及欧盟国家不时提出一些苛刻要求,捷克对入盟的理想化态度逐渐向欧洲现实主义方向转变。1997年12月,捷克被欧盟委员会列入首批进行入盟谈判的国家。2002年12月,捷克与其他9个申请国一起结束了复杂的入盟谈判进程。

由于担心在重新获得独立和主权后再次被外部势力主导,捷克不仅主张加强跨大西洋联系,而且倾向于欧盟是一个较为松散、采取更多政府间合作形式的组织。2004年5月1日入盟后,捷克对欧洲一体化采取了较为消极的态度,有时还成为欧洲一体化的"绊脚石":在欧盟成员国中它最后一个签署《里斯本条约》,无限期拖延加入欧元区的时间,在挽救欧元区问题上采取非建设性态度。

与捷克相比,斯洛伐克不仅加入北约的道路比较漫长和艰辛,而且加入欧盟的进程也体现了"先期落后、后期赶上"的特点。因没有满足政治标准,1997年斯洛伐克被排除出欧盟和北约扩大第一波。梅恰尔政府随后不断加强与俄罗斯的友好合作关系,将此作为融入西方社会以外的另一种选择。

1998年祖林达政府上台后致力于推进斯洛伐克"回归欧洲"的进程。在加入标准的引导和制约下,在维谢格拉德集团其他成员国的帮助下,斯洛伐克努力消除民主赤字,并将发展对俄关系置于加盟入约的框架之内,以恢复政治诚信。经过内外力的共同作用,斯洛伐克重新挤入"回归欧洲"的快车道。2004年,它正式加入北约和欧盟。

作为欧盟成员国，斯洛伐克支持欧盟继续扩大和深化合作。尽管 2011 年 10 月因欧洲金融稳定基金扩容议案在议会未获通过导致中右翼政府提前下台，但斯洛伐克没有改变支持欧元区稳定措施的原则。2012 年 3 月中左翼政府上台后，斯洛伐克努力与欧元区的大国保持步调一致。

三、身份认同的变化

联邦解体使斯洛伐克人第一次获得独立建设国家的机会，他们的民族自信心随之增强。相反，联邦解体没有给捷克人的身份认同带来积极的影响。从 1918 年捷克斯洛伐克共和国建立之日起，捷克人就高度认同捷克斯洛伐克国家，将其视为捷克民族国家的扩大版。在他们看来，独立的捷克共和国是捷克斯洛伐克国家失去斯洛伐克的剩余部分，它的地缘政治重要性已明显下降。

早在 1989 年政局剧变过程中，捷克与斯洛伐克的政治精英就提出了"回归欧洲"的政治口号。"回归欧洲"也是一个历史文化概念、地理空间概念和生存利益选择。在历史上，捷克与斯洛伐克是欧洲文明的一部分。在地理上，捷克与斯洛伐克位于欧洲的中心。从生存利益出发，力量弱小又处于德国和苏联（俄罗斯）"夹缝"之中的捷克与斯洛伐克通常选择与大国或大国集团结盟。

1991 年 2 月，中欧三国波匈捷组建了地区合作集团——维谢格拉德集团，旨在加入欧共体和北约方面协调行动。在 2004 年成功实现了融入欧洲一体化进程的战略目标后，维谢格拉德集团没有消隐于"欧洲的海洋"，而是确定了新的合作目标：加强中欧地区认同、在欧盟框架内形成和捍卫地区利益。两国的一些政治精英和学者在入盟前就预感到，入盟后还是中欧国家，不会成为西欧国家。中欧地区认同既推动捷克与斯洛伐克在经济上追赶西欧国家，又在一定程度上妨碍了它们与西欧国家保持一致。

随着 2004 年加入欧盟，捷克人与斯洛伐克人还获得一种外加性的身份认同——欧洲认同。根据欧盟委员会官方民调机构"欧洲晴雨表"的民调结果，2004—2013 年，感觉自己是欧盟公民的捷克人的比例从 47% 增加到 54%，斯洛伐克人的比例则从 59% 增加到 76%。

斯洛伐克人的欧洲认同感明显比捷克人强烈，这源于他们民族性格、历史经验和国力的不同。深厚的文化底蕴、良好的经济基础和较为丰富的民主经验使捷克人具有强烈的民族优越感。惨痛的历史经验，如1938年"慕尼黑阴谋"和1968年西方国家对以苏联为首的华约五国武力镇压"布拉格之春"持消极观望态度，致使捷克民族对所有外部角色怀有深刻的不信任。斯洛伐克民族则是中欧最小的民族，在历史上屡屡被邻近的民族统治或压制，直至捷克斯洛伐克联邦解体才真正实现了民族自决权。在有了1994—1998年陷入国际孤立状态的这段经历后，斯洛伐克人渴望更快更深地融入欧洲一体化进程。如今，斯洛伐克在中欧地区最倾向于与西欧国家深化合作。

小　结

因在历史文化传统、转型初始条件、种族同质性程度、公民社会发育程度、政治精英的决策、外部约束力的强度等方面存在差异，曾经共处一国的捷克与斯洛伐克独立20年来在政治和经济转型、融入欧洲以及身份认同等方面既有相同也有相异之处。受加入欧盟和北约标准的约束，捷克和斯洛伐克不断调整转型方向和速度。在"回归欧洲"的前半程，斯洛伐克因民主发展不稳定而被推至"慢车道"。为了重新挤入"快车道"，斯洛伐克付出了更大的努力，同时，外力的影响也更突出。

作者单位：中国社会科学院俄罗斯东欧中亚研究所

波兰为何在欧债危机中表现优秀

马细谱

2009年世界经济金融危机全面爆发以来,许多经济分析人士认为,在中欧出现了"维斯瓦奇迹"。与其他中东欧国家缓慢复苏或依旧陷于停滞不同,波兰经济呈现亮点。作为欧盟第六大经济体,波兰是2009年唯一实现经济增长1.7%的欧盟成员国,国内生产总值居欧盟第八。2010年,波经济增势不减,增幅达3.9%,居欧盟成员国首位。2011年,波兰继续保持4.3%的增速,内需与出口均强劲。受欧债危机延宕不决影响,2012年波兰经济增速放缓,预计为2.4%。2011年,波兰财政赤字占国内生产总值的5.1%,预计2012年降为3.7%。

因此,有人称波兰是欧债危机中欧洲经济的"新发动机"。剧变之初,波兰并不是转轨最有效和成功的例子。但在世界经济金融危机和欧债危机的情况下,波兰利用自身的优势厚积薄发,一跃成为中东欧国家的榜样,成为连接东方和西方、斯堪的那维亚和南欧的桥梁,成为欧盟新成员国中吸引外资进入最多的国家。

波兰新地缘政治成为它经济发展的一个基础。在改革的20年中,波兰重建了家园,从苏联的卫星国变成了经济发展、开放和活跃的欧盟成员国,成了独立主权国家。波兰有很多优势,经济稳定,国内市场大,有受过良好教育的劳动力,法律体系完备。正如波兰驻华大使塔德乌什·霍米茨基在一次座谈会上所说,波兰成了欧盟债务的制衡器,投资的避风港,波兰不再是问题的根源,相反是创意的来源,解决问题方法的来源。

波兰经济在最近几年成功抵御了全球经济危机,在整个欧洲经济下滑的大局面下,一枝独秀。按照国际货币基金组织负责人的说法,波兰这一成绩完全归功于其得当的经济政策。2009年波兰名义GDP总值为4270亿美元,排名欧盟第6位,全球第21位,其人均GDP为11288美元,按照购买力平价计算的人均GDP为18072美元。在国际货币基金组织的全球列表中,波兰排名第46位。根据世界经济合作与发展组织分析家们的观察,波兰经济在1992—2002年的10年中展现了创记录的成绩,按购买力平价的人均GDP在这10年中增长达216%,从4994美元增长到10800美元,其增幅位居全球最高水平之列。

不少研究人员指出,"东有波兰,西有德国",它们是欧盟经济发展的两个引擎。波兰之所以能够在逆境中取得较好的成效,其原因有:

1. 波兰是欧盟在中东欧面积最大和人口最多的国家,但同周边的捷克、斯洛文尼亚和匈牙利等国比较,经济发展水平有不少差距,因此发展的潜力比较大,上升速度快一点也在情理之中。更重要的是波兰这几年国内局势稳定,以公民纲领党主席图斯克为总理的政府政策得当。据波兰2010年的统计,服务业以67.3%的产值位居GDP首位,工业产值占28.1%,农业尽管占用了13%的劳动力,但其贡献值只有4.6%。波兰曾经是传统的农业国,后发展了强大的重工业,以采矿业和冶金业为主。

2. 波兰民众的消费观念增强。波兰人口是其周边国家人口的好几倍,国内市场巨大。原本底子较薄的波兰人现在也敢于充实自己的家底和消费了。近年来迅速增加的、业已构成一定规模的中产阶级成为消费的中坚力量,就是在金融危机期间,波兰私人的消费量也有增无减,这也是2011年消费继续增长3.2%的缘由。以小汽车为例,波兰私人拥有的汽车数量飞速增长。1950年登记的车辆仅超过4万辆,2000年拥有近1000万辆,而2009年则达到1650万辆。目前已经超过1800万辆。

3. 波兰近年来出口有很大增长,政府和企业越来越自觉地意识到出口的重要性,并能真正地落实其中。对外贸易从形式到内容都在发生转变。2011年波兰出口比上一年增加12.8%,在欧盟排名第三。德国是波兰的主要贸易对象,波兰27%的出口面向德国。据调查,波兰大型制造企业中有90%的企业在开拓海外市场，近 90% 的企业已实现产品出口，一半多的企业正在与国外开展合作。波兰制造业近 40% 的收入来自出口，未来几年还会进一步上升。金融危机以来，波兰本国的货币兹罗提前后共贬值达 15% 以上，极大地刺激了出口，实现了对外出口的增长。

4. 波兰政府比较关注本国的民族产业，对中小企业在资金担保、技术改造、业务培训、信息咨询、国际市场开拓等方面给予实际支持。中小企业已成为目前经济的主导力量之一。据波兰方面统计，75% 的 GDP 贡献值来自中小企业，创造了约 60% 的就业机会。2011 年 7 月，波兰私有经济部门提高了 5% 的工资（比 2010 年），使平均工资接近 900 欧元。2011 年零售商业增长了 10.2%，国内生产总值增长了 3.8%，人均国内生产总值为 12450 美元，达到欧盟平均水平的 62%。

5. 波兰的投资环境良好。在联合国贸易和发展组织的世界上最适合投资地区排名中波兰占第六位。据安永会计师事务所一份报告称，波兰在未来三年是欧洲第二个最具吸引力投资地。危机以来，外国直接投资流入中东欧大幅下降。波兰在 2007 年曾吸引 236 亿美元外资，居中东欧国家之首。2011 年波兰吸收外资 143 亿美元，而 2012 年预计只吸收 40 亿美元外资。波兰吸引外资的优势主要包括：较好的人力资源、友善的投资环境和清晰的法律体系。加入欧盟以来，波兰为投资者创造了日益优化的投资环境。近年来波兰一直进行国有企业私有化的改革。以境外私有资本为主的大规模投资在 1990—2006 年间已超过 870 亿美元，形成了新型的、迅速壮大的经济领域。在金融危机时期，国际资本大举撤离时，外商直接投资仅减少了 10%，比中东欧其他国家低得多，对波兰的经济没有构成很大风险。目前在波兰最大的投资领域是汽车业和航空业，在未来 5 年内，这两个行业将成为波兰经济的火车头。同时，采矿业和矿产品加工业持续扮演着重要的经济角色。波兰铜矿业集团是欧洲最大的铜生产企业、全球第二大银生产企业。此外，化工工业和电子技术工业也是波兰举足轻重的领域。传统的造船业正在振兴之中。2011—2013 年期间对波兰投资最多的国家是中国、美国、印度、巴西和俄罗斯。

外债方面，波兰公共债务比目前在 55% 左右，符合"马约"标准。波兰政府的计划是使外债不超过国内生产总值的 60%。2008 年以来外汇储备受外资撤离和汇率变动影响，只有 441 亿欧元。当年外国投资纷纷将资金从包括波兰在内的新兴经济体中撤出，转而投向那些经济上更为安全的国家。外资撤离引发的外汇储备减少则会进一步加大现有外国投资者的恐惧心理和潜在投资者的投资信心，对吸引外资造成不利影响。2011 年波兰外汇储备达 740 多亿欧元。欧元成为波对外贸易主要结算货币。波兰央行的消息称，截止 2012 年 7 月末，波外汇储备为 834.1 亿欧元。

同时，波兰也利用它在"新欧洲"中的特殊地位，获得了欧盟的大量财政补助。据不完全统计，波兰是得到财政补助最多的国家，超过有的成员国好几倍。2012 年波兰经济结构研究所发布的研究报告称，欧盟发展基金对波兰的经济发展影响巨大，在 2004—2011 年期间，波兰投资增长的一半是由欧盟发展基金拉动的。

波兰克服金融危机和欧债危机是有成效的，同经济发展水平比它高的邻国匈牙利和捷克相比，也是一个成功的例子。波兰主要依靠自己的力量克服欧债危机造成的影响，国际货币基金组织最近的报告称，波兰尚未利用该组织灵活信贷额度（FCL）下的任何措施。截止 2012 年 7 月 12 日，波兰仍拥有全额共计 191.66 亿的特殊提款权（约 300 亿美元）。波兰首次灵活信贷额度于 2009 年 5 月 6 日获得，2010 年 5 月 5 日过期后延长，至今仍可使用这笔贷款。

据波兰经济部 2012 年 6 月 29 日消息，2012 年第一季度经济增长为 3.5%，上半年 GDP 增幅为 3.2%，全年有望达到 3.0%，其中工业增长约 4.6%。内需同比增长 2.7%，内需仍是波兰 2012 年经济增长核心动力。它虽是 2010 年来的季度新低，但仍居欧洲前列。投资同比增长 6.7%，波兰经济部预测，2012 年建筑产品增速为 7%，工业产品增速为 4.6%，年均通货膨胀率为 3.7%。2012 年 12 月失业率将达 12.5%。波兰政府还提出，2012 年要在 2011 年预算赤字 5.6% 的基础上降至 3%。

波兰政府表示 2013 年将执行紧缩的财政预算，但政府并未打算增加税收。

波兰需要对 2013 年潜在的外部威胁做好准备。波兰政府经济部门称，尽管外部环境动荡，部分欧盟国家信用降级，但波兰仍稳定得"像块岩石"。

波兰成功举办了 2012 年足球欧洲杯赛事，显示了它的组织能力和经济实力。波兰现在虽是欧盟的第六大经济体，但它仍是欧洲经济中的"组装车间"。波兰人自己承认还只是"东欧创造奇迹的孩子"。波兰的不足在于它经济比较单一，只有汽车制造业较为突出。波兰目前和德国的贸易额占总贸易额的三分之一，和欧盟的贸易额共占 70%，其它国家也就占三分之一。波兰从俄罗斯进口大量天然气等能源，贸易是逆差，俄罗斯和中国是波兰两个最大的贸易逆差国。波兰经济仍依赖西方，且失业率居高难下。波兰政府仍面临紧缩经济政策与巩固公共财政的双重挑战。

作者单位：中国社会科学院世界历史研究所

中东欧与中亚观察 >>>

中东欧国家"欧洲化"道路的动力

高 歌

20世纪80年代末90年代初,摆脱苏联模式和苏联控制、回归欧洲大家庭的愿景促使中东欧国家走上"欧洲化"道路。① 20多年后,在外部融合与内部趋同、政治转型与经济转型的双重互动下,"欧洲化"道路取得显著成果,中东欧国家基本确立了与西欧国家趋同的政治经济体制,其中多数国家加入了欧盟。

一、"欧洲化"道路的原动力

1. 摆脱苏联模式和苏联控制

尽管苏联模式在一定程度上有助于社会主义制度在中东欧的确立和巩固,但对于大多数中东欧国家来说,苏联模式是在冷战爆发的特定历史条件下,由苏联强制推行的,对苏联模式的照搬背离了中东欧的实际,扭曲了中东欧的发展。随着时间推移,这种不适应乃至这一模式本身的弊病越来越明显地暴露了出来。更令中东欧国家难以接受的是,苏联模式不仅是一种外来模式,而且是苏联控制中东欧、加强自身力量与美国对抗的工具。凡此种种,激起中东欧国家对苏联模式的改革和对苏联控制的反抗。然而,改革苏联模式和反抗苏联控制的尝试大都遭

---

① 中东欧国家是指由除民主德国外的原东欧社会主义国家发展而来的国家。这些国家的发展轨迹大致相同,但也有个别的例外。本文仅限于讨论绝大多数国家普遍的发展状况。关于"欧洲化"的概念,学术界存在争议。(参见李明明:《"欧洲化"概念探析》,载《欧洲研究》2008年第3期。)本文主要从中东欧国家的实际情况出发界定其"欧洲化"道路的内容,即在内部体制上与西欧国家趋同,在对外关系上与西欧国家融为一体。

到苏联干涉,甚至武力镇压,这极大伤害了中东欧人民的民族自尊心,以致对苏联控制的反感与对苏联模式的否定结合起来,汇聚成一股汹涌的暗流,遇有机会便喷薄而出。1985年戈尔巴乔夫上台后苏联开始放手中东欧恰恰提供了这样的机会。可以说,摆脱苏联模式和苏联控制既是中东欧国家走上"欧洲化"道路的前提,又是它的一个重要原动力。

2. 回归欧洲大家庭

摆脱了苏联模式和苏联控制的中东欧国家之所以走上"欧洲化"道路,源于其对回归欧洲大家庭的渴望。

首先,中东欧本是欧洲的一部分,在漫长的岁月里,中东欧一直与西欧保持着或松散或紧密的联系。唯有冷战时期,一道铁幕把中东欧国家与西欧彻底隔开,中东欧国家在苏联控制下被迫接受苏联模式。曲折的历史经历使中东欧国家坚信自己是欧洲的一分子,只是间或受到外力驱使而脱离欧洲的轨道,理应挣脱外力束缚,回归欧洲大家庭。

其次,中东欧经济发展始终与西欧存在差距。早在奥斯曼帝国入侵前,受拜占庭文化影响的中东欧南部地区就似乎比西欧欠缺某些进步的潜质。在长达数百年的异族统治下,中东欧地区走上了一条或多或少与西欧相异的道路,其发展不同程度地落到了西欧的后面。两次世界大战之间,刚获独立的中东欧国家经济基础薄弱,又面临通货膨胀、工业萎缩和农业贫困等困难,再加上世界性经济危机的冲击,经济发展仍落后于西欧。二战后,中东欧国家囿于苏联经济模式,经济形势日趋严峻,几乎走到了崩溃的边缘。与之相比,西欧国家乘新科技革命大潮,经济高速发展,迎来了稳定和繁荣的"黄金时期"。中东欧经济长期落后于西欧的事实使得西欧在中东欧国家眼中成了"繁荣"、"增长"的代名词,具有强大的吸引力。中东欧国家确信,要想获得援助、吸引外资、扩大出口、调整产业结构、促进增长,就必须回归欧洲大家庭。

再次,中东欧国家自独立以来,不管是自愿还是被迫,大都仰仗大国或大国集团的保护。冷战结束后,中东欧在美苏对峙下战略地位的重要性大大削弱,不再是苏联的势力范围,也不再是美国等西方国家渗透和蚕食的对象,一度落入

"真空"状态。恰此时,前南地区战事频发,中东欧国家面临民族、宗教冲突的威胁,陷入危险境地,急需回归欧洲大家庭,寻求西欧国家及其组织的保护。

二、"欧洲化"道路的推动力

1. 外部融合与内部趋同的互动

以加入欧盟为主要目标的外部融合和以实行西方民主体制和市场经济为主要目标的内部趋同是中东欧国家"欧洲化"道路的两大基本内容,它们之间的互动保证了"欧洲化"道路的不断推进。

首先,外部融合的追求使得欧盟提出的加入标准及其成员资格的确定前景在相当程度上引导和带动了内部趋同的进程。1993年6月,欧共体哥本哈根首脑会议出台了入盟标准。自1997年起,欧盟委员会通过一年一度的评估指出中东欧申请国在政治、经济制度等方面与入盟标准间的差距和努力方向。对急于加入欧盟的中东欧国家来说,这些评估报告无异于一份行动指南,指导着它们按西欧国家的标准规范自己的体制模式。1997年12月,欧盟卢森堡首脑会议决定在次年春天启动与波兰、匈牙利、捷克和斯洛文尼亚的入盟谈判。这一决定使得中东欧国家成员资格的前景变得清晰起来,也促使被排除在外的国家尽快开展符合欧盟要求的改革。斯洛伐克正是受此驱动,采取了进行自由公正的市政选举、解决总统选举危机、通过少数民族语言法、起草保证司法独立的宪法修正案等一系列行动。1998年3月,与波兰、匈牙利、捷克和斯洛文尼亚的入盟谈判开始后,欧盟对参加谈判国家的制度约束更为具体。2005年4月,欧盟与罗马尼亚和保加利亚签署入盟条约时,还设置了"特保条款",规定两国如在指定期限内不能完成各自的改革承诺,将被推迟一年入盟,以此激励两国加大改革力度,满足欧盟要求。此外,欧盟也以入盟前景带动西巴尔干国家与西欧国家的趋同,帮助和推动它们实现和平与稳定、建立市场经济、进行地区经济合作、保护人权和少数民族权利、加强民主化进程。

其次,内部趋同的程度影响着外部融合的进度,只有政治和经济转型进展顺利、西方民主体制和市场经济运行良好、政治经济体制与西欧接近的国家才有可能为欧盟所接纳。事实上，波兰、匈牙利、捷克等国正是凭着政治经济体制与西欧国家较快的趋同而成为第一波加入欧盟的中东欧国家。

2. 政治转型与经济转型的互动

政治经济体制与西欧国家的趋同意味着向西方民主体制和市场经济的转型。随着转型的推进，政治与经济转型间愈益呈现出一种相互促动的关系，推动"欧洲化"道路前行。

首先，向市场经济转型有助于社会形成多元化的利益结构，在不同利益的驱使下，鱼龙混杂的政党和反对派运动不断分化组合，逐渐形成了几个有固定阶级支持的能对国家政治生活产生重要影响的大党，为多党制的完善提供有利条件。同时，"属于中产阶级的群体在所有国家迅速形成。它包括工业和农业企业的新业主，以及服务业和更加广泛的中小企业的技术人员。"① 而"创造一个独立的、竞争的和相对广泛的中产阶级对于民主化来说应该是极为有益的"②。

其次，向西方民主体制转型使市场经济具有正当性，因为只有当一个国家的大多数人有权质疑、而不去质疑私人所有权的产生方式时，私有财产才真正受到保护。西方民主体制的确立还为吸纳和消化经济转型的负面影响提供了较多的回旋余地。由于选举一直在望，可以产生替代性的社会经济计划和政府，人们至少可在8年的"喘息时间"（最初的政府大约4年时间，取而代之的政府又有大约4年时间）内容忍恶劣的经济状况，不会因此否定民主制的存续。③

当然，一些中东欧国家加入欧盟后，"欧洲化"道路的风险日渐显现，前景如何，值得关注。不过，这是另外一个问题了。

作者单位：中国社会科学院俄罗斯东欧中亚研究所

---

① [法] 弗朗索瓦·巴富瓦尔：《从"休克"到重建 东欧的社会转型与全球化—欧洲化》，北京：社会科学文献出版社2010年版，第187页。

② 苑洁主编：《后社会主义》，北京：中央编译出版社2007年版，第113页。

③ 参见 [美] 胡安·J. 林茨、阿尔弗莱德·斯泰潘：《民主转型与巩固的问题：南欧、北美和后共产主义欧洲》，杭州：浙江人民出版社2008年版，第459、84页。

罗马尼亚反腐败现状

曲 岩

在转型国家中,存在制度不稳定、法律不健全、执法不严格、公民社会力量薄弱等现象,尤其是私有化往往给腐败提供了巨大的滋生空间。罗马尼亚也不例外。为防治腐败,罗马尼亚制定了一系列法律法规,设置了反腐机构。

一、反腐败法律法规

1997年,罗马尼亚颁布《刑法》。其中,第254至257条对腐败犯罪有明文规定。第254条规定:公职人员收取或索要贿赂,将被判处3—15年有期徒刑,剥夺相关权力并没收全部贿赂财产。如果没有找到涉案钱财、物品,将由犯罪人缴付等额罚金。第255条规定:判处行贿者6个月—5年有期徒刑并剥夺相关权力。如果行贿者是被胁迫行贿,则不构成犯罪。如果行贿者在有关机关介入前检举揭发,则免去惩罚。在以上两种情况下,涉案资金归还原财产所有者。第256条规定:公职人员如果在完成应做工作或应尽职责后接受或索要贿赂,将被判处6个月—5年有期徒刑。第257条规定:如果公职人员利用自己的影响力介入其他公职人员工作范围,以收取或索要贿赂,将被判处2—10年有期徒刑。

1999年,罗马尼亚颁布《国家公务员法》,后多次修订。2007年重新发布全文。2012年,又以法律和政府紧急条令的形式进行修订。《国家公务员法》旨在保障公共服务稳定、专业、透明、有效和公正。议会、总统行政机关、立法委员会、外交机构、海关、警察和内务部其他分支等均有专门的规范章程。该法还明确规定了公务员的权利与义务,包括公务员的招收、任命、晋升、离职,以及对违法行为的惩罚措施等。

2000年,罗马尼亚颁布了《预防、调查和惩罚腐败法》,此后多次修订,最后一次修订是在2007年。该法律涉及的人员主要是公共行政管理部门以及经济金融领域各项活动中具有决策权的人员,以及参与国际公共组织的公务人员。

2006年,罗马尼亚颁布有关公共采购的政府紧急条令,2010年议会通过了该条令并对其进行补充完善。该条令的目的是平等对待经济体,促进它们之间的竞争,保障公共采购的透明与廉洁,以及公共资金的有效使用。

2010年,罗马尼亚发布《建立、组织并运行国家廉政署的补充说明》,对财产申报制度做了详细说明,其中规定:总统、议员、县长顾问、地方顾问、县议会主席或市长等职位的候选人均须申报财产。总统候选人的财产申报在官方公报公布,并自申报之日起在国家廉政署网站公示10天。议员、县长顾问、地方顾问、县议会主席或市长等职位候选人的财产申报同样须在国家廉政署网站公示10天。财产申报每年进行一次,申报内容包括动产、不动产、金融活动、债务、收入等。

2012年,罗马尼亚政府通过了司法部提交的"国家反腐战略(2012—2015)",将2015年腐败认知指数达到欧洲平均水平设为目标。为此,计划在预防公共部门腐败、提高反腐败教育程度、通过行政与刑事手段打击腐败、批准各部门计划并建立"国家反腐战略"监督体系等四个方面开展工作,并明确相关责任单位。战略还列出了未来将要修订的反腐败相关法律,其中包括《刑法》和《刑事诉讼法》、有关政党资助和竞选活动的法律、法官及检察官法、议员条例等,以更好地建设反腐败司法体系。今后将就战略实施情况发布年度评估报告,指出不足并提出补救措施与建议。

二、反腐败机构

国家反腐局和国家廉政署是罗马尼亚最主要的综合性反腐机构。

2002年,根据政府第43号紧急条令,依照西班牙、挪威、比利时、克罗地亚等欧洲国家的模式,罗马尼亚成立国家反腐局。国家反腐局是具有法人资格的机构，隶属于最高法院公诉办公室，专门打击下列腐败行为：（1）收受贿赂，利用影响力进行交易，接受不恰当好处；（2）在司法强制执行、重组或清算时，故意压低国家或地方公共管理机构作为股东的经济机构的财产定价；违法或违规发放贷款或补助金；挪用贷款或补助金；利用在党派、工会或资方联合会、非营利法人代表组织内的职务，获取不法好处；（3）藏匿腐败或相关行为中获取的财产，洗钱，滥用职权，欺诈性破产，偷税漏税，毒品交易，人口买卖等。除此之外，反腐局还追查有关违背欧盟财政利益的违法行为，包括：使用或编造虚假、不实或不完整的文件或声明，造成不正当吸纳欧盟基金或违法减少欧盟预算资金；违法更改欧盟资金的用途。国家反腐局主要负责调查并处置中型和重大腐败行为，即：贿赂或不恰当好处的金额大于1万欧元；造成损失大于20万欧元；犯罪人（不管贿赂金额或损失是多少）担任下列重要职务：参议员、众议员、政府成员、国务秘书或副国务秘书、检察官和法官、军官、海军上将、将军、大城市（包括首都在内罗马尼亚一共设有12个大城市级别的城市）市长和副市长、县议会主席和副主席、县长顾问、县长和副县长、海关官员、在国家机关和国有企业任领导职务的相关人员。

2007年，依照欧盟建议，罗马尼亚出台《建立、组织并运行国家廉政署法》，成立国家廉政署。该署是独立的行政机构，具有法人资格。主要职责是核实财产申报，审核财产数据和信息及财产变更，查明违反有关利益冲突和不兼容性规定的行为，以保证公职人员廉洁，防范腐败。

除中央和地方行政机关外，腐败多发部门还涉及海关和金融银行业。因此，税务管理总署下设海关总局和金融监察局，对相关领域进行监管。海关总局以保证与海关相关的各项法律法规顺利实施为职责，公正、公平、公开、透明并且无歧视地对所有自然人和法人征税。金融监察局是具有法人资格的监察机关，负责预防、调查并打击金融和海关领域中的逃税和诈骗行为。此外，内务部还设有反腐处，专门预防、打击、惩治内部腐败行为；成立反诈骗行动处，作为欧盟的欧洲反诈骗办公室的对应机构，主要负责监控欧盟资金项目，协调国家所有部门的反诈骗行动，并与欧洲反诈骗办公室以及欧盟其他成员国合作。

另外，欧盟的合作与确认机制（Mechanism for Cooperation and Verification）对罗马尼亚反腐发挥了一定的规范和促进作用。该机制是欧盟在罗马尼亚入盟之初，为进一步监督指导罗马尼亚司法改革进程和反腐败行动而特别设立的。每年发布两次评估报告，对罗马尼亚司法建设和反腐败行动提出建议。

三、反腐败成效

罗马尼亚出台了较为完备的反腐败法律法规，建立了较为健全的反腐败机构，反腐败的制度框架已基本确立。然而，从合作与确认机制和透明国际的评估来看，罗马尼亚的反腐败现状仍不容乐观。

2012年7月，合作与确认机制评估报告对罗马尼亚入盟5年后的反腐败成效作出评价。报告肯定了罗马尼亚在起诉和审判高层腐败方面的巨大进步，以及国家反腐局和国家廉政署在其中显示出的活力与公正，但认为法院严重拖延对高层腐败案件的审判，高层腐败案件定罪缺少前后连贯性与劝诫性。2013年1月发布的合作与确认机制评估报告称，罗马尼亚部分接受了欧盟委员会给出的关于尊重法治和司法独立性的相关建议，宪法和宪法法院的作用及决议受到尊重，但没有确保司法系统不受攻击，涉案部长和议员也没有辞职。另外，由于总统与总理之间的矛盾，对国家反腐局总检察长的任命也迟迟没有作出决定。直到2013年5月，经过总理提名，最高司法委员会通过，伯塞斯库总统才任命劳拉·科维什为国家反腐局总检察长。从合作与确认机制发布的评估报告可以看出，罗马尼亚司法改革和反腐败仍然存在问题，制度建设仍然不健全，执法力度也缺乏公信力。

透明国际发布的2010—2011年腐败晴雨表显示，罗马尼亚民众认为国家腐败十分严重。88%的受访者认为，过去3年腐败状况更为恶化，政党和议会是最腐败的部门。2012年，透明国际发布的全球腐败认知指数显示，罗马尼亚在176个国家和地区中排名第66位（同地区的斯洛文尼亚排名第37位，波兰排名第41位，匈牙利排名第46位）。罗马尼亚的反腐败形势依然严峻。

为何反腐框架已基本确立的罗马尼亚，反腐败成效依旧甚微呢？2012年1月透明国际发布的有关罗马尼亚国家廉政体系的评估报告多少解释了个中缘由。这份报告对罗马尼亚2008—2011年间的法律框架和机构实践进行综合评分与分析后认为,罗马尼亚政府权力大于立法机构,政府过度使用紧急条令,过多承担责任,监督机制失效和议会辩论的缺失或滥用都将议会制度和民主基础置于危险之中。而议员滥用职权,政党缺乏透明度和廉洁性,成为立法和执法过程中的脆弱环节。报告还认为:最易受腐败影响且最不独立的是公共部门,公共采购系统也处于危险之中,多次发生隐蔽且持续的违法行为。监督机构(调查专员和最高审计机构)在体系中基本没有起到应有的作用。廉政体系中的非国家支柱——媒体、公民社会则能力不足,缺少资源,没有独立性。只有司法机构和反腐败部门以及法律强制部门由于处在合作与确认机制的监督之下,在独立性、透明度和问责制方面进步较为明显。

当前,腐败问题仍是罗马尼亚最为严峻的社会问题之一,甚至成为罗马尼亚加入申根区的"绊脚石"。这种反腐败制度框架和反腐现实之间的"差距"需要政府的反腐成效来弥补。

作者单位:中国社会科学院俄罗斯东欧中亚研究所

西巴尔干国家向欧盟标准趋同：问题和挑战

左　娅

西巴尔干国家的入盟进程普遍始于 2000 年，迄今为止已经取得了阶段性成果：克罗地亚即将成为欧盟成员国，黑山开始入盟谈判，马其顿和塞尔维亚获得候选国资格。相较于中东欧其他国家，西巴尔干国家的入盟进程起步晚，在向欧盟标准趋同的过程中遇到一些特有的问题和挑战，因此其入盟之路走得艰难而缓慢。

欧洲价值观的认同

欧盟不仅是一个经济、政治联盟，更是一个价值联盟。价值观的认同是欧洲一体化的文化基础，而由文化上的认同感联结起来的一体化比以经济或政治利益为纽带的一体化更深远、更持久。

1992 年的《马斯特里赫特条约》将"自由、民主、尊重人权、基本权利和法治原则"确定为欧共体（欧盟）各成员国遵循的基本价值标准，此后这成为欧盟扩大的框架原则，体现了欧洲政治文化的价值取向，并以此来保证欧盟的一致性与"纯洁性"。欧盟吸收新成员的标准之一就是看申请国是否具有"欧洲认同"（Europe Identity）。冷战结束后，西巴尔干国家实现了制度转轨，政治上实行多党议会制，宪法中体现了基本人权、法治、三权分立的原则；在经济上实行私有化，建立市场经济；接受了一系列国际条约，如《欧洲人权条约》、《保护少数民族框架条约》、《欧洲社会宪章》等，全盘认同西方民主价值观，并以此为标准进行社会的全方面改革。

尽管如此，由于历史的原因，某些西巴尔干国家经历了分裂和战争以及政治和经济转型带来的困惑和痛苦，以致西巴尔干国家价值体系崩溃，一度产生价值观的真空，社会充斥着暴力、自私、狭隘的情绪，民众过多地抱怨欧盟标准的苛刻，只希望享受入盟带来的好处，而不愿意承担与之相应的责任和义务；民族主义情绪依旧存在，某些党派、政治家和媒体甚至宣扬民族主义言论，民族间的仇视态度并未消除；急功近利、唯利是图等负面社会风气蔓延；利益不仅是经济领域，而且是政治、媒体、医疗、道德、教育等领域最重要的测量标准。另外，从宗教角度看，基督教是欧洲核心价值观的基础，正如亨廷顿所说："欧盟就是建立在共同的欧洲文化和西方基督教的基础之上。"[1] 接纳穆斯林国家将是对欧洲观念的挑战，土耳其正是由于宗教原因仍然游离于欧盟之外，因此阿尔巴尼亚、波黑、科索沃的伊斯兰文化背景也将成为入盟的重要阻碍。

法治和民主治理

转轨之初，西巴尔干国家按照西方体制修改宪法，确立了三权分立原则，但随后多数国家卷入战乱。战争结束后，这些国家一方面忙于战后重建；另一方面一党独大、总统专权的局面仍然持续。直到2000年以后政局才趋于平稳，逐步建立起较为稳定的议会民主制，国家的基本职能得以发挥作用。但在过去的10多年中，西巴尔干国家的政治改革进展缓慢，立法和行政权力的关系没有发生根本变化，议会职能不够完善，在很大程度上仍然受到总统和政府制约，公共行政管理能力与欧盟的治理标准仍有差距。波黑、塞尔维亚、黑山、阿尔巴尼亚都出现过政局不稳、选举失败、组阁困难、政府频繁更迭的情况，使得国家无法集中精力推进欧盟提出的结构性改革。这种情况在波黑尤其严重，《代顿协议》虽然结束了战争，但并没有建立起与欧洲一体化相适应的国家结构，穆斯林、塞尔维亚族和克罗地亚族三个民族的"国家认同危机"依然存在，政治领导人对发展方向缺乏一致认识，各族仅仅考虑本族利益，同时三族与国际社会驻波黑高级代

---

[1] Samuel Huntington, The Clash of Civilizations, *Foreign Affairs*, Vol. 72, No 3, 1993, p. 27.

表相互指责、明争暗斗,如此种种都阻碍了国家层面上行政、立法和司法机构的运作以及为达到欧盟要求而进行的改革。

欧盟认为,司法体系是西巴尔干国家最薄弱的环节,也是入盟面临的三大挑战之一。欧盟委员会对西巴尔干国家司法状况的评价是"法庭不堪重负"、"开庭审理时间太长"以及"过分延时"等,欧盟还认为,西巴尔干国家司法机关的独立性没有得到保障,存在多方政治干预,需要继续改善司法体系的效率、责任与公正性。欧盟现有法律达10万页之巨,西巴尔干国家执行本国法律尚力不从心,如何能实现同欧盟法律的趋同?

地区合作与和解、解决双边问题

欧盟在2012年度扩大报告中称,那些悬而未决的双边问题仍然是西巴尔干稳定所面临的巨大挑战,解决这些问题将消除西巴尔干一体化道路上的主要障碍。在克罗地亚入盟进程中,同斯洛文尼亚的边界争端就极大地拖延了其入盟速度。其他西巴尔干国家间同样存在诸多双边问题,比较突出的有:(1)马其顿与希腊的国名之争,尽管马其顿是该地区第一个签订《稳定和联系协议》的国家,但目前已落后于克罗地亚和黑山,尚未开始入盟谈判,其最大障碍就是同希腊的国名争议。欧盟早在2009年10月就建议开始同马其顿进行入盟谈判,但由于开启入盟谈判需要欧盟成员国的一致同意,因此希腊的一票反对使马其顿希望破灭,希腊方面坚持只有先解决了国名问题,才能开始谈判。(2)塞尔维亚同科索沃关系正常化问题。在西巴尔干国家中,塞尔维亚是一体化进程中最困难和复杂的案例之一。经历了北约轰炸、黑山独立、科索沃单方面宣布独立等一系列重大事件,塞尔维亚在西巴尔干国家中最晚开始入盟进程。2008年科索沃单方面宣布独立后,同科索沃的关系问题成为塞尔维亚入盟不可回避的关键因素。欧盟委员会负责扩大事务的委员斯特凡·菲勒表示:科索沃问题是塞尔维亚入盟道路上最大的障碍,塞尔维亚同科索沃的关系需要明显和持续的进展,这将确保双方可能继续其一体化之路,而避免相互阻挠。在欧盟的斡旋下,塞尔维亚和科索沃自2011年3月—2013年4月进行了两个阶段的对话,达成妥协性协议。第一阶段协议的达成直接促成了塞尔维亚获得候选国资格，第二阶段协议有可能使欧盟确定与塞尔维亚开始入盟谈判的日期。但在科索沃北部塞族的强烈反对下，该协议能否顺利实施、欧盟所谓的塞科"关系正常化"还包括什么具体要求目前尚不得而知。显而易见，塞尔维亚和科索沃要想入盟，还有很长的路要走。（3）难民返回问题。20世纪90年代西巴尔干爆发的几场热战造成了大规模的难民潮，主要牵涉到塞尔维亚、克罗地亚、波黑和黑山四国。尽管在联合国难民署的敦促下各国都在开展难民遣返工作，但到目前为止仍有大量难民滞留。而欧盟也把解决难民问题列为上述国家入盟的必要条件。难民重返家园牵涉到政治经济的方方面面，需要相关国家协同合作，共同采取措施，处理不好还会在饱受战乱的不同民族间造成新的紧张。

在地区合作方面，西巴尔干历史上没有存在过多边合作机制，只是不同时期作为对紧迫的国内和地区不稳定问题的反应，存在过短期的临时结盟。近些年在欧洲一体化的共同前景下，西巴尔干国家已经意识到，良好的睦邻关系符合所有西巴尔干国家的利益。因此，自2000年以来，西巴尔干国家间的合作取得了一些进展，新建或参加了9个区域合作组织：亚得里亚海宪章进程、亚得里亚海—爱琴海倡议、中欧自由贸易协定、欧洲共同航空区域、能源共同体、东南欧投资条约、地区合作委员会、萨瓦河领域委员会、东南欧安全合作指导小组，而此前西巴尔干区域合作组织仅有4个。但总体来看，西巴尔干区域合作的层次仍然较低，合作的领域仍然有限，合作的形式仍然较为单一，各国基本上还是各自为政，各谋其事，推动区域合作的动力有限。

经济和社会挑战

欧共体（欧盟）哥本哈根首脑会议上提出加入欧盟的经济标准为："具备正常运转的市场经济体制和应对联盟内部竞争压力和市场力量的能力。"这两个标准是相互关联的，市场经济发展的程度越高意味着承受竞争压力的能力越强。据世界经济论坛发布的《2012—2013年全球竞争力报告》，在144个经济体中，西巴尔干国家排名居中：黑山（72）、马其顿（80）、克罗地亚（81）、波黑

(88)、阿尔巴尼亚（89）、塞尔维亚（90），但在欧洲国家中位居末位。西巴尔干国家的经济基础薄弱，只有克罗地亚已建立起稳定并运行良好的市场经济，接近欧盟中较不发达国家的水平，能够应对联盟内的竞争压力和市场影响。其他西巴尔干国家经济转轨普遍滞后，影响了这些国家的经济发展，管理者缺乏参与全球竞争的能力。在私有化方面，西巴尔干地区的绝大多数国家都已完成中小企业的私有化，但在大型企业的私有化方面，除阿尔巴尼亚和马其顿外，其他国家都出现了困难。欧元区危机爆发后，西巴尔干国家普遍陷入经济衰退，出口贸易不景气，外国直接投资流入量减少，通货膨胀加剧，失业率进一步增加。克罗地亚加入欧盟后，如果波黑和塞尔维亚等周边国家的农产品达不到欧盟标准，那么对克罗地亚出口的 60% 的农产品将被阻止入境，这将使这些国家的对外贸易雪上加霜。以目前低迷的经济状况，西巴尔干国家还无法应对来自欧盟的竞争压力。

在社会领域，种族关系紧张、贫富差距加剧、失业率增加、城乡差异明显、贪污腐败盛行、新闻自由受限、有组织犯罪横行等问题都是西巴尔干国家在向欧洲标准趋同过程中面临的挑战。尤其是近年来西巴尔干国家高层的腐败丑闻层出不穷，克罗地亚前总理萨纳德、阿尔巴尼亚前副总理梅塔、黑山前总理久卡诺维奇都因腐败受到指控。欧盟在最近一期的入盟进展报告中强调："虽然候选国在反腐败、欺诈和经济犯罪方面取得了一定进步，但是在这一领域仍存在着观念上的根源"。[1]

作者单位：中国社会科学院俄罗斯东欧中亚研究所

---

[1] Enlargement Strategy and Main Challenges 2012 – 2013, COMMUNICATION FROM THE COMMISSION TO THE EUROPEAN PARLIAMENT AND THE COUNCIL, Brussels, 10.10.2012.

V4 国家经济的相似性与差异性

朱晓中

维谢格拉德集团国家（V4）是由中欧的四国（匈牙利、波兰、捷克和斯洛伐克）组成的一个跨国组织。这些国家大多规模小，且开放度高。在商业上，它们融入了跨国集团链条，同西欧的企业相互有联系。虽然这可以给这些国家带来繁荣，但也使它们易受全球经济和关键市场需求波动的影响。全球金融危机对 V4 国家外贸产生了影响，也显露出这些国家的相似性和差异性。

国内生产总值（GDP）是经济中的一个重要概念，是消费、投资、政府支出和净出口之总和。由于经济结构的不同，这些单个成分在每个国家的 GDP 中的比重不同。在美国，消费决定经济表现，而在 V4 国家中，出口至关重要。除波兰外，V4 其他三个国家的出口在经济增长中的作用较大。

2008 年开始的全球金融危机对 V4 中依赖出口国家的影响较大。由于波兰的出口与总 GDP 的相关性较小，而国内需求与 GDP 的相关性较大，因此，它在 2009 年下半年开始恢复经济增长。同时，与其他 V4 国家相比较，波兰的中小企业发挥了更重要的作用，它们在 GDP 的增长中所占份额较大，这使得波兰经济在面对经济环境较大变化时较 V4 其他国家有更多的灵活性。

V4 国家经济中的相似性

V4 国家对外贸易具有几个相似特征。首先，德国在 V4 国家的出口中占有重要份额，从 1/5（斯洛伐克）到 1/3（捷克）不等（见表 1）。2009 年，德国一个国家的需求减少就导致 V4 国家的经济下行。

表 1 也显示了 V4 国家之间的相互贸易关系。斯洛伐克和波兰是捷克商品第二和第三大进口国。同样，捷克是斯洛伐克和波兰第二重要的贸易伙伴。这主要是由于捷克和斯洛伐克传统上具有较强的经济联系（包括汽车产业）。此外，V4 其他国家同波兰的贸易中机械产品的比重较高。农产品的比重虽逐步提高，但在整个出口中的比重不大。

表 1　V4 国家的 5 个主要进口国及其占 4 国出口份额

匈牙利	2011	捷克	2011	波兰	2011	斯洛伐克	2011
德国	25.20%	德国	32.15%	德国	26.07%	德国	20.40%
罗马尼亚	5.80%	斯洛伐克	8.97%	捷克	6.20%	捷克	14.20%
意大利	5.40%	波兰	6.28%	法国	6.13%	波兰	7.30%
奥地利	5.40%	法国	5.47%	意大利	5.36%	奥地利	7.00%
斯洛伐克	3.30%	奥地利	4.50%	俄罗斯	4.52%	意大利	5.30%

匈牙利出口对德国市场的依赖度较高，德国占匈牙利出口的 1/3。在经济上，匈牙利更面向南方，在贸易上对 V4 其他国家的依赖程度较低。匈牙利与 V4 成员国贸易联系较多的是斯洛伐克，居第五位，但只占其出口总额的 3.3%。

其次，具有类似的贸易构成。工业品，特别是交通运输和机械设备，以及制成品在出口中的比重从 60%（波兰）到 71%（捷克和斯洛伐克）不等。

第三，严重依赖矿物燃料进口（特别是从俄罗斯进口）。这导致 V4 国家贸易赤字增加。同时，进口自中国的制成品也导致这些国家贸易赤字增加。波兰是 V4 国家中对非欧盟成员国出口最多的国家，占波兰出口的 22%。而斯洛伐克对非欧盟国家的出口占其出口总额的 15%。

第四，严重依赖汽车出口。欧洲和亚洲的重要汽车厂商大多已经进入 V4 国家。最早进入 V4 国家的有德国大众（并购了捷克的斯柯达）和意大利的菲亚特（波兰），之后，德国的大众、法国的标致和雪铁龙以及韩国的起亚进入了斯洛伐克；德国的欧宝和奥迪进入匈牙利；德国的欧宝进入波兰；韩国的现代、日本的丰田、法国的标致和雪铁龙进入捷克。这些汽车组装厂商和其他供应商相结合，在V4国家建立起高度关联的产业链，汽车和汽车零配件在V4国家进出口中的比重相当大（在斯洛伐克占53%，在捷克占54%，在匈牙利占57%）。

尽管V4国家的外贸平衡存在些微差异，但许多投资人和分析家认为，V4是具有类似发展路径、经济构成和相同未来前景的地区。一定程度上，这一看法是正确的。

V4国家经济中的差异性

受欧元区国家债务危机的拖累，欧洲国家的决策者在其政府预算赤字和控制的债务方面面临困难抉择。V4国家在经济动荡中表现了不同的政策应对，而且后果不同。财政政策似乎是每个国家整体经济表现的决定性因素。

在2008—2009年全球金融危机期间，波兰是唯一经济实现正增长的欧盟成员国。斯洛伐克、匈牙利和捷克遭受了金融危机的冲击，在2009年三国的经济分别下降4.9%、6.9%和4.5%，虽然2010年三国的经济都恢复了正增长，但只有斯洛伐克实现了快速经济复苏，并在2012年继续保持增长。而2012年捷克共和国和匈牙利二次探底，经济增长分别下降1.3%和1.7%。

什么原因致使V4国家出现不同的经济表现？人们给出了各种解释。

1. 经济结构不同

波兰经济规模较大，而且对出口的依赖程度相对较低，这有助于其抵御2008—2009年间的金融危机的冲击。同时，波兰的中小企业数量较多，具有更大的灵活性。

2. 汇率差异

对欧元持怀疑态度的人士一直认为，近年来波兰经济表现较好的原因之一是兹罗提对欧元大幅贬值。但本国货币贬值是造成V4国家之间出现不同经济增长率的原因吗？如果汇率灵活性的确是经济快速增长的主要推动因素，那么2009年斯洛伐克采用欧元就应该是V4国家中经济表现最差的。但事实是，虽然斯洛伐克在2009年出现了出口大幅下降，但并不比V4其他国家更严重。此外，斯洛伐克的出口已经强劲反弹,在 2011 年超过了中欧其他国家,而且这种趋势保持到 2012 年。

3. 放松财政政策、支持经济增长

财政政策给 V4 国家经济表现不同提供了更可靠的解释。近年来,波兰和斯洛伐克的经济在 V4 国家中较好,但同时预算赤字也不断增多,因为两国政府放松了财政政策,以便减少金融危机的影响。2011 年,两国大幅调整财政政策,包括适度提高增值税,使这两国经济增长得以维持。两国政府旨在 2013 年将预算赤字降低至《马斯特里赫特条约》规定的占 GDP 3% 以下。由于斯洛伐克 2012 年的财政预算平衡状况不佳,2013 年它实现这一目标面临挑战。为此,斯洛伐克政府采取的措施是增收,部分通过提高公司所得税和对更富裕的斯洛伐克人征收更高的个人所得税来实现。

匈牙利目前的政府债务与 GDP 之比已经很高,自 2005 年以来一直超过《马斯特里赫特条约》规定的占 GDP 60% 的比例。2010 年,匈牙利的公共债务蹿升至占 GDP 的 81.8%。因此,政府被迫采取激进措施来改善公共财政。目前,匈牙利的增值税为欧盟中最高。2012 年匈牙利政府的预算平衡依然是赤字。

捷克采取了某种中间道路的财政政策。2009 年骤然出现预算赤字之后,在 2010 年年中组成的中右政府承诺不惜代价进行紧缩,由此也降低了经济增长的可能性,并使政府存在本身遭受危险。政府急于财政巩固使得捷克央行推出的旨在促进国内需求的宽松货币政策无效。

考察 V4 国家最近的经济表现可以发现,旨在减少对国内民众造成冲击的临时的财政措施可以在经济危机时支持经济增长。在这方面,波兰似乎找到了混搭方式。如果捷克的紧缩措施不那么激烈,其经济表现本来可以更好些。即使在临时的财政宽松中,政府也必须考虑避免大量增加公共债务,因为它会危及国际信心和使长期增长前景暗淡。匈牙利的经济表明,在危机之初拥有高债务会大大限制政府在减轻外部压力时的灵活性。

作者单位:中国社会科学院俄罗斯东欧中亚研究所

地方合作：中国—中东欧合作的一个突破口

徐 刚

2012年9月，中国—中东欧国家合作秘书处在北京成立，并举行了首次各国协调员会议，标志着中国—中东欧国家合作进入一个全新阶段。不过，在随后一段时期内，人们对这种合作的具体化、操作化仍认识模糊。2013年7月，在重庆召开的首次中国—中东欧国家地方领导人会议试图回答这一问题，会议的地点以及会议的形式均表明，地方合作将可能成为未来一段时期里推进中国—中东欧合作乃至构筑新型中国—中东欧关系的一个重要方向和内容。甚至，在一定意义上说，这次会议释放了一个重要信号：中国新一届领导集体仍将延续此前的政策框架。那么，中国—中东欧地方合作有无经验可循？有无空间可进？有无挑战面临？下文尝试对这些问题进行简要回答。

地方合作的提出

20世纪80年代末90年代初东欧国家政局剧变后，中国和中东欧国家开始在新的基础上发展双边关系。不过，在一段时间内，中国与中东欧国家的关系都处于各自对外关系中的相对次要位置，甚至有个别国家还由于台湾、人权和西藏等问题与中国关系不和。[1] 随着一些中东欧国家相继加入欧盟，中国发展与中东欧国家关系具有了两重性，即在发展双边关系的同时，拥有一个与欧盟的对话与合作框架。与此同时，双方关系整体上也朝着友好、务实合作的"利益主导型"

---

[1] 参见朱晓中：《冷战后中国与中东欧国家关系》，载《俄罗斯学刊》2012年第1期。

方向发展。

继 2011 年 6 月在匈牙利举行第一届中国—中东欧国家经贸论坛后，2012 年 4 月第二届中国—中东欧国家经贸论坛暨首次中国—中东欧国家领导人会晤在波兰华沙召开，时任中国政府总理温家宝提出了关于促进与中东欧国家友好合作的 12 项举措，内容涵盖机制建设、经贸关系、投资合作、人文交流和学术研究等五大方面。一时间，中国—中东欧国家合作成为国际社会广为关注的话题。12 项举措也为中国—中东欧国家的合作凝聚了共识，指明了方向。

然而，由于中东欧 16 个国家之间存在诸多差异性，如国家实力的非均衡、经济结构的差异、欧盟成员与非成员国并存、欧元区的加入与否以及对华关系的亲疏等，使得表面上具有可操作性的合作实际上困难多多。换言之，"一体适用"的方式运用不当将有碍于中国—中东欧国家关系的发展。从中国方面来讲，尽管在已有的投资合作中有重点国家和优先领域的考虑，但明确"偏好国家"或"优先项目"肯定招致"分化中东欧 16 国"的外来指责。这样，不仅背离了发展中国—中东欧国家关系的原则，也将自身置于负面或不利的形象之中。

于是，发展中国—中东欧国家合作需要一个新的突破口和平台，使其在总的框架原则下可以灵活地发挥功能。重庆会议确立的中国—中东欧国家的地方合作（也称"重庆倡议"）便是这种需要的逻辑结果和最优选择。正如中国外交部副部长宋涛在会上指出的："通过地方合作，把国家层面促进合作的大政策，转化为务实合作的具体成果，推动各方合作持续、深入地开展下去，服务于中国和中东欧国家的发展。"这里面至少包含了两层意思。其一，将地方作为中国—中东欧国家合作的平台，有利于国家政策的转化与落实，使合作更加具体、务实且不会陷入国家间平衡的困境。其二，强化中国—中东欧国家的地方合作有助于消除外界（尤其是欧盟）的敏感和片面认知——中国另组"中东欧集团"或"在欧洲布局"，同时使这种合作得以长期化、长效化。

地方合作的空间

冷战结束以来，由于中国—中东欧发展的互补性弱使得双方合作的水平有限,地方合作总体上也较为滞后。当然,合作的不足同时也意味着空间的存在。从地方合作角度看,双方至少可以在如下方面加大作为。

第一,继续发挥原来的地方合作机制,为新的合作提供经验借鉴。中国与中东欧国家之间存在一些多边合作机制,尤其在农业领域。由中国国家农业部主办的一年一届的中国与中东欧国家农业经贸合作论坛自2006年以来已经成为中国与中东欧国家十分重要的农业多边合作机制。它加强了中国与中东欧国家涉农部级高层对话,提供了企业与政府对话的平台,增进了企业之间以及企业与政府之间的信息交流,也提升了中国农业产业化的国际水平。[1] 论坛先后在北京、江苏和安徽成功举行,为这些省市加强与中东欧国家地方之间的合作积累了经验。

第二,拓展新的合作领域,为地方合作搭建宽广空间。重庆会议期间,有关各方主要在贸易投资、中小企业、农业、科技和文化交流等方面进行了讨论与交涉,签约的25个项目涉及中国与匈牙利、罗马尼亚、捷克、保加利亚、波黑、阿尔巴尼亚、斯洛文尼亚7国的11个州市及机构、企业。随着双方合作的不断深入,双方可在更多的地市、合作的更多领域寻找新的机会,实现"地方合作行业化"、"行业合作地方化"并行。

第三,利用友好省州/城市关系,加强地方合作的对接。截至2012年,中国与中东欧国家共有37对友好省州和58对友好城市。省、市是地方合作的主体,利用友好省州/城市关系不仅有互信保障,而且便于项目开展。重庆利用会议的契机,推动"重庆—中东欧研究中心"、"中国—匈牙利—两江创新创业中心"成立,为重庆与中东欧国家的地方合作建立起了对接平台。其他省市同样可以效仿。

第四,积极参与中国同欧盟合作框架下的地方合作机制,拓宽地方合作的渠道。近年来,中国—欧盟的合作机制如中欧市长论坛、中欧城镇化论坛等运作良好,中国—中东欧国家既可以充分利用这些机制和平台强化地方合作,又可以根据双方的特点建立起类似的合作与交流渠道。

---

[1] 参见范丽萍:《中国与中东欧国家农业经贸合作探析》,载《世界农业》2013年第2期。

地方合作值得注意的方面

"重庆倡议"的提出在中国—中东欧国家关系发展进程上具有重要意义,从机制上和形式上为未来的中国—中东欧合作提供了思路。地方合作在推动中国—中东欧国家关系中将大有可为、大有作为,但一些问题值得我们重视。

第一,在合作进程中需不断积累经验,切勿"不顾一切扎进去"。尽管中国—中东欧合作势头较好,一些地方合作的多边机制已经搭建,但总体上讲中国与该地区开展全方位的地方合作没有先例可循,经验也不足,因而困难必不会少。比如,中东欧各国尚未与中国签订双边自由贸易协定①,双方投资合作面临挑战;欧盟仍未承认中国完全市场经济地位,监管非常严格,中国企业在中东欧的投资合作可能会遭受一些歧视性待遇;中国—中东欧市场环境、文化思维、法律政策均有所不同,给双方投资合作造成困难;等等。2011年中国海外工程有限责任公司投资波兰A2高速公路项目的失败与这些因素不无关系。因此,从地方合作的角度说,中方在合作实践中,必须做好学习与调研工作,强化风险管理意识,切勿将既有的思维套用到中东欧并一头扎进去。

第二,注意中东欧国家的差异性,实现战略重点与战术平衡。虽然冷战结束后中东欧国家都以"返回欧洲"为目标和任务,且地域相邻,但它们呈现出较明显的差异。在中东欧国家里,既有欧盟成员国,也有非欧盟成员国;既有欧元区国家,也有非欧元区国家;经济结构有别;经济总量和发展水平也不一。从目前的中国—中东欧合作来看,中国明显在战略上偏重波兰、匈牙利等国家。但是在战术上,要求中国必须照顾中东欧不同国家的不同需求,服务于中国在中东欧的战略大局。具体从中方立场来讲,推进地方合作,要对地方、行业进行积极引导,实现均衡合作、对口合作,同时做到有的放矢、"一视同仁"。

第三,积极应对其他"干预力量",走互信合作之路。中东欧国家发生剧变

---

① 2013年4月,中国与冰岛签订《中华人民共和国政府和冰岛政府自由贸易协定》,该协定是我国与欧洲国家签署的第一个自由贸易协定。

以后，各大国对中东欧地区都有自己的算盘，并开始重新布局①，因此中国—中东欧合作不可避免与其他大国或大国集团在该地区的利益存在不同程度的对冲。欧盟一直对中国介入中东欧地区持猜疑态度，反对中国与中东欧关系的长期化和机制化，认为中国在"分化欧洲"。俄罗斯担心中国借助中东欧逐渐进入其"后院"并挤占其空间。美国也不愿意看到中东欧国家与中国关系的深化使其在欧洲的战略利益受损。日本则频频通过实际行动（2013年6月下旬日本首相安倍晋三对波兰、捷克、斯洛伐克和匈牙利进行访问）对冲中国在中东欧的影响。对于中国来说，不是要与各大国"争夺"中东欧，而是要实现互利共存。因此，开展与中东欧国家的地方合作必须走平等合作、互利合作、互信合作之路，在竞争中强化本领，在优势中深化合作。

作者单位：中国社会科学院俄罗斯东欧中亚研究所

---

① 参见朱晓中：《大国在中东欧的重新布局》，载《当代世界》2013年第9期。

从尼科利奇访华看中塞关系特点

左 娅

塞尔维亚作为原南斯拉夫的主要基础国,一直与中国保持友好关系,更将中国定位为其四大外交支柱之一。中国亦日益重视发展同塞尔维亚的关系。随着2009年战略伙伴关系的建立,中国和塞尔维亚的关系进入新的发展阶段。时隔4年,塞尔维亚总统再次访华,两国就深化战略伙伴关系达成共识,双边关系在多个方面呈现出蓬勃发展的新特点。

尼科利奇访华成果

8月25—29日,塞尔维亚总统托米斯拉夫·尼科利奇对中国进行国事访问。两国签署了《中塞关于深化战略伙伴关系的联合声明》、《中塞经济技术合作协议》、《中塞基础建设领域经济技术合作协议附件2》、《中塞电信和信息技术合作协议》、《中塞农业合作备忘录》等一系列双边合作协议。同时,塞尔维亚还从中国获得500万美元的捐助。

《中塞关于深化战略伙伴关系的联合声明》的主要内容有:政治上,继续在涉及对方核心和重大利益问题上相互支持,加强两国高层交往,扩大两国政府、立法机构、政党间各级别的交流与合作,不断深化政治互信;经济上,强调扩大经济合作是深化中塞战略伙伴关系的重要内容,继续扩大贸易和投资规模,加强基础设施建设、农业、能源、信息产业、汽车工业、科技等领域合作;文化上,提出人文交流是中塞战略伙伴关系的重要支柱,应当加强科技、特别是高新技术领域的互利合作。

与双方2009年签订的《中塞关于建立战略伙伴关系的联合声明》相比，此次声明更加具体务实，在诸多方面都提出具体措施以深化战略伙伴关系。在经济领域，双方认为应以政府职能部门和中塞政府间经贸混委会为指导，推动投资贸易便利化，鼓励和支持两国企业在继续扩大基础设施建设领域合作的同时，探索新的合作方式，并通过举办和参与展会等方式，为两国中小企业合作搭建有效平台。其中农业领域合作可以成为双方互利合作新的增长点，拟建立中塞农业合作工作组和"中塞农业科技合作促进网"，推动中塞农业领域合作取得务实成果。在文化领域，双方将采取互设文化中心、在塞尔维亚中小学开设汉语课程、推动两国青年的友好交流等具体措施。①

中塞关系的特点

1. 中塞关系持续发展，上升势头明显。

中国和塞尔维亚②相距遥远，但传统友谊历史悠久。原南斯拉夫分裂后，中国是派出使节参加南联盟成立大会的为数不多的国家之一，也是最先承认南联盟的国家之一。2006年塞尔维亚成为独立国家后，继续与中国保持友好关系。2009年塞尔维亚总统塔迪奇访华，两国签订《中塞关于建立战略伙伴关系的联合声明》，开启了中塞关系新纪元。塞尔维亚将中国列为其外交政策的四大支柱之一③，高层官员频繁访华，在中学开设汉语课等。与此同时，中国愈加重视发展同中东欧国家关系，2012年温家宝总理提出了全面发展同中东欧国家关系的12项举措。在此框架内，中塞关系不断升温。此次尼科利奇来访，是中

---

① http://www.fmprc.gov.cn/mfa_chn/gjhdq_603914/gj_603916/oz_606480/1206_607352/1207_607364/t1069670.shtml.

② 由于原南斯拉夫社会主义联邦解体的原因，最近30年来，塞尔维亚共和国经历了四个历史阶段：1978—1991年为原南斯拉夫社会主义联邦共和国历史阶段；1992—2002年为原南斯拉夫联盟共和国历史阶段；2003—2006年5月为塞尔维亚和黑山国家共同体历史阶段；2006年6月至今为塞尔维亚共和国历史阶段。

③ 塞尔维亚外交政策的四大支柱是：欧盟、俄罗斯、中国和美国。

国新一代领导人上台后来访的首位中东欧国家元首。塞尔维亚前外长耶雷米奇把中塞关系称为"该地区双边关系发展的典范"①。很多事实都印证了这一点：在地区层面上，中国在中东欧地区设立的第一个文化中心在塞尔维亚，中国在塞尔维亚投资兴建的泽蒙大桥是中国在欧洲第一个桥梁建设项目，塞尔维亚是中国在中东欧国家中基建项目最多的国家；在国际事务中，中国与塞尔维亚一直保持密切合作，无论是原南战争期间，还是科索沃问题上，中国都是塞尔维亚可靠的支持者，中国是唯一一个从未支持制裁塞尔维亚的安理会常任理事国，甚至与塞尔维亚具有"兄弟情谊"的俄罗斯都曾在1992年支持了对塞尔维亚的制裁。

推动中塞两国关系持续发展的基础在于：首先，中国与塞尔维亚传统友好，彼此间不存在悬而未决的问题，双方合作不设先决条件，这是双方合作的政治基础。其次，双方表现出强烈的合作愿望，这是双方合作的内在动力。从中国方面来看，地处东南欧的塞尔维亚不仅具有重要的战略地位，可以成为中国在国际事务中的合作伙伴，而且由于其与欧洲许多国家签署了自由贸易协定，同时又是欧盟候选国，因此可以成为中国企业进军欧洲的"桥头堡"，塞尔维亚前总统塔迪奇就曾说过："中国企业来塞尔维亚不是投资一个市场，而是面对整个欧盟市场，这正是我们的优势所在。"从塞尔维亚方面来看，在当今世界，中国是具有重要话语权的国家和巨大发展潜力的经济体，塞尔维亚在政治上需要中国支持（如科索沃问题），经济上渴望中国投资。综合来看，中塞两国存在着进一步亲近的愿望和动力。第三，中国与塞尔维亚都面临发展任务，这为双方开展互利合作提供了历史性机遇。中国与塞尔维亚同为发展中国家，实现经济的全面可持续发展是两国面临的首要任务，深化合作是对双方互利双赢的事情。第四，两国人民彼此怀有友好感情，中国人尽管对当今的塞尔维亚了解不深，但对原南斯拉夫及其文化抱有友好态度，而塞尔维亚人对中国普遍比较友好，据一项民意测验显示，中

---

① 汤先营：《中国是塞尔维亚真正的朋友》，载《光明日报》2011年10月12日。

国在塞尔维亚人最喜欢的国家中排名第二,越来越多的塞尔维亚人喜欢中国文化,学习汉语,在贝尔格莱德语言学校、第八中学、卡尔洛娃茨中学都开设有汉语课,这使得两国发展关系具有坚实的群众基础。

2. 中塞关系具有不对称性。

中塞关系的不对称性在高层互访和经贸往来中均有所体现。自2009年两国建立战略伙伴关系以来,塞尔维亚总统、总理、议长都对中国进行过正式访问,而塞尔维亚独立以来,访塞的中方领导人仅有原人大常委会委员长吴邦国一人,高层互访的规模和规格严重不对称。在经贸领域,自2009年以来中塞贸易额稳步上升,但同时显露出贸易进出口不平衡、贸易形式单一的特点。中国向塞尔维亚的出口额占进出口总额的80%以上,2009年达到92%,贸易顺差极大。

2009—2012年中国与塞尔维亚贸易往来(单位:万美元)

年份	进出口额	出口额	进口额
2009	33,696	30,832	2,864
2010	40,021	34,502	5,519
2011	47,512	39,631	7,881
2012	51,450	41,288	10,162
	累计比去年同期增减%		
	进出口	出口	进口
2009	−33.2	−37.4	133.2
2010	18.6	11.9	88.8
2011	18.7	14.9	43.0
2012	8.5	4.2	30.5

资料来源:中华人民共和国商务部欧洲司网站

3. 中塞各领域关系发展不均衡。

中塞两国政治关系良好,但经贸合作仍处在较低的水平,存在贸易失衡,贸易结构单一,技术合作项目少,相互投资刚刚起步。据中国商务部统计,2012年中国同中东欧国家的贸易额为476亿美元,而与塞尔维亚的贸易额仅为5.1亿美元,甚至在东南欧国家中都远低于中国同克罗地亚的贸易额(13.4亿美元)。在人文交流方面,中塞两国近年的文化往来日益频繁,但效果并不令人满意,塞尔维亚由于经济实力较弱,难以在中国开展文化活动,设在中国的记者站也因为经费问题被迫关闭。而中国在"走出去"的文化战略指导下,在塞尔维亚举办过一些文化传播活动,虽然场次不少,但由于针对性不强,以致观众寥寥,效果打了折扣。双方在科研教育合作、青年交流、民间交往等方面还有待加强。

4. 中塞关系趋于务实。

塞尔维亚自独立以来,调整了对外战略,以务实和战略的眼光看待与中国的关系。中国也致力于把两国高水平的政治关系优势转化为经济、人文等领域的务实合作成果,坚持以市场为导向的双赢合作模式,先后在塞尔维亚建造集商品批发、零售、仓储、餐饮、休闲为一体的大型商贸中心、承建贝尔格莱德市跨多瑙河大桥项目、修建第11号公路、改造扩建科斯托拉茨电站,这些项目是落实双方战略伙伴协议的主要举措。尼科利奇访华期间,双方进一步讨论了务实合作的方法与措施,如两国外交部建立定期战略对话机制、建立中塞农业合作工作组和"中塞农业科技合作促进网"、互设文化中心、中方将作为主宾国参加2014年贝尔格莱德书展。双方还商议扩大在文化、教育、体育、防务和警务等领域的合作,深化在旅游、民航、卫生、新闻出版、广电及其他传媒等领域的交往,体现了两国推动务实合作的强烈愿望。

5. 中塞两国的"战略伙伴关系"象征意义大于实际意义。

在中东欧地区,中国仅同塞尔维亚和波兰建立了战略伙伴关系,但这种关系的内容和实质始终没有明确界定。中国同塞尔维亚建立战略伙伴关系4年来,中塞关系呈现良性发展势头，但似乎离战略伙伴关系的高度以及人们的相应预期还存在不小的距离。塞尔维亚国际政治专家西米奇评论说，从某种意义上说，中国和塞尔维亚之间的关系更像是柏拉图式的恋爱，而不是重要的经济合作关系，"战略伙伴关系"象征意义大于实际意义。[①]

作者单位：中国社会科学院俄罗斯东欧中亚研究所

[①] http://www.politika.rs/rubrike/Politika/Nikolic-Srbija-spremna-da-otvori-pregovore-sa-EU.lt.html.

简论制约中亚民主转型进程的诸因素

杨 进

中亚国家获得独立后,开启了民主转型进程。22年来,中亚国家放弃了独立前的意识形态和政治模式,按照现代民主政治原则进行了民主政治转型。尽管各国政治形态略有不同,但是多党制、自由选举和新闻自由等民主原则大体确立,经济私有化、自由化和社会价值观多元原则也得以贯彻。但以现代民主政治的基本标准衡量,仍难以把这些国家列入现代民主国家之列,"威权政治"显然更加符合各国当下政治总特征。相比几乎同期进入民主政治转型的中东欧国家,中亚国家民主化进程显然要缓慢得多。理清约束中亚国家民主政治转型进程中的诸因素,有助于理解和把握中亚各国政治转型的内容、特点和趋向。

经济落后且稳定 遏制民主要求

学术界长期在争论经济水平与民主之间是否存在线性关系的问题。比较一致的观点是,在经济落后国家,民主存活的概率明显要低于经济发达国家。从中亚五国发展指数上看,除哈萨克斯坦达到中等发达国家水平外(2012年人均GDP超过1.2万美元),其他国家显然属于发展中国家,有的国家还十分落后。[①] 同时,中亚各国经济在经历独立初的混乱期之后,在新世纪前后都恢复了增长,经济稳定预期明显,即便在全球金融危机期间,也未对各国经济产生显著冲击。

---

① 2012年吉尔吉斯斯坦人均GDP约为1137美元,塔吉克斯坦约为934美元,乌兹别克斯坦约为1611美元,土库曼斯坦约为6700美元。

落后的经济发展水平，加上稳定发展预期，使中亚各国政治精英乃至民众对旧体制的依赖程度大大提高，特别是民众的政治诉求显然让位于经济发展需求，民意对各国政治精英继续进行民主改革难以形成压力。而且，在看似社会各阶层普遍追求稳定和可以预期的经济增长的情形下，社会共识很容易被歪曲为仅仅要求经济改革，而不是民主。"在非危机状态的转型中，对政府的分散式要求受到受益于或同情即将退位的威权政府的经济政策的政党和社会集团相对力量的限制"①，中亚国家的经济发展水平显然遏制了进一步民主化的要求。

民族主义兴起　排斥民主共性

中亚五国的独立，从本质上说是现代民族主义思潮及其运动的一次实践和成果。中亚民族主义思潮及其兴起，一方面满足了新独立国家民族和国家认同以及文化共同体形成的需要；另一方面，民族主义反映到政治领域，它强调民族特性，突出民主的民族特质，认为民主在不同国家和民族具有不同的内容和性质，实际上弱化了民主在本质上所具有的共性。乌兹别克斯坦总统卡里莫夫认为："民主制和各种所谓的'开放社会模式'是不能输出的，就像万能的国家理论方案不能从外部输入或者强加一样。显然，这种万能的模式，也即各国都能够接受的模式世界上根本不存在"，"在那些由于一定的历史条件造成现在还远远达不到民主标准的国家里所进行的发展民主的尝试，加速强化民主进程，人为地灌输民主思想的做法只能导致相反的结果"。②

中亚民族主义思潮及其运动的兴起与中亚国家独立时间短、历史上长期作为殖民地受外族压迫的心理有关。民族主义的兴起，客观上导致政治精英与广大民众寻求从外部获得现代化治理模式的愿望下降，更强调从本民族文化出发建立自己"特有的"或者"符合国情的"民主价值观和政治模式。因此，观察中亚政治转型进程，民族主义思潮及其运动对民主共性的排斥显然是一个重要因素。

---

①　斯蒂芬·海哥德，罗伯特·R.考夫曼：《民主化转型的政治经济分析》，北京：社会科学文献出版社 2008 年版，第 13 页。

②　伊·卡里莫夫：《乌兹别克斯坦从来不依赖任何人》，北京：时事出版社 2006 年版，第 8、54 页。

精英执政合法性尚存　　抵制民主改革

苏联解体并未在中亚国家造就新精英阶层，相反，苏联时期的精英阶层在中亚国家独立进程中继续保持并提高了政治身份，成为国家主权独立的"功臣"，一些政治家甚至把自己塑造成"国父"形象，以此强化执政合法性。的确，对于缺乏独立建国历史的中亚国家而言，获得主权独立对本民族历史的贡献不言而喻，精英们因此拾取到"独立功臣"的崇高政治威望也在情理之中。但是，获得政治威望的政治家有意放大精英集团在独立进程中的作用，并利用这种特殊政治资源不断强化精英集团长期执政的合法性。

中亚国家精英执政合法性继续存在的另外一个重要因素是，独立后中亚各国精英普遍重视经济社会政策的改革和调整，该领域所取得的成果能够基本满足社会大众需求，以致民众对精英集团在政治上的非民主行为的容忍度较大。同时，民众对经历苏联解体初期民主化进程阵痛仍记忆犹新，对伴随民主化进程可能产生的社会冲击持谨慎态度。由此，民众对精英集团有意维持和强化威权统治的现状持宽容立场。

后苏联精英集团继续合法执政的一个后果是，精英集团得以利用上述资源，不断巩固本集团既得利益，自觉或不自觉地抵制有可能危及自身利益的民主化进程。在此情形下，即便违反民主价值原则的政治行为也有可能以种种理由和手段合法化，如"终身总统制"、家族式或者部族式的"禅让制"，等等。

苏联政治文化影响　　不利现代民主

尽管苏联政治文化很难用简单的语言概述，但它有两个重要的基本要素。在政治上，强调服从观念、等级观念和集体主义观念。在经济上，强调国家主义和集体主义。这些观念符合威权政治统治的需要。

中亚国家的政治精英大多脱胎于苏联时期，无论在民主价值观上、政权管理模式上，还是经济建设理念上，都或多或少自然地倾向于他们所熟悉的旧观念、旧模式，即苏联模式。何况，苏联时期的政治经济模式在某种程度上说更加符合当前威权倾向的精英集团基本利益。

苏联政治体制中的垂直权力体系与现代民主政治所主张的权力平行化原则难以协调,中亚国家当前在新的政治权力结构中显然保留或者加入了垂直权力体系的因素,因而,诸如多党制、直选制和议会制等有利于分权和制衡的民主制度受到压制,在这个大框架内发展和巩固实质民主显然存在难以克服的矛盾。从这个意义上看,苏联政治文化的遗留和深刻影响,是不利于当代中亚国家民主转型的重要历史因素。

伊斯兰强势复兴　阻碍现代民主

作为宗教信仰的伊斯兰及其复兴与作为政治概念的民主之间本来不存在必然逻辑关系,但是,第二次世界大战以来伊斯兰在世界范围内的复兴与民主及政治发生了深刻的联系。在西方和伊斯兰国家,尽管学者们依然对伊斯兰与民主是否相容的问题争论不休,且有莫衷一是的种种结论,但是穆斯林人口占多数的国家"民主指数"排名明显落后却是当下国际政治中一个不争的事实。英国《经济学人》发布的 2012 年全球"民主指数"显示,排名最高的伊斯兰国家印度尼西亚也仅排名第 53 位,属"部分民主"国家。被中亚国家普遍认为民主政治和经济发展水平较高、值得效仿的土耳其却排名第 88 位,属"混合政权"类型。中亚国家中民主指数排名最高的是吉尔吉斯斯坦,排名第 106 位,也属"混合政权"国家。①

应该指出的是,虽然伊斯兰教义包含了诸如平等、自由、法制、多元主义等因素,但伊斯兰世界在历史上与西方形成的对抗倾向,使伊斯兰国家在现实中对西方长期不信任,认为西方国家输出民主是对伊斯兰国家政治制度和社会稳定的威胁,进而在某种程度上对现代民主价值观进行了自觉抵制。

尽管中亚国家独立后建立了世俗化国家政权,禁止宗教干预政治,但是随着伊斯兰在全球范围内复兴,中亚伊斯兰复兴进程加快,对社会政治生活的影响也

---

① 参见 http://zh.wikipedia.org/wiki。

在日益加强，伊斯兰意识中抵制现代民主价值观的因素随之增长，它与中亚国家的民族主义类似，认为民主具有特殊性（如伊斯兰的民主价值观）从而抵制民主共性。

公民社会发育迟缓　民主基础弱

现代民主国家普遍具有发达的公民社会。本质上，公民社会的发育程度能够决定公民的政治参与水平，它对现代民主政治形成有关键作用。而中亚国家的普遍状况是，公民社会发育程度低。尽管在立法上各国大多都确立了发展公民社会的原则，但是实践中各国政府往往把属于"公"与"私"之间的领域统统纳入到"公"的领域进行管理。例如，在非政府组织管理方面，政权当局一方面允许这些组织合法存在，另一方面又以种种手段强化管理，使之始终控制在政权手中，按照政权的需要运行，不至于"失控"。公民社会发育滞后，公民自治机构及其功能缺位，弱化了中亚各国民主化的基础，是制约中亚各国巩固民主化成果的重要因素。

缺乏外部约束　民主输入性差

中东欧国家的经验表明，如能得到民主体制国家的外部激励和约束，则能促进转型进程。

中亚国家地处欧亚大陆腹地，无论在历史上还是在当今国际政治舞台，少有现代民主知识的灌输过程，加之缺乏外部民主机制对其进行激励和约束，导致民主输入性差，民主知识缺乏。同时，精英集团为维护既得利益，对民主自觉进行抵制，民主趋于表面化和形式化，形式民主成为精英操弄威权政治的工具，而实质民主则进展缓慢。

吉尔吉斯斯坦在经历了2005年"郁金香革命"和此后政治精英之间的多轮博弈，最终导致该国走向议会民主体制，成为当下中亚国家中民主指数排名最高的国家。如果没有外部民主力量的激励和参与，吉尔吉斯斯坦发生这一进程的概率或将大大降低。相对而言，中亚其他国家的民主输入能力要弱得多，有的国家甚至还在辩论政权有否可能"世袭",其民主政治转型面临极大挑战。

制约中亚民主政治转型的因素复杂多元,上述诸因素仅仅只是影响中亚民主政治转型进程的重要方面,但肯定不是全部方面。进一步研究和理清这些因素有助于深刻把握中亚地区民主政治转型的趋势和前景。

作者单位:中国社会科学院俄罗斯东欧中亚研究所

当前吉尔吉斯斯坦国内形势

赵会荣

2013年吉尔吉斯斯坦形势总体稳定,阿坦巴耶夫总统控局能力有限,局部地区有示威游行发生,但近期内发生第三次"革命"的可能性不大。经济保持中速增长。经济、安全和社会问题依旧严峻。吉准备加入关税同盟,未来吉对俄依赖程度将更大。

一、各派之间政治斗争继续,总统势力不够强硬但略占优势,其他政治势力分散,短期内政府和议会有再次发生变化的可能性,但发生第三次"革命"的可能性不大

自2010年发生政权非正常更迭和民族冲突后,吉国内局势始终不太平静。总统阿坦巴耶夫的势力与议会内其他势力之间的争斗不断,导致执政联盟四次解散。最近一次是在2012年秋,四党联盟中的祖国党和尊严党退出,导致共和国党领袖巴巴诺夫领导的内阁解散。此后,祖国党、尊严党与总统阿坦巴耶夫领导的社会民主党组成执政联盟,共和国党被排除在外,巴巴诺夫被迫辞去总理职位。社会民主党占据总统、总理、议长等职位,势力有所增强。目前,三党组成的执政联盟在议会中席位勉强过半,不如过去稳固。各方都在为2015年议会选举做准备,筹措资金,拉帮结派。

年内阿坦巴耶夫总统遇到来自反对派的多次挑战。反对派主要是在南方颇有影响的故乡党。3月5日故乡党在南部城市贾拉拉巴德和杰吉奥古兹等地举行集会,要求政府立即释放被关押的三名故乡党议员塔希耶夫、扎帕罗夫和马梅托

夫。6月初反对派封锁南部中心城市奥什到首都比什凯克的道路，向总统施压；5月31日反对派在库姆托尔金矿举行示威，要求将金矿国有化；此外，反对派还指责总统释放罪犯巴图加耶夫。据称，巴图加耶夫来自车臣，他组织的犯罪团伙长期欺压在俄罗斯做生意的吉尔吉斯人。

除了国内反对派，阿坦巴耶夫总统还面临着国外压力：一是在马纳斯基地问题上如何与俄美周旋。目前，吉政府正在与俄、美和印度三家进行谈判，希望吸引投资把马纳斯转运中心改建成民用机场；二是如何处理边界问题和水电站问题。吉乌边界有26.9%未划界。吉塔边界有46.6%未划界。2013年以来吉乌边界和吉塔边界均多次发生冲突。目前，吉乌两国政府开始就边界问题进行接触，但双方相互指责，很难达成妥协。俄罗斯答应帮助吉修建卡姆巴拉金一号水电站和纳伦水电站，这遭到乌兹别克斯坦的强烈反对。

这些问题对于阿坦巴耶夫来说都是两难问题，无法在短期内得到解决，而且无论怎样做都可能遭到反对派的指责。在目前国内各方力量差距不大、反对派动辄向总统发难的情况下，阿坦巴耶夫总统被迫选择妥协和安抚的政策。例如，在故乡党的问题上，2013年3月29日吉法院认定三名故乡党议员涉嫌煽动民众暴力夺权被判处一年至一年半的监禁，罪名很重，但量刑很轻。6月中旬，政府干脆释放了三名议员。在库姆托尔金矿问题上，吉国内政治势力都想分一杯羹，但自己又无力经营，必然选择与国外公司合作。因此，政府不可能把库姆托尔金矿完全收归国有。金矿发生冲突后，总统第一时间宣布实行紧急状态，然后采取拖延战术，承诺政府将与负责开采金矿的加拿大公司（Centerra Gold Inc）就股份重新分配等事宜展开谈判，要求公众保持克制和耐心。9月底，总理萨特巴尔季耶夫表态说吉与加拿大公司重组股份各占一半的方案是最佳选择，但遭到议员们的反对。在马纳斯问题上，阿坦巴耶夫选择与俄罗斯靠近。2013年6月初再次表示将在2014年7月关闭美国马纳斯转运中心。乌兹别克斯坦在边界和水资源问题上立场都很强硬，对吉让步的可能性极小。乌明确表示不会与吉就边境交火事件开展联合调查，也没有同意吉提出的双方签署关于在边境地区对于妇女、老人和儿童不使用武器的文件。在这种情况下，吉公开表示愿意就水资源问题举行多方磋商，并启动了与塔吉克斯坦的边界问题谈判。在经济社会领域，吉多次与大国和国际组织接触，希望能够重组债务、获得援助和投资。吉的执着努力获得一定成效。

阿坦巴耶夫的支持者主要来自城市化程度较高的北部地区、社会民主党和南方的乌兹别克族。也就是说，他在南部地区的吉族居民中威望不高。南部地区的地方政府一直与他分庭抗礼。虽然阿坦巴耶夫政权较弱，根据2010年修改后的宪法，总统仅保留国防、外交、行政等权力，但相对于其他势力仍处于优势。2012年11月吉地方选举表明，阿坦巴耶夫领导的社会民主党获得的支持最多，故乡党的支持率有所下降。另外，与前两任总统相比，阿坦巴耶夫在民众中的口碑要好一些，他的家人干政不多。因此，他干到2017年总统任期结束的可能性非常大。他本人多次表示，不参加下一届总统选举。

二、安全形势不容乐观，宗教极端主义继续发展，民族矛盾和南北矛盾仍然存在

在中亚国家中，吉对于宗教的管理相对较松。宗教工作者受教育程度参差不齐，基本上没有经过政府统一的培训，因此对于宗教的理解也不一致。一些宗教工作者与当地犯罪集团勾结，利用组织到麦加朝觐的权利从中牟利。宗教管理机构对于宗教组织的登记和监管不严，目前仅伊斯兰教团体就有2000多家。另外，很多被外国禁止的宗教或邪教、包括法轮功从费尔干纳和哈萨克斯坦南部传入吉境内。它们在吉境内秘密结社，吸引穷人、年轻人和妇女参加，发展很快。其中，宗教极端组织伊斯兰解放党、具有原教旨主义思想的萨拉菲派和瓦哈比派在吉表现得很活跃，特别是在南部地区。一些宗教极端分子或原教旨主义者往往混迹于民众之中，与民众和平共处，甚至为民众做了很多好事，得到民众的同情甚至被部分民众接受。因此政府在甄别宗教极端分子方面面临很多困难。

2013年吉强力部门在境内多次抓捕伊斯兰解放党成员，其中一些是年轻妇女。另外，内务部还经常查抄到宣传宗教极端思想的书籍和光盘以及私藏的武器。目前，吉境内的宗教极端势力出现了宗教极端思想传播隐蔽化、实施暴力和

恐怖行动分散化、成员复杂化（既有本国人，也有外国人以及妇女和青年参与）、资金来源多样化（通过办企业和参与毒品走私等犯罪活动自谋资金）等特点，给政府采取打击措施带来难度。

政府采取了很多措施打击宗教极端势力：在全国各地举办宗教讲座；拟通过立法对申请在官方登记的宗教组织和团体设定更严格的条件；鼓励不同宗教团体之间进行交流；政府资助设立宗教宽容基金，鼓励宗教向更加包容、温和的方向发展；资助穆夫提，给他们提供受教育的机会。

自2010年吉南部城市奥什发生吉尔吉斯族与乌兹别克族之间的冲突后，两个民族之间的矛盾始终没有解决。南部多数乌族居民支持阿坦巴耶夫总统，多数吉族居民支持与中央政权分庭抗礼的地方政权。尽管政府公开宣称只要乌族居民懂吉语、有经验、通过考试就有机会在政府机关任职，而且在重建被毁住宅时有意安排吉族居民和乌族居民杂居在一起，但效果并不理想。双方互相指责对方是冲突的发起者，相互仇视。目前，奥什的很多乌族居民已陆续离开当地。原来的乌族居住区和聚集区已经变成了吉族活动区域。无论是吉族居民，还是留下来的乌族居民，都购买和私藏武器，加固院墙，做好防御准备。

南北矛盾依然存在。阿坦巴耶夫总统来自北方，政府和议会内以北方人居多。南部的故乡党希望在2015年议会选举前能够扩大影响，为进入议会和政府做好铺垫。此次故乡党领导人获得当局赦免可能继续加重目前吉国内政治势力动辄举行游行示威的趋势，使得局部的小规模动荡成为常态。南北矛盾虽然根深蒂固，但还没有激化到可能引发大规模冲突的程度。

三、经济保持恢复性增长，但问题很多

2013年1—7月吉经济保持快速增长，同比增幅7.8%。经济增幅较高的主要原因是2012年的基数较低。吉经济很大程度上依靠黄金出口和侨汇收入。库姆托尔金矿产值约占经济总量的12%。2013年上半年库姆托尔金矿恢复生产，产量同比增长46%。煤炭、油气的产量继续保持增长势头。非资源领域也有明显增长，包括农业、建筑业、服务业、加工业和贸易。由于天气条件良好，农业

耕种面积增加，政府采取扶农政策，2013年1—8月吉农业总产值达到1008亿索姆（约合20.8亿美元），同比实际增长4.3%，为近4年内最高水平。吉政府确定全年经济增长目标是7.2%，后来调高到8.3%。亚行、欧洲复兴开发银行和EIU预计2013年吉经济增幅分别为5.5%、6.5%和6%。

不过，吉经济发展仍然面临很多困难：首先，政治因素较频繁地干扰经济活动。政治精英时常利用库姆托尔或别的经济项目彼此倾轧，获取利益。另外，局部地区民众出于民族主义或私利干扰外国投资项目运行的情况也屡有发生。其次，吉经济结构单一，严重依赖黄金出口和进口成品油。黄金出口下滑和成品油价格上升拖累了财政和贸易平衡发展。第三，吉自身财政困难，外债占GDP的比例约45%—50%。第四，纺织业和食品业不断下滑。第五，关税同盟将对吉经济产生重要影响。吉在关税同盟委员会内的发言权有限。加入关税同盟后，吉国内工业、农业将受到冲击，出口可能更加困难。在外贸中占70%的转口贸易将下滑。

四、吉准备加入关税同盟，内政外交受俄影响越来越大

关税同盟由俄罗斯主导。俄罗斯搞关税同盟的最终目的是政治目标，旨在控制独联体地区。吉指出，吉选择加入关税同盟，目的是为了避开关税同盟给非关税同盟国家造成的关税壁垒。实际上，吉决心加入关税同盟的原因不仅仅是为了向哈俄两国出口农产品。俄对于吉侨民、成品油、内政、安全等都有着重要影响力。吉媒体称，目前吉有约100万人在俄工作，其中仅约57万人合法。

吉官方表示将向俄申请1.7亿美元资助用于吉与非关税同盟国家海关的现代化建设。此外，吉还提出关税同盟需针对吉设立发展基础设施的稳定基金，吉学者建议该基金为50亿美元。2013年8月16日吉向欧亚经济共同体副总理级经济理事会提交加入关税同盟的"路线图"。在"路线图"中，吉就数千种商品向关税同盟请求"过渡期"的优惠进口关税。吉加入关税同盟将影响到中吉边境贸易，届时贸易额可能下滑。2012年吉俄签署多项协议，俄驻吉军事基地获得延期，俄免除吉部分债务，俄答应帮助吉建设水电站。吉向俄允诺2014年马纳斯

基地转为民用机场。而吉对于中国提议的中吉乌铁路项目闪烁其词,代之以提议俄哈吉塔铁路项目与中国对接。2013年上合组织峰会日期推迟。所有这些表明,吉决定向俄靠拢。2014年美国从阿富汗撤出大部分军队后,吉向俄靠拢的程度将更大。

作者单位:中国社会科学院俄罗斯东欧中亚研究所

中国与中亚关系的里程碑

张 宁

2013年9月3—12日,习近平主席出访中亚并出席上海合作组织第13次元首峰会。因时间原因,此次出访只安排土库曼斯坦、哈萨克斯坦、乌兹别克斯坦和吉尔吉斯斯坦等中亚四国。未能成行的塔吉克斯坦则邀请其总统拉赫蒙于2013年5月19—20日访华。可以说,在出席上海合作组织元首峰会前,习主席已经同中亚五国元首进行了深入对话交流。

习主席此次出访,是中国与中亚关系的新里程碑。出访期间,所到之处均受到空前热烈欢迎,哈、乌、吉三国总统携政府总理亲赴机场迎接,土总统则同10位政府副总理在马雷机场接机,并组织10万盛装群众夹道欢迎。在国际外交礼仪方面,国家元首亲自接机的现象并不多见,国家元首和政府总理同赴机场更是罕见,而出访行程中的每一站都保持这样的规格,则是中亚国家独立22年来外交史上的第一次,也创造了中国领导人出访所受礼遇的最高纪录。

一、定位于"战略伙伴"

冰冻三尺,非一日之寒;为山九仞,岂一日之功。中国与中亚国家始终理解对方国情、尊重对方选择、支持对方发展。双方以诚相待,通过实在又实用的务实合作,解决彼此关切的问题,结下深厚友谊,亲如一家。目前,中亚五国全部是中国的战略伙伴。双方宣布建立"战略伙伴关系"的时间分别是:中哈2005年7月4日(2011年6月14日又发展为"全面战略伙伴关系")、中乌2012年6月7日、中塔2013年5月20日、中土2013年9月3日、中吉2013年9月11

日。尽管没有建立伙伴关系的国家不一定意味着双方互信低,但能够建立战略伙伴关系,一定说明双方关系匪浅。中国与塔、土、吉3个中亚国家的"伙伴关系"在2013年迅速提升为"战略伙伴关系",说明中国与中亚国家已互将对方置于本国对外政策的优先方向。

中亚国家视中国为其对外政策的重中之重,比较容易理解。作为"被大国包围"的内陆国,"中国好,中亚国家好",维护国内稳定和发展,离不开周边国家的合作。中国作为一个大国和邻国,未来发展潜力巨大,自然是首选合作对象,而且中国始终坚持互利双赢和包容互鉴的合作原则,从不附加任何政治条件,是可以信赖的朋友。中亚国家各国都希望搭乘中国经济快车,实现本国快速发展。另外,大部分中亚国家都存在领导人长期执政和威权政治,为确保现政权安全并实现政权平稳交接,必须得到俄、美、中等大国的理解和支持,否则可能出现"阿拉伯之春革命"那样的动荡局面。

中国对中亚五国的重视程度大幅提高,则是适应国内和国际环境变化的双重需要。从国内看,中国需要牢牢抓住21世纪前20年的战略机遇期,稳定周边环境,大力发展西部,让西部承接东部的产业转移,同时成为向西开放(经欧亚大陆腹地通往大西洋)的前沿。从国际看,随着美国战略重心从欧洲转往亚太,逐渐对中国形成包围之势。如果中亚失守,中国将被迫面临东西两线作战压力。总之,为了西部的稳定和发展,中国需要继续巩固和发展同中亚业已建立的友谊。

二、中国的中亚新政策

1994年4月李鹏总理访问中亚四国期间,在塔什干发表中国中亚政策四原则:坚持睦邻友好,和平相处;开展互利合作,促进共同繁荣;尊重各国人民的选择,不干涉别国内政;尊重独立主权,促进地区稳定。之后又在阿拉木图就发展同中亚国家的经贸关系提出六点主张:坚持平等互利原则,按经济规律办事;合作形式要多样化;从实际出发,充分利用当地资源;改善交通运输条件,建设新的"丝绸之路";中国向中亚国家提供少量经济援助是一种友谊的表示;发展多边合作,促进共同发展。上述"四项原则"和"六点主张"是中国与新独立的中亚国家的交往合作基础。

时隔近20年，习近平主席2013年9月4日应邀在哈萨克斯坦纳扎尔巴耶夫大学演讲，阐述了当前新形势下的中国中亚政策，这是中国第二次明确和系统地声明自己的中亚政策，主要内容有：1. 中亚是对外政策的优先方向；2. 坚持世代友好；3. 坚持相互支持；4. 不谋求地区主导权和势力范围；5. 建设"丝绸之路"经济带；6. 与欧亚经济共同体等其他区域合作机制共同致力于地区繁荣和发展。

与1994年的中亚政策相比，2013年中亚政策的不变之处在于：坚持世代友好和相互支持。这是双方合作的前提和基础。而其变化之处，除提升中亚在中国外交中的分量外，还指出未来合作的方式和战略方向，包括：

第一，强调"不谋求地区主导权和势力范围"，与欧亚经济共同体等国际合作机制保持良好合作关系。这意味着在中亚地区，中国与其他大国之间只有平等互利的友好合作与公平竞争，不存在敌我之间的势力范围争夺。近年，俄罗斯借助欧亚经济共同体（包括俄白哈三国关税联盟和统一经济空间）和集体安全条约组织，着力打造"欧亚联盟"，成为主导中亚一体化的领头羊；美国则借助2014年将从阿富汗撤军和落实"新丝路战略"，意图加大在中亚的军事存在，并推动中亚和南亚的一体化。当外界认为中俄美未来在中亚的争夺可能加剧的时候，中国"好声音"相当于送给中亚国家和俄美的一颗"定心丸"。

第二，强调以经济合作为中心，着力建设"丝绸之路经济带"。这是中国的西进大战略，意味着与中亚国家、俄罗斯、南亚、西亚、高加索等国家的合作将全部纳入一个整体框架中，彼此相互协调。中亚国家不是中国西部合作的终点，更不是一道围墙，而是一座桥梁，使中国与其他国家的合作更顺畅。比如同中亚国家开展交通运输合作时，道路基础设施和运输线路将更多地从整个欧亚大陆互联互通角度去设计规划，以便实现整个欧亚大陆的陆路畅通。

三、未来机遇与挑战

当前，中亚各国均致力于落实本国中长期发展战略规划，其中哈萨克斯坦是

"2030年前战略"和"2050年前战略",土库曼斯坦是"2030年前经济社会发展国家纲要",吉尔吉斯斯坦是"2013—2017年可持续发展战略",塔吉克斯坦是"2015年前国家发展战略纲要",乌兹别克斯坦则通过不同的"主题年"确定各年工作重点。这些战略规划均强调发展经济和调整经济结构、改善民生和提高社会保障、改革政治体制和保持政局稳定、打击三股势力和维护社会秩序、加强国际合作和维护国家利益。这些内容同中国的"十二五规划"具有诸多共性,是中国与中亚合作的重要基础。

当前,促进中亚地区局势稳定的因素主要有:(1)当局控局能力较强,反对派和三股势力发展空间小;(2)民众求稳定谋发展的心理增强;(3)各国都致力于经济发展,民生状况总体呈改善趋势;(4)大国在维护中亚地区稳定方面具有一定共识。与此同时,未来可能影响地区稳定的因素主要有:(1)政治方面,领导人更替制度仍不稳定,现任领导人可能继续长期执政,新领导人如果上台可能修改内外政策。(2)经济方面,受世界主要经济体增速放缓和需求萎缩影响,中亚国家的外部需求减少,增速放缓,保增长和抗通胀压力大。(3)安全方面,美国和北约2014年从阿富汗撤军后,阿富汗未来走向不明朗,可能会刺激地区恐怖和极端势力发展。另外,美国调整全球军力布局,希望驻留中亚,让大国竞争趋向复杂。

从发展趋势看,今后一段时间,中亚地区虽风险犹存,但总体可控,不会对中国与中亚合作造成大的障碍。伴随网络型基础设施互联互通逐步改善,双方各领域合作有望提升到一个更高层次。其中,中哈石油和天然气管道以及中土天然气管道可能发挥较大作用。前者让哈萨克斯坦境内原本彼此分立的东部和西部油气管网连为统一整体,极大提高哈萨克斯坦能源安全和多元化出口竞争力;后者又被誉为"当代丝绸之路",其D线有望让塔吉克斯坦和吉尔吉斯斯坦彻底摆脱能源短缺困扰,冬季不再拉闸限电。

作者单位:中国社会科学院俄罗斯东欧中亚研究所

历史之窗

历史之窗 >>>

《苏联政治恐怖受难者》光盘介绍

郑异凡

2004 年 3 月，俄罗斯"国际'纪念'协会"、俄罗斯联邦总统直属政治镇压受难者平反委员会、萨哈罗夫博物馆和社会中心、地区社会组织"公开的俄国"联合制作并出版了名为《苏联政治恐怖受难者》的光盘。光盘为非卖品，主要用途是为亲朋提供检索受难者的下落和有关资料，有需要者可以免费索取。尽管该光盘 2004 年就出版了，但国内看到的人不多，网上也检索不到，特在此介绍，供苏联历史的研究者参考。

光盘一套两张，第一张是镇压受难者名录，共开列了 1345796 个受难者的名单，光盘上用醒目的字体标示了这个数字。第二张是有关镇压历史的各种文献资料，包括斯大林等人批准的处决名单，各地建立的镇压受难者纪念碑，古拉格群岛（集中营）的历史和概况，内务人民委员部的结构、领导人和文件，强迫移民、斯大林以后的镇压、平反工作和有关文件，等等。

光盘编制者认为，尽管原苏联地区各国发生了巨大的变化，但是纪念镇压受难者的问题仍然没有得到解决。这涉及问题的各个方面，包括被非法判刑者的平反，与镇压及其规模和原因有关的文件的公布，查明被处死者的埋葬地，纪念馆和纪念碑的建立等等。迄今为止还没有写出一本政治镇压史。

没有得到解决的还有公布恐怖受难者的名单问题。在光盘首发式上，"纪念"协会理事会主席 A. 罗金斯基指出，在收集到的人名中还有多达 10 倍以上的人没有收入此光盘。这就是说镇压人数当在 1340 万以上。

光盘把镇压受难者分为三大类：

1. 第一类是根据政治指控被国家安全机关（全俄肃反委员会、国家政治保卫总局、内务人民委员部、国家安全部、克格勃）逮捕，被司法机关和准司法机关（如特别会议、"三人小组"、"二人小组"，等等）判处死刑、监禁在集中营和监狱或流放地的不同刑期的人们。

据初步估计，1921年到1985年这一类的人在500万到550万之间。在纪念册和数据库中最常见到的是1930—1953年间受害者的资料。这不仅是由于这一时期实施了最大规模的镇压行动（仅1937—1938年就逮捕了170万以上的人），还因为从赫鲁晓夫时代开始、在戈尔巴乔夫改革时期又恢复的平反进程首先触及的是斯大林恐怖的受难者。资料库中数量较少的是早期的（1929年以前）和稍后时期（1954年以后）的镇压受难者，对他们案件的重新审理数量要少得多。

这里有许多人是由斯大林及其亲信直接批准镇压的。在俄联邦总统档案库里保存有383份（含44500个人名）经政治局委员审核的名单。其中斯大林签字"同意"的有357份，有莫洛托夫签字的372份，有卡冈诺维奇签字的188份，伏罗希洛夫——185份，日丹诺夫——176份，米高扬——8份，后来被枪毙的柯秀尔——5份。

2. 因政治原因被大规模镇压的第二类人是在"消灭富农阶级"的运动中被从居留地行政流放的农民。

据不同估计，1930—1933年被迫离开祖居农村的人为300万到450万。其中一小部分人被捕和枪决或者关进集中营。180万人成为欧洲北部、乌拉尔、西伯利亚和哈萨克斯坦荒无人烟地区的"特殊移民区村民"。其他人被剥夺财产，遣送到本区的边远地带，此外相当一部分"富农"为躲避镇压而逃亡大城市和工业建设工地。斯大林农业政策的后果是乌克兰和哈萨克斯坦的大饥荒，导致600万或者700万人员的死亡（大约数），然而，无论是逃避集体化的人还是饿死的人都没有被正式算做镇压的受难者，没有列入纪念册。被作为富农剥夺的"特殊移民区村民"人数在纪念册中要多一些，他们有时被登记在出发地，有时登记在到达地。

3. 大规模镇压的第三类受难者是被从传统居住地整个驱逐到西伯利亚、中亚和哈萨克斯坦的各民族。

规模最大的行政驱逐是在战时,即1941—1945年。有些民族被迁移是预防性的,他们被看做是潜在的敌方帮凶（朝鲜族、德意志族、希腊族、匈牙利族、意大利族、罗马尼亚族），另一些民族被指责为在占领区同德国人合作（克里木的鞑靼族、卡尔梅克族、高加索各民族）。被遣送和动员进"劳动军"的达250万人。直到今天几乎没有涉及驱逐民族集团的纪念册。

光盘说明书指出,除上述三类人以外,还有成千上万的因社会出身"不好"而被剥夺公民权的人,在镇压农民起义中打死的人,被遣送北方和西伯利亚的波罗的海沿岸、西乌克兰、摩尔达维亚和波兰的居民,在前线被督战队枪毙的人,在甄别营强迫劳动的被遣返者,等等。

编制者认为,除了上述没有争议的政治恐怖受难者外,还有数百万因各种微小的"刑事"罪行和纪律性的过失而被判刑的人。历来不把他们算做政治镇压的受难者,虽然由警察实施的许多镇压运动具有明显的政治背景。不少人因违反身份证制度、流浪、自行离开工作地（变换工作地）或者离开集体农庄；因违反纪律、学生自行离开厂校和铁路学校；因从军事工业"逃跑"；因逃避去生产部门、建设工地、农业部门干活的等等受到审判。这里惩罚通常不太重,有的被判刑者甚至没有被剥夺自由。很难计算出遭受这些"轻"刑的人数：仅1941到1956年被判刑者不下于3620万人,其中1100万人是由于"旷工"！显然,所有这些惩罚措施的主要目的不是惩罚具体的罪行,而是在集中营和特别移民区之外实施强迫劳动,获取无偿劳动力去建设各种大型工程。

镇压的庞大规模使得编制纪念册的工作极其困难而缓慢。由于"政治镇压"概念本身界限不明确又增加了困难。之所以缓慢,还因为查明镇压受难者命运所必需的文献资料（个人案卷、规范的证明文书、镇压机关的决定、统计登记资料,等等）缺失。编制者准备以后根据收集到的新资料对光盘的内容作进一步的修改和充实。

光盘提出了一些过去没有引起人们注意的迫害和镇压的领域。例如强迫迁徙少数民族的做法虽然在赫鲁晓夫时期做了纠正,但是长期以来并没有被当做一种镇压行为来研究，然而俄罗斯至今存在的某些民族冲突的根源之一正是当年对少数民族的无端镇压！

俄联邦政治镇压受难者平反委员会主席雅科夫列夫在2000年十月革命节前夕接受记者采访时说："我向总统提出成立统计政治镇压受难人数的各部门联合委员会，最终哪怕得出一个大体数字，准确数字我们是永远不会知道的，哪怕是一个大体的数字，他们有多少人？是谁？在什么地方？有哪些类人？不仅有被枪毙的，还有饿死的，要知道……有1000万人是饿死的，死于有组织的饥荒。一次是死于粮食征收制（'余粮收集制'），而另一次是在乌克兰，在我们的南方城市死于有组织的饥荒。与此同时，还出口粮食，卖粮食。"①

一年后，2001年11月，雅科夫列夫在同记者谈话时说，斯大林去世后为400万以上的政治镇压受难者恢复名誉。这方面的工作还在继续。他认为在镇压过程中，"政治镇压受难者约3200万，其中1300万是在国内战争时期。"此外，还需要单独研究像贝利亚、亚戈达和叶若夫这类政治家的案件，他们是按照捏造的间谍罪名被判刑和枪毙的，然而他们应当以杀人罪审判。为此他认为应当增加军事检察院和其他机关的人数以研究全部镇压受难者的案件。雅科夫列夫说，他会见了普京总统，国家元首支持建立跨部门委员会的建议。参加委员会的将有内务部、联邦安全委员会、对外情报局、国防部、检察院、最高法院以及档案机构的代表。②

2004年3月莫斯科发行载有受难者名字的《苏联政治恐怖受难者》的光盘版纪念册，可以说是几个组织多年联合工作的一个综合成果。

虽然如雅科夫列夫所言，镇压受难者的准确数字永远不会知道，但采取多部门的联合行动，有可能使调查出来的数字比较接近历史的实际。

作者单位：中央编译局俄罗斯研究中心

---

① www.nns.ru. Интервью недели. 2000.11.4.

② www.liga.kiev.ua Украинская баннерная сеть № 42 (465) 2.11.2001

历史之窗

列宁的赠言

郑异凡

苏联时代有过各种各样的回忆列宁的文章和文集,我国根据俄文版翻译出版了厚厚5卷本的《回忆列宁》,其中有诸如列宁亲属的较为详尽的回忆,但是与列宁相处多年的那些亲密战友的回忆却是看不到的,原因很简单,这些亲密战友如布哈林、季诺维也夫、加米涅夫等等都被斯大林枪毙了,他们即使生前写过回忆列宁的文章,也不会被苏联的出版社收集出版。有一些讲到真实情况的回忆也不会被允许原封不动地刊出,必需经过书报检查官的剪子的加工。因此关于领袖的回忆录,经常看到这样一种情况,知情者不写或不准写,偶尔见过领袖一面的人大写特写。

十月革命后,布尔什维克党以外的社会主义政党如孟什维克、社会革命党都被取缔,它们的党员或者遭镇压,或者逃亡国外,或者改旗易帜加入布尔什维克党。后者如果表现的好,还会被重用,如孟什维克亚·萨·马尔丁诺夫1923年加入俄共(布),旋即担任重要的《共产国际》杂志的编委,如此等等。

本文要涉及的是一位值得注意的人物,叫尼·瓦连廷诺夫,又叫沃尔斯基,原是孟什维克,列宁在《唯物主义和经验批判主义》一书中曾经批判过他宣扬的马赫主义和阿芬那留斯等人的主观唯心主义。十月革命后他在最高国民经济委员会的《工商报》任副主编(实际上是主编),后在苏联驻巴黎商务代表处工作。1930年流亡国外,这就使他得以逃脱30年代斯大林的大镇压。他是个有心人,又从事新闻工作,因此特别注意了解和记录所见所闻,他和8名孟什维克组成了一个名为"观察家联盟"的组织,跟踪研究苏联的局势。20世纪50年代他在国外写了一本很有意思的回忆录《新经济政策和列宁死后的党内危机》,其中有不少在苏联官方正史中看不到的东西。

列宁第二次中风之前,1922年11月底副财政人民委员弗拉基米罗夫到他那里做客,这一天列宁的心情非常好,并且像以前在巴黎那样,叫他"列瓦同志"。在交谈中列宁说了一段被弗拉基米罗夫叫做"赠言"的话,弗拉基米罗夫听后又转告给瓦连廷诺夫。由于内容极为重要,瓦连廷诺夫牢牢地记住了。"赠言"中有如下一段内容:

"我们现在有两个最重要的领域。第一个是商业,这就是学会经商,为的是首先同农村,农民结合。不这样做有一天农民会让我们去见他妈的鬼的。老实讲,农民并不理会谁、什么样的领导坐在城里,谁在克里姆林宫统治。对他们来说,重要的是从城市得到什么,克里姆林宫给他们什么。他们会使用这样的试金石:同沙皇时期相比,他们生活变得好一些,还是变坏了。如果看到用自己的产品换来比过去多的印花布、砂糖、鞋子、器皿、农具,如果还看到赋税减少了,在农村再也看不到他们痛恨的警察和警察局长了,庄稼汉对新制度就会感到完全满意。而如果不满意,对付数以百万计的农民是困难的,不可能的。喀琅施塔得起义、安东诺夫运动、坦波夫以及其他省份的叛乱,都是对我们的严重警告。应当采取一切措施,以便生活在长期的和平之中,同中农友好相处。"[①]

这段话在列宁的著作中是看不到的,但可以在其他人的回忆录中得到佐证。

据布哈林回忆,列宁在病中同他谈话时指出,现在已经"可以不再对农民施加暴力而到达社会主义"了。[②]

出逃的斯大林秘书(也是政治局秘书)波·巴让诺夫在回忆录中记叙了列宁秘书格利亚谢尔和福季耶娃关于列宁最后思考的一段话,列宁曾对她们说:

"当然,我们是遭到了挫败。我们本来以为能够轻而易举地实现新的共产主

---

① Н. Волентинов(Вольский). Новая экономическая политика и кризис партии после смерти Ленина. Stanford. Caltfornia. 1971. C . 186.

② 《尼古拉耶夫斯基谈布哈林》,载《国际共运史研究资料(布哈林专辑)》,北京:人民出版社1981年版,第168页。

历史之窗

义社会,简直就像童话一样,随便要什么就会有什么。但是,这是一个需要用几十年的时间,经过几代人才能解决的问题。为了使党不至于丧失灵魂、信心和斗志,我们必须向全党提出,作为某种暂时退却的做法,要重新采取交换经济和资本主义的做法。但是,我们自己应当清醒地认识到,我们的尝试已经失败,想要一下子改变人们的心理,改变他们世世代代所形成的生活习惯,那是办不到的事情。可以尝试以暴力把居民赶进新的制度,但存在一个问题,在这个全俄绞肉机中我们是否能够保住政权。"[1]

以上布哈林和巴让诺夫的回忆中转述的内容都与"赠言"类似。

政治家的讲话视场合不同而有所不同。在群众大会上讲话自然不能讲得太坦率,直白,他需要鼓舞群众,有些真相或者真实想法是不能说出去的。但在私人场合则不然,可以说出真实思想,可以讲述所思所虑。人不会总是板着面孔说些冠冕堂皇的话的。列宁的"赠言"是十月革命后从痛苦的经历中得出的感受和结论,或者说教训。

十月革命后,布尔什维克党对农民采取的实际上是剥夺的政策,那时实施的粮食征收制几乎把农民的所有粮食都收走了,但是列宁还一直认为农民日子过得很好,有粮有肉吃,而城市工人却食不果腹(后来列宁承认这个估计不符合实际)。然而,实际情况是农民实在活不下去了,在内战后期终于揭竿而起,反对布尔什维克政权。说"揭竿而起"不是比喻,而是真实的历史,那时就有一宗起义叫做"叉子暴动",农民没有武器就把叉子当做战斗的武器,可以说是"揭叉而起"。农民高呼"打倒康姆尼","康姆"是共产的意思,可以理解为"打倒公社",也可以理解为"打倒共产主义",反正农民不要你布尔什维克的领导了。那时官方把农民暴动叫做"盗匪活动",但这并不改变农民反抗布尔什维克政权的实质。列宁承认,那时农民暴动遍及全国各个省份。最后爆发喀琅施塔得兵变。喀琅施塔得本来是革命的堡垒,十月武装起义时著名的阿芙乐尔巡洋舰就是从喀琅施塔得军港开过来的,喀琅施塔得的水兵是一支富有战斗力的突击力量,

---

[1] 波·巴让诺夫:《斯大林秘书回忆录》,洪刚译,北京:知识出版社1982年版,第118—119页。

在革命和内战中哪儿有困难，就派水兵去支援，如今连这后院也举行暴动，而其纲领并不反对革命，仅仅反对布尔什维克的错误政策。这些反布尔什维克的暴动汇集成一股强大的激流，使布尔什维克政权遭遇到革命胜利以来最严重的政治经济危机。正是在这股激流的冲击下，布尔什维克党在1921年召开的第10次党代表大会上不得不匆匆忙忙通过废除不得民心的粮食征收制，改行粮食税制度，使农民在完税后能够自由支配手中的余粮。这就是著名的新经济政策的开端。

农民的反抗使列宁看到，对广大农民来说重要的不是漂亮的口号，也不是诱人的主义，而是实实在在的好处。列宁根据切身体验提出警告：如果农民不满意，"对付数以百万计的农民是困难的，不可能的"。正因为如此，列宁在最后时日，不断警告不要对农民施加暴力，不要尝试以暴力把居民赶进新制度，否则就需要想一想，在这"全俄绞肉机"中是否能够保住政权。必须采取措施，争取长期生活在和平和谐之中。可以认为，列宁的这些话不仅仅是针对农民而言的，对工人、知识分子同样适用。

在列宁的所有论述中，以如此明确、直白的语言来谈论布尔什维克政权同人民的关系，确实是罕见的，他以言简意赅的语言总结了不平坦的执政5年的经验教训，提出应当采取的执政方针。

作者单位：中央编译局俄罗斯研究中心

历史之窗 ▶▶▶

木犁与原子武器,何人所言?

郑异凡

有一句流行很广的话,长期以来被一些人当做对斯大林的盖棺论定:"斯大林接手的是一个木犁的俄国,而留下的是装备有原子反应堆的俄国。"

据说这是来自1959年12月21日丘吉尔在英国下院纪念斯大林诞辰80周年会上的演说。

苏联文献中现在看到的最早引用此话的是尼娜·安德列耶娃。她在1988年3月13日《苏维埃俄罗斯报》发表的《我不能放弃原则》一文中写道:

我们不妨举丘吉尔为例,他在1919年以自己组织14国武装干涉反对年轻的苏维埃共和国所作出的贡献而自豪,而40年后又不得不以这样的语句来描绘斯大林——自己的最大政治对手之一:"他是一位给予我们这一残酷时期留下深刻印象的人物,在这一时期中他度过了自己整整的一生。斯大林是一个具有非常的精力和博学多才的人,他具有不屈不挠的意志力,不管在工作中还是在交谈中,他总是一个尖锐的、强硬的和毫不留情的人,即使我这样一个经过英国议会培养的人也不能与之抗衡……在他的著作中有一股巨人的力量。斯大林身上这股力量是如此的巨大,以至于在各个时代和民族领导者之中是无与伦比的……他对人们的影响是不可抗拒的。当他走进雅尔塔会议大厅时,我们所有的人就像得到口令似地全部起立。而且奇怪的是,不知为什么都挺直身体垂手而立。斯大林具有处变不惊的、逻辑的和理性的高深智慧。斯大林是善于在困难时刻从最最束手无策的境况中找到出路的一位再好不过的巨匠……他是一个用自己的敌人之手消灭自己的敌人的人,甚至能使我们这些被其称为帝国主义者的人去同帝国主义者们作战。斯大林接手的是一个木犁的俄国，而留下的却是装备有原子武器的俄国。"

安德列耶娃没有标明出处。

几年后，丘耶夫同莫洛托夫谈话中，也记载了这段话：

"我朗读了英国首相1959年12月21日斯大林80诞辰之际在英国下院发表的一段简短的演说——译自《大不列颠百科全书》：……斯大林是一个世上无出其右的伟大的独裁者，**他接手的是木犁的俄国，留下的是拥有原子武器的俄国**。""这可是当时所谓的'头号敌人'丘吉尔说的话。"①

同莫洛托夫的谈话中这段话有明确的出处，这就是丘吉尔1959年12月21日在英国下院的演说。不过，有资料称，1959年12月21日英国议会并没有开会，并且从1959年12月17日到1960年1月26日英国议会就没有举行过会议。所以，可以认定，丘吉尔在英国下院发表纪念斯大林诞辰80周年的演说一事纯属子虚乌有。

英国历史学家、原丘吉尔中心主任理查德·兰格沃尔德也驳斥过似乎丘吉尔曾在英国下院发表过讲话赞扬斯大林的神话。

关于木犁与原子弹的说法并非丘吉尔的原创（如果他确实说过此类的话），据我最近看到的资料，原创者是《托洛茨基三部曲》的作者伊萨克·多伊彻。

安德列耶娃的文章发表后不久，亚·雅柯夫列夫的助手就写了一篇文章，指出："她所引的对斯大林的颂词并非出自丘吉尔。不是这么回事，这是著名的英国托洛茨基分子伊·多伊彻说的。"② 这个说法是符合实际的，不过这个说法一直没有引起注意。

斯大林逝世的第二天，1953年3月6日，多伊彻在《曼彻斯特卫报》发表悼文，其中写道："斯大林的历史成就就在于，**他接手的是木犁耕种的俄国，而留下的是原子反应堆装备的俄国**。"

这个说法也写入了他的著作《斯大林之后的俄国》，更为重要的是，还写入

---

① 《同莫洛托夫的140次谈话》俄文版第72—73页，新华出版社中文版第86—87页。

② 1988年4月5日《真理报》。

> 历史之窗

了《不列颠大百科全书》中多伊彻撰写的"斯大林"条。其中写道：

"这种怪异的崇拜之下是斯大林不容置疑的成就：他是计划经济的创始人，他接手的是木犁耕种的俄国，留下的是原子反应堆装备的俄国，他是'胜利之父'。但他的成就伴随着专制和他的残酷独裁；他统治的家长制特征——或许适合文盲及落后的人的智力——在他自己缔造的工业化和现代化的俄国成为一个时代错误。"①

多伊彻撰写的《斯大林政治传记》第2版中写道：

"但是也得承认这样的事实：'斯大林在发现俄国的时候，它还在用木犁耕种，而当他离开它时，它已经装备了许多原子反应堆了'。"② 对这句话，作者还特意加注说明："这句话引自我对斯大林的悼文，发表于1953年3月6日《曼彻斯特卫报》。"

上引关于"木犁"的说法文字有所不同，这显然是转译造成的。

需要介绍一下伊萨克·多伊彻。他是波兰犹太人，18岁入华沙大学，成为马克思主义者，加入波兰共产党，任党报的编辑。30年代初公开反对斯大林领导共产国际的政策，反对把社会民主党看做"社会法西斯主义"、当做共产主义运动的头号敌人，认为正是这一政策导致德共反希特勒斗争的失败。与此相反，他主张建立共产党与社会民主党反法西斯统一战线。因此被波共开除，波共官方的说法是"夸大纳粹的危险"，他本人称自己是第一个因反对斯大林主义被开除的共产党人。他是波兰著名的托洛茨基分子，但1938年却因不赞同托洛茨基建立第四国际，与托派官方拉开距离。1939年，德国占领波兰之前不久移居伦敦，担任《经济学家杂志》的记者，作为波兰社会主义党的成员，一度加入托洛茨基的"革命工人联盟"。战后同托洛茨基主义政治脱离关系，但仍然是托洛茨基的拥趸，主要从事学术活动，研究苏联和共产主义运动问题，1949年出了一部《斯大林政治传记》，由于此书，他被公认为俄国革命史和苏联问题的专家。接

---

① 《不列颠百科全书》，1964年英文版，第21卷第303页。
② 伊萨克·多伊彻：《斯大林政治传记》，成都：四川人民出版社1982年版，第712页。

着，他于 1954 年、1959 年和 1963 年出版了著名的托洛茨基传记三部曲：《武装的先知》、《被解除武装的先知》和《流亡的先知》，书中大量利用了当时没有公开的托洛茨基收藏的档案。据说，托洛茨基被驱逐出境时随身携带了约 30 箱的档案和书籍，这批档案 1980 年才解密，但多伊彻得到托洛茨基夫人的允许，得以利用这些档案。

综上所述，可以确定，木犁的说法确系多伊彻的原创，发明权不属于丘吉尔。由于这是托派或者亲托派的多伊彻的话，所以"左派"安德列耶娃即使知道是多伊彻的原创，也不会直接标明，她需要丘吉尔这样的大人物赞扬斯大林的话，这从她接着就引另一位大人物戴高乐的有关言论也可以看出来，如果用了托洛茨基分子的话，那不仅缺乏公信力，而且也太有损"左派"的名声了！莫洛托夫倒是指出了译自《不列颠百科全书》，但没有指出具体卷次、条目，不知从何而来。由于此语一直被看做是对斯大林的赞颂，所以被一些喜欢斯大林的人多番引用，以致以讹传讹，流传至今。不过令人丧气的是此语出自托派笔下，以后恐怕不好再引用了。至于丘吉尔到底说过这类话没有，既然 1959 年 12 月 21 日英国议会没有开过纪念斯大林 80 诞辰的会，那就需要到别处去找了，但愿有人有朝一日能够找到。

作者单位：中央编译局俄罗斯研究中心

历史之窗 >>>

克格勃"预防警告"工作机制及其影响

苏史生

一、克格勃"预防警告"工作机制何时建立的？

随着 1953 年 3 月 5 日斯大林去世，特别是 1956 年 2 月苏共二十大召开以及赫鲁晓夫秘密报告对斯大林执政时期种种违法犯罪行径的揭批，"预防警告"工作机制开始出现。曾多年担任克格勃第五局局长的菲利普·博布科夫在其回忆录中的叙述证实了这一点："以前，我们也曾采取过预防性措施，1957 年，我们了解到有人打算建立一个地下组织，他们的纲领中写进了推翻现存政权的内容。这份纲领是莫斯科一个科学机构的某工作人员拟定的。我们决定采取措施让他悬崖勒马。我们跟他进行了谈话，这个人理解了我们的意图。多年后，当他回忆起这件事情的时候，对我们还是很感谢的。"① 这一叙述表明，在苏共二十大之后，"预防警告"工作机制就已经存在。

二、克格勃实施"预防警告"工作机制的目的

菲利普·博布科夫在其回忆录中指出："至于苏联人，首先是进行预防——采取预警性措施，制止少数公民的违法行为。"② 这里非常清楚地揭示了克格勃

---

① [苏] 菲利普·博布科夫：《克格勃与政权——克格勃第一副主席的回忆》，北京：东方出版社 2008 年版，第 220—221 页。
② [苏] 菲利普·博布科夫：《克格勃与政权——克格勃第一副主席的回忆》，北京：东方出版社 2008 年版，第 220 页。

"预防警告"工作机制的对象是苏联人,目的在于对"少数公民"的违法行为进行预防,采取预警性措施,以便制止其违法行为。

根据一份俄罗斯解密档案文件《1959—1974年间被追究刑事责任者和受到国家安全委员会机关预防警告者的人数资料》来看,克格勃主要对以下几类人采取"预防警告"措施:(1)"与外国人保持可疑联系有叛国动机者";(2)"政治有害行为者";(3)"在公众参与下(在会议、同志审判庭、公众代表参加的谈话中)受到警告者";(4)"被正式宣布警告者"。① 这份文件再次表明:在20世纪50年代下半叶克格勃"预防警告"工作机制就已经存在,并且作为克格勃的一种工作机制在正常运作了。与此同时,这份档案文件还反映出,在20世纪60年代中期以后,受到克格勃"预防警告"处置的苏联公民的人数一下子猛增了许多,因为仅1967年至1970年四年时间里就有58298人受到克格勃"预防警告"处置,1971—1974年四年时间里有63108人受到克格勃"预防警告"处置。② 之所以在20世纪60年代中期以后受到克格勃"预防警告"处置的苏联公民的人数一下子猛增许多,与当时苏联国内的政治和社会形势密切相关。1967年6月就任克格勃主席仅一个多月的安德罗波夫在给苏共中央呈交的一份报告中所汇报的内容反映了当时苏联国内社会危机和政治危机的相关情况:"由于受与我们格格不入的意识形态的影响,在一部分政治上不成熟的苏联公民中,尤其是知识分子和青年中间出现了不问政治和虚无主义的倾向,不仅显而易见的反苏分子,还有爱说政治大话和推崇民主的人都有可能利用这一点,唆使这些人去从事政治上有害的活动。"③ 1967年7月克格勃专门成立了第五局,重点打击意识形态颠覆破坏活动。

三、克格勃"预防警告"工作机制的内容和特点

1967年5月,安德罗波夫曾对菲利普·博布科夫阐述过组建克格勃第五局的

---

① [俄]鲁·格·皮霍亚:《苏联政权史(1945—1991)》,北京:东方出版社2006年版,第403页。
② [俄]鲁·格·皮霍亚:《苏联政权史(1945—1991)》,北京:东方出版社2006年版,第403页。
③ [俄]列昂尼德·姆列钦:《历届克格勃主席的命运》,北京:新华出版社2001年版,第628页。

历史之窗 ▶▶▶

目的和动机:"这个局是基于目前局势而建立的。现在敌人正在对我们发动一场强大的心理攻势……这是一场真正的意识形态战争,要解决的是谁胜谁负的问题……我们的意识形态战线上的敌人殚精竭力地破坏我们的国家。我们必须了解他们的工作计划和方法,掌握国内的形势,了解人们的情绪,这很重要。"克格勃第五局的主要任务是"对政治局势进行深刻的分析,并作出尽可能准确的预测。新组建的局应该遏制源自国外的意识形态扩张,形成一张强有力的盾牌。"[①]

克格勃"预防警告"工作机制的内容决定了这一工作机制具有如下几个特点:

第一个特点,是"事先预警性"。菲利普·博布科夫在其回忆录中列举了具体事例来论证克格勃"预防警告"工作机制的成效。比如,在 20 世纪 60 年代,曾有一位远洋航行的船长公开宣称,一旦有机会他就会留在西方。有人举报,说他曾经和西方特工机构的代表在某一港口会面。克格勃成功地制止了这位船长的轻率行为。[②]

第二个特点,是心理和精神上的威胁性、强制性和压迫性。克格勃"预防警告"工作机制通常会对受警告公民施加倘若不接受警告将会遭致怎样的严酷惩处的威胁,这是一种心理和精神上的压迫和强制,事实上倘若受警告者仍旧一意孤行、不听警告的话,确实会遭受比较严厉的惩处。1967—1970 年"先受到警告后被追究刑事责任者"就达 100 多人,1971—1974 年也达到 50 多人。[③]

第三个特点,是结果的不可预测性。菲利普·博布科夫曾指出:"有的人接受善良的劝告;也有的人佯装已经明白,把谈话看做一种警告,实际上转入更加隐蔽的行动;也有另一种人,只是把谈话看做准备逃跑的信号。"[④] "不可否认的

[①] [苏] 菲利普·博布科夫:《克格勃与政权——克格勃第一副主席的回忆》,北京:东方出版社 2008 年版,第 180 页。

[②] [苏] 菲利普·博布科夫:《克格勃与政权——克格勃第一副主席的回忆》,北京:东方出版社 2008 年版,第 221 页。

[③] [俄] 鲁·格·皮霍亚:《苏联政权史(1945—1991)》,北京:东方出版社 2006 年版,第 403 页。

[④] [苏] 菲利普·博布科夫:《克格勃与政权——克格勃第一副主席的回忆》,北京:东方出版社 2008 年版,第 225 页。

是，预防性措施并不是每次都能奏效"，"仅仅通过一两次谈话无法断定一个人是否诚心诚意地悔过，是否已经真的迷途知返。"①

四、克格勃"预防警告"工作机制的成效和负面影响

相对于斯大林时期高度极权主义政体下肆意滥用镇压措施而言，苏共二十大之后建立并运作的克格勃"预防警告"工作机制及其措施在保障人权和社会主义法制方面确实是一个改变。上文引证的俄罗斯解密档案文件《1959—1974年间被追究刑事责任者和受到国家安全委员会机关预防警告者的人数资料》表明，相对于1959—1966年，1967—1974年"被追究刑事责任者"人数几乎减少了一半，为4879人，而前一个时期则为8664人，其中，"因叛国罪"受到起诉的罪犯人数则从前一个时期的1467人下降到后一个时期的773人，也几乎减少了一半；"因从事反苏宣传和鼓动罪"受到起诉的罪犯人数则从前一个时期的2103人下降到后一个时期的739人，则减少了一多半。②

但是，与此同时，受到克格勃预防警告者人数剧增，1967—1974年间，"被追究刑事责任者"总数为4879人，而受到"预防警告"者总数为121406人，是前者的大约25倍。如此大规模地实施"预防警告"工作机制，必然会造成严重而深远的负面影响：

第一，"预防警告"工作机制的"事先预警性"特点，必然要求以广泛而深入的线人网络和告密机制为其正常运作的前提，倘若不掌握所谓的违法犯罪的线索，克格勃的"预防警告"工作机制也就失去了工作对象，这就不仅需要克格勃工作人员殚尽竭虑地监督、监视苏联社会和民众，更需要在苏联各地区各阶层各行业人员中物色并发展克格勃的线人及其网络。这样势必会加剧人与人之间的猜疑、隔膜、互不信任、彼此戒备，整个社会处于一种比较紧张的人际关系之中。

---

① [苏] 菲利普·博布科夫：《克格勃与政权——克格勃第一副主席的回忆》，北京：东方出版社2008年版，第224—225页。

② [俄] 鲁·格·皮霍亚：《苏联政权史（1945—1991）》，北京：东方出版社2006年版，第403页。

第二,"预防警告"工作机制的实施和运用,势必会给当事人及其亲人造成心灵上的创伤,留下心理阴影。实际上,绝大多数遭受克格勃"预防警告"的苏联公民,并非真的秉持反党反社会主义的政治观点或政治倾向,更鲜见有反党反社会主义的实际活动,往往是因为对物价上涨、物质短缺、工资下降等社会现实不满发了牢骚而遭受克格勃"预防警告"。克格勃"预防警告"工作机制并非克格勃工作人员对苏联公民的一番简单的语言上的警告,而是还要留下文字档案记录,这种文字档案记录使当事人成为克格勃始终比较关注的对象之一,同时像一把达摩克利斯剑一样时刻悬在当事人的头上,时刻提醒他必须谨于言而慎于行。

遭遇克格勃"预防警告"的苏联公民,往往还会受到本单位的种种歧视和禁锢。

此外,克格勃"预防警告"工作机制还通过"杀鸡儆猴"效应使整个苏联社会处于高度的精神压抑状态之中。在警告、威胁、危险和恐惧之下人们不得不学会并练就了不露声色、保持沉默、隐蔽自己的真实思想的本领,长期处于这种精神压抑状态之下人们的身心健康自然会受到摧残,不少人出现了心理障碍和精神扭曲。

第三,长期掩盖社会矛盾、社会危机和政治危机,从而错失了从根本上和实质上化解矛盾和危机的契机。克格勃"预防警告"工作机制及措施,一方面使苏联社会"被追究刑事责任者"总数大幅度减少,似乎苏联社会的社会矛盾、社会危机和政治危机获得了有效缓解,另一方面却掩盖和隐藏了苏联社会日渐加剧的社会矛盾、社会危机和政治危机;一方面是官方的看法和意志被强加于人,人们的自主思想、独立见解和创新精神受到压抑、禁锢和摧残,另一方面是苏联领导人日复一日地麻木并陶醉于政治开明、社会稳定、国泰民安、形势一片大好的假象。长此以往,苏共亡党、苏联解体也就势在必然。

作者单位:中央编译局俄罗斯研究中心

《苏联史》首批五卷新书发布会暨苏联历史重要问题研讨会综述

王秋文

2013年9月27日,中央编译局俄罗斯研究中心与人民出版社联合举办的九卷本《苏联史》首批五卷新书发布会暨苏联历史重要问题研讨会在北京中央编译局召开。来自中央编译局、人民出版社、国务院发展研究中心、中联部、中国社会科学院、中央党校、新华社、现代国际关系研究院、北京大学、北京师范大学、北京外国语大学、山东大学、华东师范大学、陕西师范大学、上海师范大学、苏州科技大学、黑龙江大学等单位的专家学者和新闻界的朋友出席会议。中央编译局副局长王学东,人民出版社副总编辑乔还田,前驻俄大使、国务院发展研究中心欧亚社会发展研究所所长李凤林,中国俄罗斯东欧中亚学会会长、中国社会科学院学部委员李静杰,中国社会科学院俄罗斯东欧中亚研究所所长李永全分别致辞,对这套鸿篇巨制的出版表示祝贺。

一、十年磨一剑,从立项到出版历时17年之久

九卷本《苏联史》是"十一五"国家重点图书,也是国内第一部系统研究苏联历史的大型丛书。由中央编译局俄罗斯研究中心顾问郑异凡研究员担任主编,北京大学徐天新教授、华东师范大学沈志华教授任副主编。其他作者是杨存堂、叶书宗、姚海、张盛发、左凤荣、刘显忠等老中青三代学者。《苏联史》研究项目1996年在中央编译局立项,2003年课题组与人民出版社签订了合作计划和出版合同。2005年,国家新闻出版总署将本项目列入"十一五"国家重点图

书出版规划。2013年《苏联史》首批五卷由人民出版社出版。从1996年立项到2013年出版,历时17年之久,可谓"十年磨一剑",其中艰辛可想而知。据介绍,这是迄今为止中国最详尽的一部苏联历史。

《苏联史》记叙从1917年俄国革命到1991年12月苏联解体的全部历史,分为九卷,各卷还配发百余幅历史照片。现在出版的是其中五卷:第一卷《俄国革命》(姚海著)、第三卷《新经济政策的俄国》(郑异凡著)、第四卷《斯大林模式的形成》(徐天新著)、第八卷《勃列日涅夫的十八年》(叶书宗著)、第九卷《戈尔巴乔夫改革时期》(左凤荣著)。尚待出版的四卷是:第二卷《国内战争》(刘显忠著)、第五卷《卫国战争》(张盛发著)、第六卷《战后的苏联》(沈志华著)、第七卷《赫鲁晓夫时代》(杨存堂著)。

九卷本《苏联史》是一个整体,总体上反映了编委会成员对苏联史的看法,而每卷书又是由负责写作的学者独立完成的,表达了每卷作者本人的学术观点和研究成果。

从已出版的五卷可以看出,作者把书写真实的历史放在首位,运用历史唯物主义的方法,依据最新的解密档案,用确凿的历史事实,对苏联所经历的历史作实事求是的描述和分析,全面、准确地向读者传递符合历史事实的信息,避免片面性和主观随意性。

二、九卷本《苏联史》的出版是苏联史研究领域中的空前创举

参加发布会的与会者高度赞扬多卷本《苏联史》的问世,认为这是苏联史研究领域的空前创举,具有极大的现实意义。前驻俄大使李凤林为本书写了序言。李大使在首发式上说:写历史难,写近现代史更难,而写苏联史难上加难,但却具有极大的现实意义,需要写。中国的改革就是去苏联化,不过目前中国还有苏联的影子,苏联出现的很多弊端在中国现实中仍然存在而且还在继续着。不走老路就是不走苏联的老路。九卷本《苏联史》的出版,是苏联史研究领域的一件大事,值得庆贺,也会在学术界引起强烈反响。像任何学术研究一样,这部苏联历史著作中的某些观点也可能引起争鸣。不同观点的碰撞会推动学术研究的

深化，这是好事。

李静杰教授认为：《苏联史》的作者是我国最优秀的苏联史专家学者，这套书的出版是苏联史研究中的盛举，对苏联史学科的发展会起积极的推动作用。这样一套书在国内是第一次，在外国也很少见，估计在相当时间内将难以被超越。他认为，写历史要坚持马克思主义的社会史观，一种制度的产生需要有一定的文化土壤，不能靠强力来推行。研究苏联历史要从生产力与生产关系、经济基础与上层建筑之间的矛盾和斗争着眼，还应进行横向比较，这样才能看到同世界各国的差距。

李永全教授表示：传说中的苏联史终于问世了，这是苏联史研究领域的一件大事。在中国研究苏联历史，从来就不是纯粹的学术问题，因此需要勇气和智慧。苏联解体是一个复杂现象，需要立足于历史事实，依据事实进行仔细的分析研究。希望苏联史的研究者能够把这项工作进行下去，出现更多的成果。

新华社世界问题研究中心盛世良研究员说，这套书的问世，其意义和价值是怎么估计也不为过的，是具有里程碑意义的，必将大大推动我国苏联史学科研究的发展和进步。

北京大学黄宗良教授在发言中表示，国内学界对苏联史的研究存在很大分歧，原因之一是学风不同，一些人主张"史从论出"，按照自己设想的理论去写史，而真正的史学家主张"论从史出"，依据历史事实写历史，这是唯物史观，我赞赏多卷本《苏联史》作者的做法。

北京师范大学历史系张建华教授说：在中国有限的学术空间写书，找到一个合适的表达方式是需要灵气的，本套书的出版很及时，内容也很翔实。

三、主编谈撰写这套《苏联史》的缘起和特点

《苏联史》主编，中央编译局研究员郑异凡谈了写作此书的缘起和特点。

苏联解体 20 多年了，苏联解体的原因世界各国都在探讨研究。科学真实地总结苏联的经验教训，需要有一部大型的苏联史，详尽地记叙、勾画苏联 74 年的历程，对苏联历史上的各种事件作一个翔实的描述，尽可能全面真实地展示俄

国的这段历史。写出历史的真相,还原历史本来面目,这是一个长期的历史任务。法国大革命过去两个多世纪,至今仍在研究那短短几十年的历史。巴黎公社存在72天,至今也有人在研究公社的历史,总结经验教训。74年的苏联历史,必然成为世界各国学者长期研究的对象。迄今为止,中国还没有大部头的苏联史著作,所以写作多卷本的苏联史是一项相当艰难的工作,如何书写这段历史,需要摸索、探讨,我们走的是第一步。

本书的写作有如下特点:

立足于历史事实。写历史最重要的是写出真实的历史。如今写苏联史是写前朝史,可以写出完整的74年苏联史。为写作《苏联史》,本书作者多数参加了34卷本的《苏联历史档案选编》的编译工作。虽然花费了好几年的时间,但为写作苏联史打下了坚实的史料基础。这还不够,本书作者还使用了21世纪俄国公布的新材料、新档案,参看了俄国史学家的历史论著。总结苏联的教训,必须立足于历史事实。以史为鉴,这个史必须是真实的历史,否则只会误导读者。

本书没有用"通史"的名称。通史应当面面俱到。但本书还做不到,资料有限,有些问题至今仍说不清楚,只好采取资料多的多说,少的少说,没有定论的则介绍各家的说法。这是实事求是的做法。

作者团队互相切磋,长期磨合。本书大部分作者1980年代初开始就苏联史的问题交换看法,相互讨论。这是一个理想的作者团队,是经过30年的磨合形成的。他们对苏联史整体上持基本一致的看法。这是一个老中青结合的团队,老一辈已80岁上下,如陕西师大历史系教授杨存堂、北京大学历史系教授徐天新、中央编译局研究员郑异凡和上海师大历史系教授叶书宗,他们终身从事苏联史研究。中年作者正是目前苏联史研究领域的中坚力量,如苏州科技学院教授姚海、华东师大教授沈志华、社科院俄罗斯东欧中亚所张盛发研究员。青年学者如中央党校左凤荣教授、社科院俄罗斯东欧中亚所刘显忠研究员的加入给团队带来了活力。

本书的写作充分发挥各位作者的特点和风格。在总的框架下,各卷由作者自拟提纲，自定内容，充分发挥作者本人的潜力，写出个人特色。九卷书是一个整体，互相衔接，基本观点立场一致，与此同时，各卷又是独立的，可以作为专著阅读。

慢工出细活，十年磨一剑。编写历史，每一个事实，每一个事件都需要认真的研究、核实。流行的说法不一定就是真实的事实，需小心求证，去伪存真。写书的过程，就是研究的过程，就是发现问题解决问题的过程。所有的问题都不是在写作之前能够想到的，而是在研究和写作过程中发现解决的，难能可贵。

现在九卷中的五卷出版，还有四卷在继续"磨剑"，希望不久能够同大家见面。

人民出版社副总编乔还田对九卷本《苏联史》的学术意义和理论价值给予了充分的肯定。认为已出版的五本卷书是运用历史唯物主义的方法，根据最新资料和最新研究成果，对苏联历史进行实事求是的描述和分析的精品力作。

四、首批五卷各卷内容概述

姚海教授的第一卷《俄国革命》用史料恢复革命本身的面目，写了1917年俄国二月革命和十月革命的全过程。以往讲俄国革命只讲十月武装起义夺取政权，对二月革命的过程基本不讲，并且采取否定的态度。本书详细记叙了二月革命、沙皇退位、临时政府执政和多次改组的过程，介绍了俄国各党派在1917年的活动和博弈，介绍了布尔什维克党在1917年八个月中发展壮大并取得政权的过程，揭示了十月之路并非平坦大道。对一些读者关心的问题，如布尔什维克和德国金钱的问题，采取不回避的态度，直书其真相，同时指出，取得德国的资助与充当德国间谍是两回事，不能混为一谈。

郑异凡研究员的第三卷《新经济政策的俄国》，介绍了布尔什维克如何实施改革，废除军事共产主义，实行新经济政策的全过程。同时以具体事实说明，虽然新经济政策在经济上取得巨大成就，但在实施经济改革的同时没有能够同步进行政治体制的改革，致使新经济政策8年后夭折。1920年代的党内斗争决定了苏联以后的发展方向，一般史书往往避而不谈，而本书对俄共（联共）党内斗争，包括其过程和争论内容，都作了较为详细的记述。

徐天新教授的第四卷《斯大林模式的形成》从历史的角度写了斯大林模式的形成过程。对农业集体化及其引发的大饥荒、工业化以及计划经济的形成，阶级斗争尖锐化理论及其实践等关键性问题，依据确凿的史料作了如实的叙述。对大镇压的人数迄今为止没有一个确切的数字，作者依据现有资料，展示了各部门镇压的情况和规模，以及对苏联发展和国防的影响，这幅图景依然让人触目惊心。

叶书宗教授的第八卷《勃列日涅夫的18年》介绍了勃列日涅夫如何上台执政并且稳坐最高权力宝座18年的秘密。勃列日涅夫上台后，稳定压倒一切，中止了赫鲁晓夫的干部政策，让各级干部，特别是高层干部，老死在其职位上，造成老人治国的独特景象。勃列日涅夫中止了斯大林的镇压措施，把国家逐步纳入依法治国的道路，使社会处于相对稳定的状态。但也中止了柯西金改革，使国家处于停滞状态，脱离国际上的科技革命大潮，让苏联走上死胡同。比较起来，俄国公布的勃列日涅夫时期的档案较少，所以写作这段历史困难较多，作者对部分内容依然感到不满意。

戈尔巴乔夫时代离现在很近，左凤荣教授撰写的第九卷《戈尔巴乔夫改革时期》几乎就是写当代史，档案较少，回忆录很多，有利有弊。本卷使用了严格的历史学方法，让事实说话。除去外交和民族问题，其他部分按照时间顺序写作，把戈尔巴乔夫改革的整个过程厘清，把他出台的各种措施的前因后果交代清楚，这才是评说戈氏改革的前提。本书没有为这个时代定性，在俄国有一种说法值得借鉴，苏联解体是自由的代价。

沈志华副主编表示，学术研究有它自己的逻辑和方法，首先要研究过程，把事实摆出来，这是历史学家最基本的工作。

九卷本《苏联史》的意义在于：以中国学者的视角，审视苏联74年的历史。苏东剧变和苏联解体导致了20世纪国际政治格局的巨大变化。一直以来，苏联对中国的影响是巨大的，包括政治影响，经济影响，文化影响。这种影响既有积极的，也有消极的。苏联解体有其深刻的历史原因，挖掘和总结这个原因，不仅是总结国际共产主义运动的历史经验，也是为中国特色社会主义事业把握方向，完善中国特色社会主义的改革之路。

人民日报、新华社、光明日报、凤凰读书网等多家媒体出席发布会并对《苏联史》首批五卷的出版作了广泛报道。

作者单位：中央编译局俄罗斯研究中心

民意调查：列宁和斯大林及其在历史上的地位

高晓惠 译

列宁及其在历史上的地位

2013年4月22日，俄罗斯社会舆论基金会发布社会调查报告，谈列宁及其在历史上的作用。4月22日是列宁诞辰纪念日。对于"你怎么看待这个日子对你的重要性？"的问题，在全部被调查者中，认为重要的占59%，不重要的占31%，9%的人难以回答。在18—30岁的年龄段中，相应的比例是42%、43%、14%；在31—45岁的年龄段中，是54%、38%、8%；在46—60岁的年龄段中，是67%、25%、8%；在60岁以上的人中，是77%、17%、6%。在认为重要的59%的人中，68%的人居住在农村，70%的人收入在4001—9000卢布。在认为不重要的31%的人中，37%的人收入低于4000卢布，38%的人是城市百万富翁，38%的人是受过高等教育的年轻人，40%的人收入超过20000卢布，45%的人是受过高等教育的中年人，46%的人20—30岁。

在全部被调查的人中，57%的人肯定列宁在历史上的作用，其中63%的人收入在9001—20000卢布，64%的人受过中等教育或更低，67%的人为农村居民，71%的人超过60岁。19%的人否定列宁在历史上的作用，其中24%的人受过高等教育，26%的人是20—30岁，26%的人是莫斯科人，30%的人是城市百万富翁，31%的人收入在20000卢布以上。

关于是赞成还是反对埋葬列宁遗体的问题，在全部被调查的人中，61%的人赞成，25%的人不赞成，14%的人难以回答。在肯定列宁在历史上作用的人中，

52%的人赞成，35%的人不赞成，13%的人难以回答。在否定列宁在历史上作用的人中，81%的人赞成，8%的人不赞成，11%的人难以回答。（http：//fom.ru）

斯大林及其在历史上的作用

3月5日是斯大林逝世纪念日。全俄社会舆论研究中心于当日发布社会调查报告，谈俄罗斯人如今怎样看待斯大林，怎样评价斯大林在国家历史上的作用。

报告表明，俄罗斯人对待斯大林的态度在近些年没有发生根本改变。正面的评价仍如以往一样：27%的人表示尊敬，6%的人表示有好感，3%的人表示非常喜欢；2001年相应的百分比是：27%、7%、4%。负面的评价有一点降低：14%的人表示不喜欢，6%的人表示极厌恶，5%的人表示恐惧；2001年相应的百分比是：18%、10%、16%。表示尊敬的主要是60岁以上的人，占36%。占比为39%的18—24岁的年轻人较其他人对斯大林更加不感兴趣。

在评价斯大林在国家历史上的作用时，俄罗斯仍有45%（2007年是37%）的人经常认为，他做的有好有坏，各占一半。其余的人几乎也是各占一半，23%的人正面评价他的作用，24%的人相反，否定他的作用。作正面评价的首先是俄共的支持者，占38%，否定他的是非议会党的支持者，占30%。公正俄罗斯党（50%）和统一俄罗斯党（49%）的支持者对斯大林的评价是毁誉参半。（http：//wciom.ru）

译者单位：中央编译局俄罗斯研究中心

中央编译局俄罗斯研究中心简介

中共中央编译局俄罗斯研究中心于 1999 年 11 月 3 日正式成立,是中共中央编译局最早成立的局属非实体、非营利性的学术研究协调组织之一。创办人和第一任主任为原副局长李兴耕,第二任主任为局原秘书长张海滨,第三任主任为局秘书长杨金海,现任主任为徐向梅研究员。俄罗斯研究中心的日常事务最初由中央编译局世界社会主义研究所负责管理。2011 年因机构调整,俄罗斯研究中心的日常事务转由世界发展战略研究部负责。现中心成员以世界发展战略研究部国际发展研究处同志为主,还吸收了本局马克思主义研究部、马列著作翻译部、中央文献翻译部和马列主义文献信息部从事相关问题研究和翻译的部分同志。

中心宗旨是依托和整合中共中央编译局俄罗斯问题研究及编译方面的力量,广泛联系国内外相关学术机构及研究人员,从事有关俄罗斯兼及中东欧和中亚历史与现状问题的研究,重点是当前俄罗斯政治、经济、社会领域中的重大现实问题及政党、思潮、流派的理论与实践,为中央决策机构服务。

中心成立以来主要开展了以下工作:

(一)国际国内学术交流

中俄经济社会发展比较论坛是由中共中央编译局和俄罗斯圣彼得堡大学联合创办的国际学术交流平台,合作具体事宜由我局俄罗斯研究中心负责协调和组织。目前论坛已经形成中俄双方的长期合作机制，从 2003 年至今已分别在中俄两国举办十一届国际会议，针对中俄两国社会、政治和经济发展的重要问题进行深入探讨。

第一届，2003 年 11 月在中央编译局举行，主题是：《市场经济与公民社会》；

第二届，2004 年 6 月在圣彼得堡大学举行，主题是：《市场经济与社会公正》；

第三届，2004 年 11 月在南京师范大学举行，主题是：《政治改革与社会稳定》；

第四届，2006 年 10 月在圣彼得堡大学举行，主题是：《俄中社会政治发展模式比较》；

第五届，2007 年 11 月在山东大学举行，主题是：《社会转型与政党的变迁》；

第六届，2008 年 10 月在圣彼得堡大学举行，主题是：《中俄社会分化及其政策有效性》；

第七届，2009 年 10 月在天津师范大学举行，主题是：《多民族国家民主政治建设中的政治稳定问题》；

第八届，2011 年 5 月在中央编译局举行，主题是：《民主与现代化——有关 21 世纪的挑战》新书发布会暨"多民族社会的民主制度"国际学术研讨会；

第九届，2011 年 11 月在圣彼得堡大学举行，主题是：《俄罗斯与中国现代化的比较分析》；

第十届，2012 年 10 月在中国青年政治学院举行，主题是：《全球化背景下的中俄青年问题》；

第十一届，2013 年 10 月在圣彼得堡大学举行，主题是：《社会发展与生态文明》。

参加论坛的包括中国、俄罗斯、美国、日本、德国等许多国家的知名学者，以及部分政界和社会人士。论坛在国内外产生良好的社会影响。其中 2011 年 5 月的第八届论坛——《民主与现代化——有关 21 世纪的挑战》新书发布会暨"多民族社会的民主制度"国际学术研讨会，被作为重要学术事项在当年秋季的俄罗斯雅罗斯拉夫尔总统论坛上做了专题介绍。

此外我中心还独立或与国内其他学术单位联合举办了多次学术研讨会，针对苏联历史问题、俄罗斯当前形势进行深入探讨。比如：

2000 年与中央党校党建研究部召开两次关于俄罗斯国家杜马选举的讨论会；

2001 年 6 月，与上海华东师大俄罗斯研究中心在上海联合举办"俄罗斯社会转型学术研讨会"；

2002 年 12 月，在编译局主办"普京时代的俄罗斯"学术研讨会；

2007 年 9 月，与南京师范大学及中国社会科学院马克思主义研究院在南京联合举办了"十月革命与东方社会主义"国际学术研讨会；

2007 年 10 月，与北京大学国际关系学院、北京市共运史学会在昌平联合举办"从十月革命到中国特色社会主义道路——纪念十月革命 90 周年"学术研讨会；

2013 年 9 月，在编译局主办"《苏联史》新书发布会暨苏联历史重要问题研讨会"；等等。

与此同时，中心经常邀请一些国外知名学者和政治家来我局访问并作学术报告。如：俄罗斯著名学者罗伊·麦德韦杰夫、亚·布兹加林、弗·伊诺泽姆采夫等。

中心还不定期举办中心成员内部科研成果汇报交流会，互相通报各自的研究领域、成果以及相关信息，并对苏联历史问题、叶利钦和普京时代的俄罗斯政治、经济与社会问题交流看法。

中心不定期邀请俄罗斯专家与中心成员共同举办俄语沙龙，目的是提高中心研究人员的俄语交流水平，加强信息沟通。俄语沙龙至今已成功举办近 30 场。

（二）出版期刊

俄罗斯研究中心在 2000 年曾经编辑出版 5 期《俄罗斯研究信息》内刊，后因经费问题停刊。2010 年，在中央编译局社科基金和东方历史学会（北京）的大力支持下，中心决定重新启动这项工作，开始不定期组织编辑出版内部杂志《俄罗斯研究信息》。

《俄罗斯研究信息》长期辟有热点聚焦、政党政治、社会经济透视、中东欧观察、历史之窗、信息园等栏目，及时反映俄罗斯以及中东欧和中亚国家当前政治、经济和社会发展的最新动态以及学术研究动态，以及苏联历史研究的一些新材料和观点。为这个刊物撰稿和提供资料的除了我局的研究和翻译人员外，还有国内外学术研究机构及高校的专家学者和翻译工作者。

《俄罗斯研究信息》每期 2.6 万字左右，从 2010 年至 2013 年底已编辑出版 34 期，近 90 万字。杂志以内部赠阅方式发行，赠阅范围涵盖中央政策研究室、国务院研究室、中联部、外交部等中央国家有关部委、中国社会科学院、中央党校和高等院校相关学术单位和学者。《俄罗斯研究信息》出版后受到中央有关部门、学术机构、同行专家学者的好评，目前已成为我中心与国内学术界交流的重要平台。

（三）学术研究

中央编译局俄罗斯研究中心的工作重点是俄罗斯当代政治、经济、社会问题以及苏联历史问题的研究和重要文献译介。

下面是我局科研人员近年有关俄罗斯和苏联历史方面的专著、编著和译著（1996 年至今，不完全统计，不含我局人员参加外单位著作）：

1.《苏联史》，共 9 卷，2013 年出版 5 卷（郑异凡主编，北京：人民出版社 2013 年版）

2.《雾霭——俄罗斯百年忧思录》（述弢译，北京：社会科学文献出版社 2013 年版）

3. 《民主与现代化——有关21世纪挑战的争论》（徐向梅、高晓惠、李铁军、彭晓宇等译，北京：中央编译出版社2011年版）

4. 《苏联真相——对101个重要问题的思考》（郑异凡为五位主编之一，北京：新华出版社2010年版）

5. 《布哈林文选》（郑异凡编，北京：人民出版社2010年版）

6. 《托洛茨基文选》（郑异凡编，北京：人民出版社2010年版）

7. 《列宁传》（季正聚著，北京：人民日报出版社2009年版）

8. 《斯大林传》（戴隆斌著，北京：人民日报出版社2009年版）

9. 《马克思人学思想的现代解读——弗罗洛夫人道主义思想研究》（姚颖著，北京：中央编译出版社2009年版）

10. 《二十世纪俄罗斯档案文件》11卷，（李京洲、赵国顺等译，北京：人民出版社正陆续出版）

11. 《托洛茨基读本》（郑异凡编，北京：中央编译出版社2008年版）

12. 《全球化的边界》（赵国顺、李京洲等译，北京：中央编译出版社2008年版）

13. 《俄国熊看中国龙——17—20世纪中国在俄罗斯的形象》（孙凌齐等译，重庆：重庆出版社2007年版）

14. 《奔向自由》（何宏江、李京洲、赵国顺等译，北京：中央编译出版社2007年版）

15. 《当代俄罗斯政党》（刘淑春、李兴耕、高晓惠、曲延明等著，北京：中央编译出版社2006年版）

16. 《由乱而治——俄罗斯政治历程（1990—2005）》（徐向梅著，北京：中央文献出版社2006年版）

17. 《布哈林论》（郑异凡著，北京：中央编译出版社2006年版）

18. 《被无知侮辱的思想——马克思社会理想的当代解读》（孙凌齐译，北京：中央编译出版社2006年版）

19.《市场经济与公民社会——中国与俄罗斯》国际会议论文集（俞可平主编，北京：中央编译出版社2005年版）

20.《史海探索》（郑异凡著，合肥：安徽大学出版社2005年版）

21.《俄罗斯银行制度转轨研究》（徐向梅著，北京：中国金融出版社2005年版）

22.《历史性突破——俄罗斯学者论新经济政策》（王丽华主编，北京：人民出版社2005年版）

23.《让历史来审判》（何宏江等译，北京：人民出版社2005年版）

24.《大元帅斯大林》（何宏江、李京洲等译，北京：社科文献出版社2005年版）

25.《赫鲁晓夫回忆录》（张祖武译，北京：中央编译出版社2005年版）

26.《戈尔巴乔夫回忆录》（张祖武等译，北京：中央编译出版社2004年版）

27.《全球化与人类命运》（何宏江、刘燕明等译，北京：新华出版社2004年版）

28.《赫鲁晓夫画传》（邢艳琦著，上海：华东师范大学出版社2004年版）

29.《前车之鉴——俄罗斯关于苏联剧变问题的各种观点综述》（李兴耕、翟民刚、高晓惠等著，北京：人民出版社2003年版）

30.《现代化之路——中国、俄罗斯、东欧国家改革比较》（徐向梅主编，北京：当代世界出版社2003年版）

31.《苏联外交秘闻》（李京洲等译，北京：东方出版社2003年版）

32.《苏联历史档案选编》34卷本（郑异凡任副总编并担任5部分卷主编，戴隆斌、孙凌齐、赵国顺等各任一分卷主编，北京：社科文献出版社2002年版）

33.《俄罗斯思考》（何宏江等译，北京：军事谊文出版社2002年版）

34.《肖洛霍夫评传》（孙凌齐译，北京：中央编译出版社2002年版）

35.《不惑集——苏联历史问题文集》（郑异凡著，沈阳：辽宁教育出版社2000年版）

36.《斯大林模式研究》（李宗禹、郑异凡等著，北京：中央编译出版社 1999 年版）

37.《列别德将军》（邢艳琦等译，北京：东方出版社 1999 年版）

38.《风雨浮萍——俄国侨民在中国（1917—1945）》（李兴耕、张海滨、徐向梅等著，北京：中央编译出版社 1997 年版）

39.《"十月"的选择——90 年代国外学者论十月革命》（刘淑春、翟民刚、王丽华等译，北京：中央编译出版社 1997 年版）

40.《天鹅之歌——关于列宁晚期思想的对话》（郑异凡著，沈阳：辽宁教育出版社 1996 年版）

图书在版编目(CIP)数据

俄罗斯问题研究. 2013 / 徐向梅主编. —北京:
中央编译出版社, 2014.8

ISBN 978-7-5117-2254-6

Ⅰ. ①俄… Ⅱ. ①徐… Ⅲ. ①俄罗斯-研究
Ⅳ. ①D751.2

中国版本图书馆 CIP 数据核字(2014)第 172204 号

俄罗斯问题研究. 2013

出 版 人:刘明清
责任编辑:李媛媛
责任印制:尹 珺
出版发行:中央编译出版社
地　　址:北京西城区车公庄大街乙5号鸿儒大厦B座(100044)
电　　话:(010)52612345(总编室)　　(010)52612335(编辑室)
　　　　　(010)52612316(发行部)　　(010)52612317(网络销售)
　　　　　(010)52612346(馆配部)　　(010)66509618(读者服务部)
传　　真:(010)66515838
经　　销:全国新华书店
印　　刷:北京中兴印刷有限公司
开　　本:787 毫米×1092 毫米　1/16
字　　数:280 千字
印　　张:18.25
版　　次:2014 年 8 月第 1 版第 1 次印刷
定　　价:56.00 元

网　　址:www.cctphome.com　　邮　　箱:cctp@ cctphome.com
新浪微博:@ 中央编译出版社　　　微　　信:中央编译出版社(ID:cctphome)
淘宝店铺:中央编译出版社直销店(http://shop108367160.taobao.com)

本社常年法律顾问:北京市吴栾赵阎律师事务所律师　闫军　梁勤
凡有印装质量问题,本社负责调换。电话:010-66509618